KB209476

박정희 왜 위대한 대통령인가

박정희 왜 위대한 대통령인가

송창달 지음

그린비젼코리아 출판사

박정희 왜 위대한 대통령인가

초판 인쇄 : 2012. 10. 10
초판 발행 : 2012. 10. 15
저　자 : 송창달
발행처 : 그린비젼코리아 출판사
발행인 : 장완선
전화/ (02) 2267-9415
FAX/ (02) 586-1544
주소 : 서울시 서초구 서초중앙로 49. 1407호(서초동 라디안루키오피스텔)
등록번호 제321-2012-000177호

추천의 말씀

한국의 근대사는 수난과 극복이라는 말로 얼룩져 있다.

1945년 8월15일 광복, 1947년 5월10일 남북분단, 1950년 6월25일 한국전쟁, 1960년 4월19일 혁명, 1961년 5월16일 군사혁명, 1980년 5월18일 광주민주화운동 등 한국의 근대사는 숨가쁘게 진행된 역동(力動) 바로 그것이고 보리고개의 배고픔, 경제개발 5개년계획의 처절함은 한편의 파노라마이면서 고난극복의 드라마였다.

나는 북한에서 출생해서 월남했던 피난민으로 대학강단에 섰던 학자요, 소망교회 교단에 섰던 목회자였다. 그러면서 한국근대사 한 복판에서 살며 오늘을 맞이한 사람이다.

무엇이 가치이고 무엇이 허무인지를 꿰뚫어볼 수 있는 노인(老人)이다. 배고픔과 혼란의 시대에 민주주의라는 장미꽃을 피워낸 대학생 운동권에서 앞장섰던 4월학생혁명의 대부 가운데 한사람 송창달 선생이 박정희 대통령에 관한 책을 썼다기에 눈이 번쩍 뜨였다.

한국근대사에서 박정희는 부정해선 안될 영웅이오 정치지도자였다. 그와 맞서서 싸웠던 학생운동 수장이 원수처럼 여겼던 박정희 대통령의 일거수일투족, 말씀 한마디 한마디를 찬찬히 되새김질했다는 사실에 나는 감동했다.

400년전 임진왜란때, 민족의 성웅 이순신은 당파싸움의 희생물이었다. 동인과 서인, 노론과 소론 당쟁의 와중에서 그 어느켠에도 치우치지 않았던 서애 유성룡 영의정은 서인 이순신을 지지해 국난극복을 이루어냈다.

지금 나라는 국론이 4분5열되어 어지럽고 혼란스럽다. 임진왜란때 유성룡처럼 엄정하고 냉정한 시각(視角)이 필요할 때다. 좌도 우도, 여당과 야당, 친북, 종북, 주체사상, 경기동부, 보수, 진보, 원탁회의……

끝간데없이 찢어지고 분열되어 있다하더라도 지금 대한민국은 선진국이고 무역수출 최강국이다. 런던올림픽에서 세계5위국가의 자리에 섰다. 자랑스런 역사, 떳떳한 국위를 세계 만방에 펼쳐내고 있다. 그 출발점에 서있는 분이 바로 박정희 대통령이다. 그런 점에서 저자 송창달 선생의 눈을 귀하게 생각해 이 추천의 말씀을 올린다.

아무튼 지금 이 순간, 우리 모두 침착하게, 냉정하게, 정직하게 그리고 사랑과 자애의 자리로 돌아오는 계기가 있었으면하고 하나님께 기도드리고 싶다.

추천의 말씀 기회를 주어 감사의 말을 전하는 바이다.

2012년 9월
소망교회 원로목사 곽선희 드림

머리말

휴브리스 비극.

그리스 신화 가운데 하나다. 아킬레스가 헥토르를 죽여 그 시체를 마차에 매달고 끌고 다니면서 조롱한다. 이 얘기를 읽어내고 있는 휴메로스는 이렇게 말한다.

"자신과 싸울 상대가 없는 상황이 아킬레스로 하여금 오만하게 만들었어, 그것이 자기 스스로를 자멸에 이르게 하는 모습이 아니었을까?"

박정희는 김일성 공산주의와 건곤일척의 싸움판을 벌여 놓았던 인물이다. 싸움을 시작할 때, 박정희는 열세였다. 김일성은 일본이 버리고 간 중공업 공장과 장비들을 바탕으로 하고 여기에다가 소련의 힘을 빌려 일찌감치 무기개발을 마쳤다. 박정희는 소총 하나 만들어내지 못했다. 그러나 박정희는 자신감을 가졌다.

"당신네 나라 북한은 폐쇄되어 있는 나라, 우리나라 대한민국은 자유경쟁하는 나라, 당신네는 일본인 기술자에게 기술 전수를 받고 있다. 우리는 미국, 독일, 프랑스, 영국 등 선진국으로부터 수많은 인재들이 기술을 배우고 있소. 불원간 우리가 당신을 추월할 것이오."

마치 아킬레스처럼 고개를 빳빳이 들고서 큰소리치는 것이 너무 닮았다. 30년의 세월이 지난 지금, 세상은 너무 많이 달라져 있다. 한국, 첨단 무기수출국 랭킹 12위.

무서운 속도로 성장했다. 그 내용을 잘 알고 있는 국민 72%가 이명박 대통령의 우유부단에 대해 '잘못하고 있다' 면서 질책하고 있다.

제2차 세계대전 전야, 영국의 체임벌린 수상은 히틀러의 속임수에 넘어갔다. 그 순간, 제2차 세계대전은 벌어졌다. 김대중, 노무현 두 대통령이 숨겨 보내준 달러가 대포탄환이 되어 연평도를 향해 날아왔다. 그들이 영국의 체임벌린처럼 대역적이 되어 국민 앞에서 부관참시(剖棺斬屍) 될 운명에 처했다.

지도자의 생각은 바로 국가의 현실이고 미래가 된다는 잭웰치의 선언에 동감을 표할 수 밖에 없다.

현대사를 하나하나 바꾸어 쓰게 만든 한국 근대화의 선구자 박정희 경제개혁 하나하나가 잭웰치의 말처럼 가슴에 와 박혀지고 있다.

"내 무덤에 침을 뱉어라!"

일본 메이지유신의 아버지 오쿠보 도시미치의 말이다. 박정희의 앞길을 가로막고 나서는 반대자들에게 포효하듯 외쳐댔다.

지금 우리는 그의 무덤에 침을 뱉을 자가 있다던가.

가슴 조리며 이 책을 썼다. 박정희의 무거운 짐을 하나쯤 내려놓은 마음이다. 또 우리 모두 그에게 부채를 지고 있다는 생각이 든다.

이 책이 나오기까지 물심양면으로 도움을 주신 (유)백천 대표이사 서무창 님, 여수 호국사 창건주 자영화 보살님께 머리숙여 감사말씀 드린다.

2012년 9월

저자   드림

목차

1. 박정희의 땅

탄생 100주년을 눈앞에 둔 지금.

그의 집 구미시 상모동 생가에 매일 100여 명이 찾아온다. 탄생 아흔세 해, 작고 서른한 해가 지났음에도 발길이 끊겨지지 않고 있다. 찾아오는 선남선녀 모두 무거운 마음으로 정성을 다해 구석구석을 돌아보고, 영정 앞에서 묵념을 한다.

이 땅에 무수한 인물들이 태어나서 운명하기까지 부지기 세월인데 박정희에 대한 애틋함은 두고두고 이어지게 될 것이라는 생각이 들게 하고 있다. 석가, 예수, 공자, 마호메트처럼 수천 년의 세월이 흐르면 흐를수록 그 생각이 두터워지는 것이 아닐까. 그를 떠올리고 그의 족적을 돌아보자면 영상물이나 서적, 예술작품을 보고서 간단하게 카타르시스시켜낼 수 있을 것이다. 그러나 기필코 머나먼 길을 찾아와 생가를 돌아보는 것은 웬일일까?

그곳에 가면 그의 과거가 묻혀있을 땅에 발을 디뎌보고 싶어서일 것이다. 20억 기독교인들이 예루살렘 성지를 밟아보고 싶어하고 불자(佛子)들이 석가 탄생지 카필라투스 땅을 밟아보고 싶어하는 것과 같은 심정일 것이다. 사람은 성장했던 곳에 흔적을 남겨놓는다.

아버지 박성빈은 경상북도 성주 태생이었고 어머니 백남의가 이곳 출신이었다. 박정희 탄생년 전 1916년에 종중 위토 1600평을 경작할 생각으로 이사를 했다. 그러니까 박정희는 이곳 토박이었던 셈이다. 이곳으로부터 20리 길에 구미초등학교가 있었다. 박정희는 걸어서 학교를 다녔다. 상모동 마을은 100여 호였다. 또래 친구 가운데 죽이 맞았던 친구 김상수, 윤춘길, 이용혁은 학교를 중도포기하고 외지(外地)로 떠나갔다. 상수는 큰 아버지를 따라 만주땅 간도로 갔고, 춘길은 삼촌을 따라 일본 시마네갱으로 갔다. 그로부터 두 해 지난 다음 용혁이 아버지를 따라 연해주로 갔다. 100여 호 가운데 때맞추어 밥을 먹는 집이 10여 호, 나머지는 굶거나 때를 거루었다. 보리고개 때에 풀뿌리로 연명했는데 그것마저 시원찮아서 맹물만 마셔야 했다.

가혹한 세월이었다.

먹고 살기 위해서 자기 나라를 버리고 낯도 설고 물도 선 타국으로 도망치듯 떠나가는 사람들을 보고서 섭한 마음이 들어 울적했다.

"어떻게하면 배고푼 가난을 떨쳐낼 수 있다는 말인가?"

친구가 떠나버린 다음 마음은 어딘가 텅 비어져버린 것만 같았다. 저녁이 오고 캄캄한 밤이 지나 날이 밝아지면 굶고 병들

어 죽어간 사람들에 대한 조곡(弔哭)이 모두의 마음을 짓눌러
댔다.

"상철아범이 죽었다네요."

소처럼 일하던 사람이 열흘쯤 굶으면서 영양실조로 들어 눕더니 죽
어버린 것이다. 마을에는 이렇게 슬프디 슬픈 얘기만 있는 것이 아니
었다. 방앗간 김형철 어른이 밤사이에 굶는 집을 찾아가 쌀자루
를 놓아두었다는 얘기가 떠돌았다.

"훌륭하신 어른이셔. 그런 분이 한 분만 더 계셨더라면 상철 아범은
죽지 않았을텐데……"

긴 한숨과 함께 즐거운 비명이었다. 비록 굶주리고 있기는 해도 누
군가 쌀자루를 받았다는 얘기는 희망을 가슴에 안겨주는 일이었다. 마
을에 중학교를 만든다며 학교부지 5000평을 선뜻 내놔서 화제거리가
되기도 했던 알부자였다. 그런가하면 여자고등학교를 설립해서
마을의 앞날을 밝게 해주었다고 해서 마을 사람들이 벌린 입을
다물지 못했었다.

"방앗간 집은 돈이 얼마나 많을까?"

입에서 입으로 번지는 소문은 끊이질 않았다. 덕(德)을 베풀고 있으
니 황금이 하늘에서 쏟아지고 있다는 생각을 하고 있었다. 사촌이 논
밭을 사면 배가 아파진다는 식의 심리는 애시당초 이곳에서는 없었다.
덕(德)을 베푸는 방식이 경주 최부자(崔富者)와 달랐다. 최부자는 공개
적으로 세상이 모두 알아차리게 부(富)를 나누었었는데 구미의 김형철
(金炯喆)은 은밀하게 했다.

"과거는 응시하더라도 진사 이상은 하지 마라. 재산은 만 석 이상
가지지 마라. 과객(過客)은 후하게 대접하라. 흉년에 땅을 사지 마라.

며느리는 시집온 후 3년 동안 무명옷을 입어라. 사방 백 리 안에 굶어 죽는 사람이 없게 하라."

하나에서 여섯까지 모두 공개적으로 실행하는 일을 가훈(家訓)으로 삼아서 이웃에 덕(德)을 베풀었다. 경주 최부자의 재산이 만석꾼으로 공개되어 있는데 구미의 김형철 부자는 재산이 얼마나되는지 공개되어 있지 않았다. 논밭 50여 마지기(여기서 한 마지기는 200평)와 방앗간 경영이 전부였다. 그럼에도 경상도에서 가장 좋은 집을 지었다. 디귿자(ㄷ)형으로 건평 200평 기와집이다. 집안에 목욕탕, 수세식 변소, 침대가 있었다. 1930년대 초가 3칸이나 오두막 스타일 주거문화에서 파격이었다. 김형철 집은 입소문을 타고 경상도에서 화젯거리가 되었다.

"와타나베 통감께서 대구 초도순시를 오시는데 숙소가 마땅치 않소. 어떻면 좋을까?"

"대구에서 지척인 구미 김형철 집에서 하루 묵으시면 되지요."

이렇게 중앙청 통감이 묵으면서 고급 관료가 오게되면 어김없이 구미를 찾는다. 경상도의 명소가 되면서 구미 사람들은 마음 속에 자랑거리가 되었다.

김형철은 과묵하면서 검소하고 근검한 인물이다. 어떻게 집을 고급스럽고 호화스럽게 건축했을까?

그는 대대로 구미에서 살아왔다. 선친 김치선은 부자면서 무척 다정다감했다. 절친했던 친구 권용백이 토목사업을 했다. 대전에서 큰 공사가 발주되었다.

"친구야, 나도 한 밑천 잡게 됐다."

"반가운 일이야. 매사에 절차탁마(切磋琢磨, 옥과 돌 따위를 닦아 빛

14

을 내듯이 끊임없이 노력을 다함)하니 하늘이 도와주는 법이지."

"공사비를 보증서라고 하는데 구미에선 자네밖에 없어."

"내가 기꺼이 보증 서주지."

친구따라 강남가는 격으로 토목공사 보증을 섰다. 불행하게도 태풍과 폭우로 공사가 엉망이 되었다. 공사비를 고스란히 배상했다. 선친 김치선은 하루 아침에 거지가 되었다. 엎친 데 덮치는 격으로 화병으로 운명해 버렸다.

안동 처녀 권유금과 혼사를 치루고 불어 닥친 날벼락이었다.

"아버지께서 잃어버린 재산은 반드시 찾아놓고야 말겠다!"

당찬 결심이었다. 맨손으로 땅을 파헤치면서 절치부심(切齒腐心, 이빨을 악물고 결심을 다짐)하고 있는데 일본 고베에서 외삼촌으로부터 편지가 왔다.

"제사공장 감독으로 있는데 너 한 사람쯤 일자리를 줄 수 있다. 와봐라."

그로서는 구세주였다. 편지는 하늘의 음성과 같았다. 신혼의 권유금 부인과 함께 남부여대(男負女戴, 남자는 등에지고 여자는 머리에 이고 떠나는 모습) 했다. 부산 외항선 부두에 도착했다. 배가 매일 운행되는 것이 아니었다. 1주에 한차례 떠나기도 하고, 달포에 한차례 운항되었다. 여관에 들어설 돈이 없어 노상에서 잠을 자야 했다. 배가 올 때까지 노숙자가 되었다. 그러나 고통스럽다는 생각이 들지 않았다. 신천지에 대한 꿈을 꾸고 있었다. 지루하게 1주일을 기다리자 고베행 배가 도착했다. 어렵게 배에 올랐다.

"부웅, 부웅."

길게 경적을 울리면서 부산항을 떠났다. 두근거리던 마음도 잠시였

15

다. 빽빽하게 들어찬 승객들을 보면서 두려움이 엄습했다.

"외삼촌이 고베항에 출영을 나오시지 않으면 어떡하나?"

아내 권유금은 무표정한 모습이었다. 승객 가운데 하얀 깃발, 빨간 깃발, 노란 깃발을 손에 쥔 사람들이 있었다. 인파 틈에서 쉽게 찾아내려 하고자 지혜를 발휘한 것이었다. 김형철 부부는 아무런 준비가 없었다. 가난한 형편에 겨우 차비만 호주머니에 넣고서 떠나온 처지였다.

"가난이란 신(神)이 내려준 형벌 가운데 가장 엄한 것이다."

도스토옙스키가 전당포로부터 빚 족촉을 받으면서 뱉어낸 말이다. 아버지가 파산 당하면서 물려받은 빚에 시달리고 굶주리며 『죄와 벌』을 쓸 때였다.

"아, 언제 촛불을 마음껏 켜놓을 수 있을까?"

촛불을 켜는 양초를 살 돈이 없을 정도로 가난했던 도스토옙스키가 가난이 뼈에 사무쳐 뱉어낸 말이다. 구미의 김형철 청년은 가난이 처절하게 느껴졌다. 걱정하지 않아도 될 일을 미리 겁먹고서 마음조려야 했다. 막상 고베항에 도착해 보니 외삼촌 내외가 하얀 깃대를 들고서 손을 흔들고 있었다.

부지런했던 청년은 도착 다음날부터 제사공장에 출근했다. 외삼촌이 시키는 일은 물론이고 눈에 띄는 일은 척척했다. 공장바닥을 쓸고, 창고까지 정리정돈했다. 월급을 받는 일용근로자였지만 공장주인보다 더 열심히 일했다. 달포 지났을 때부터 공장내에서 입소문이 났다.

"새로 입사한 조선 청년은 인상도 좋고 일도 딱 부러지게 하더라."

오가며 스치는 사람들에게 싱긋 웃어주고, 이마에서 땀이 철철 흐르는 모습은 국적을 떠나 만인에게 호감을 줬다.

"스스로 돕는 자는 하늘도 돕는다."

낯설고 물선 일본 고베땅에서 영웅이 탄생했다. 외삼촌은 더 큰 회사로 자리를 옮기면서 자기의 자리를 조카 김형철에게 물려줬다.

"김형철 감독은 성실하니까 도급제로 바꾸겠습니다."

월급이 아니라 공장 전체를 맡아서 일하되 총매출에서 주인의 몫을 제(除)하고 나머지를 감독이 알아서 처리해보라는 것이다. 종업원 임금을 올려주면서도 상당한 돈이 감독의 몫이 되었다. 1년 만에 고향 구미 논밭을 살 수 있게 되었다.

"욕심은 죄를 낳고, 죄는 죽음을 낳게 된다."

세상을 바르게 살려면 욕심을 부리지 말라는 말씀이다. 김형철은 혼자만의 이득을 취하고 싶은 생각이 없었다. 자꾸만 종업원의 처우를 개선했다. 그러자 종업원들은 신바람이 났다. 월급이 오르자 더 열심히 일했다. 생산성이 수직상승했다. 그러자 감독의 수입은 더 많아졌다.

상생 (相生)의 묘수(妙手)였다.

세상은 혼자 사는 곳이 아니어서 도움을 주면 더 큰 도움으로 보답한다. 그것이 상생의 묘수다. 7년 만에 아버지(김치선)께서 잃어버린 땅을 살 수 있게 되었다.

"여보, 우리 고향으로 돌아갑시다."

자식들의 교육을 위하고, 아버지의 소원을 풀어주기 위해서였다. 고향 구미로 돌아와서 논밭을 샀다. 더도 덜도 말고 아버지께서 잃어버렸던 땅을 되찾았다. 삶 자체가 아버지의 땅찾기였다. 막상 목적지에 이르고보니 허무했다. 더 이상 일하고 싶은 욕망도 사라졌다.

"이제부터 남을 위해서 살아가자!"

이때 선택한 것이 일본인이 경영하는 정미소였다. 정미소의 일꾼으로 취직했다. 말이 통하고, 공업 선진국 일본 공장에서 일했던 경험을 높이 사 채용된 것이다. 채용되자 앞뒤 가리지 않고 열심히 땀 흘렸다. 여기서도 행운이 찾아왔다.

"행운은 행운의 꼬리가 이어진다."

일본인이 갑자기 귀국하게 되었다. 아버지가 작고하면서 뒤를 잇기 위해서였다.

"김 선생, 정미소를 인수해 주시오."

헐값으로 넘겨 받았다. 이때 그는 결심을 했다.

"집은 한옥으로 짓돼, 내부시설은 일본식으로."

화장실, 목욕탕, 거실, 식당, 주방을 현대식으로 꾸몄다. 집이 당초 소망했던 대로 지어졌으니 다음으로 굶주리는 사람을 돕는 일을 꿈꿨다.

어떻게 도울 것인가?

불법(佛法)에 따르는 것이다. 선대부터 독실한 불교인이었다. 보시(布施)를 하면 으레 무주상보시(無住相布施)했다. 오른 손이 한 일을 왼 손이 모르게 하는 것이다. 내가 누구에게 쌀 한 가마니를 주었다고 생각하면 그것이 죄가 되는 것이다.

무주상보시의 선각자는 달마 대사다.

남인도 향지국 왕의 셋째 아들로 태어나 프라기야타라로부터 불법을 배웠다. 붓다는 여성을 비하했다. 여성은 아무리 불법을 깨우치려 해도 깨우쳐지지 않는다고 단정했다. 그러나 달마는 생각을 달리했다.

"도(道)에 이르는데 여자가 남자와 달라야할 이유가 무엇인가?"

일부러 여자 프라기야타에게서 불법을 배워 도(道)에 이르렀다. 프라기야타는 인도에서 더 이상 불도(佛道)가 빛을 볼 수 없다고 예견했다.

"달마야, 중국으로 가라. 그곳에서 불도를 세워보아라."

스승의 말씀에 따라 달마는 중국을 향해 떠났다. 실크로드를 따라왔지만 무려 3년에 걸쳐 만행(萬行, 승려가 길에서 수행하는 것)을 했다. 이미 중국은 불교가 포교되어 무제께서 신도가 되었다. 그는 3만 개의 절을 건축하고 200만 명에게 포교했다. 또 승려 3000명이 수도(修道)에만 전념할 수 있도록 논과 밭을 하사했다. 중국에서 불교와 승려는 권력이었다. 무제의 불심(佛心)이 만들어낸 풍속도였다.

"황제폐하, 달마 대선사가 중국에 오신다는 전갈이 왔습니다."

"감축할 일이오. 나도 달마 대선사를 만나 불도 가르침을 받겠습니다."

중국 불교계에 경사가 되었다. 기다리고 기다리던 달마 대선사가 도착했다. 그는 이미 도통(道通)해서 과거, 현재, 미래를 꿰뚫어 보고 있다 했다. 무제가 달마 대선사를 만나 대화가 시작되었다.

"달마 대선사이시여, 반갑고 즐겁습니다."

"황은에 감축하고 있습니다."

"저는 나이도 먹을 만큼 되었습니다. 잘 아시겠지만 저는 절을 중국 전역에 3만 개를 신축했습니다."

"큰 일을 하셨습니다. 나무아비타불 관세음보살."

"그것뿐이 아닙니다. 승려 3000명이 먹고, 마시고, 살아갈 수 있게 논과 밭 3000만 평을 기증했습니다."

"황제님만이 할 수 있는 일이옵니다."

"달마 대선사님, 제가 죽으면 극락에 가겠지요?"

"아닙니다."

"그게 무슨 말씀입니까?"

"당장 지옥으로 떨어집니다. 불사(佛事)를 하시고 보시(布施)를 할 때 어떤 생각을 가지고 하면 꼭 지옥으로 떨어집니다. 보시는 반드시 무주상보시를 해야합니다."

무제의 실망은 컸다. 황제는 생사여탈권을 가지고 있다. 달마 대선사는 말을 마치고 곧바로 숭산 소림사로 입산했다.

그로부터 7년여 면벽수도를 했다. 그 힘으로 달마 대선사의 선불교는 중국, 한국, 일본, 태국, 인도네시아, 미얀마, 라오스, 캄보디아, 스리랑카, 베트남까지 교세가 넓어졌다.

구미 김형철은 철저하게 무주상보시를 지켜냈다. 보릿고개가 닥쳐오면 마을을 찾아다니면서 굴뚝에 연기가 나지 않는 집을 찾았다. 굴뚝에 연기가 나지 않는 집은 곡식이 없어 밥을 굶는 집이다. 그렇게 확인된 집으로 한 밤중, 몰래 쌀자루를 날라다 놓는다.

이튿날.

쌀자루를 발견한 사람들은 감격한다. 사람이 준 것이 아니고 하늘에서 떨어진 것으로 여긴다. 그 쌀로 밥상을 차려놓고서 온 식구가 처음으로 행복하다는 생각을 한다. 그 쌀 한 자루는 그렇게 행복을 가져다준다. 또 신(神)께서 내려주신 것은 착한 마음씨를 가졌기 때문으로 여긴다.

"그래, 착하게 살자. 그러면 이런 행운을 맞보게 해준다."

사람은 자신이 착한 사람이라 여길 때 힘이 솟구친다. 또 좋은 일이 생긴다. 마을에서 이렇게 쌀자루를 받은 사람이 여럿이라는 얘기를 듣고서 신(神)이 아니라 누군가가 가져다 준 것으로 느끼게 된다.

"누가 그렇게 고마운 일을 했을까?"

의문부호를 그리면서 감사한 사랑을 가지게 된다. 세상에서 완전 범죄는 존재하지 않는다. 아무도 모르게 쌀자루를 집 앞에 가져다주었는데 어떻게 김형철 방앗간 집 주인의 일이라 알게 되었을까?

쌀자루가 빌미가 되었다. 1년 전 광목 천으로 쌀자루 50여 개를 만들었었다. 그것을 기억하고 있었던 바느질집 할머니가 떠올려낸 것이다.

"쌀자루가 어떻게 생겼더냐?"

"하얀 광목천으로 만들어졌습니다."

"하얀 광목천이라면 김생원 방앗간의 것이 틀림없소이다."

"아, 그분이시라면 틀림없는 일입니다."

이렇게 알려졌지만 정작 장본인 김형철은 전혀 관심을 두지 않았다. 마을에 중학교와 고등학교를 만들 때에도 앞장서서 큰 돈을 뭉텅 내놓았다. 그러면서 일체 생색을 내거나 거드름을 떨지 않았다.

"동네 아이들이 공부해서 큰 사람이 되면 얼마나 좋은 일이겠소."

마음이 바다처럼 넓고, 산처럼 높으면 반드시 많은 사람들이 우러러보게 된다. 이런 이야기들이 입에서 입으로 전해지자 마을 소년이나 청년들은 마음 밑바닥에서부터 진한 감동이 우러나오게 된다. 그 감동은 희망이 되고 정서(情緒)가 된다.

박정희의 땅은 그렇게 아름다웠다. 특히 초등학교 3, 4학년 때부터 책을 많이 읽으면서 남다른 시숙(私淑)의 버릇이 생겨났다.

견현이사제(見賢而思齊).

유길준이 미국과 유럽을 방문하고나서 했던 말이다. 조선 최초 미국 유학생이면서 개혁을 주창했던 선각자가 후학들에게 던져준 화두다.

훌륭한 사람을 만나면 그와 같은 사람이 되어보겠다는 마음을 가져라는 말이다. 박정희는 소년시설부터 그의 땅에서 살았던 대인(大人) 김형철 공(公)과 같은 사람이 되어 보겠다고 마음먹었었다. 그 분은 돈을 중요하게 여기지 않았다. 옳은 일을 위해서는 가볍게 여겼다.

이러한 생각이 국가백년대계에 어떤 영향을 미치게 되는 것인지 누구나 읽을 수 있을 것이다. 눈앞의 조그마한 이익을 위해서 고귀한 명예를 헌신짝처럼 버리는 세태, 자기의 이익을 위해서 국가, 사회, 국민이 어떤 어려움에 직면하게 되더라도 아랑곳하지 않는 군상, 자기 호주머니를 생각해서 국가 재산을 펑펑 던져버리는 정치 지도자.

이 모든 사람들의 땅은 어떤 것인가?

자기 한 몸 희생시켜 국가 백년대계에 빛이 나게 되게끔 '내 무덤에 침을 뱉어라!' 이 한 마디를 던지면서 결단을 내리는 박정희의 땅이 어떤 것이었던가를 얘기하고 싶은 것이다. 박정희의 인격 형성에 결정적인 멘토가 되었던 김형철은 아이러니컬하게도 암살자 김재규의 아버지였다.

박정희와 김재규는 9년 연하, 고향 후배이고, 육군사관학교는 2기 동기생이었다. 두 사람은 이상하다고 할 정도로 군생활에서 굴곡이 엇비슷했다.

먼저 박정희는 여수, 순천 반란사건후 불어온 남로당 관련자 색출작전에 걸려 사형선고를 받고서 군에서 추방되었다. 그러다가 1950년 6월 25일 한국전쟁이 발발하자 3일후, 수원에서 원대복귀되어 명예회복을 했다.

김재규는 사관학교 졸업과 함께 대전 주둔 12연대 중대장으로 출발했다. 그의 상관이었던 김종석 대령은 남로당 당원이었다. 김재규 소위를 포섭하기 위해 접근했다.

"연대장님, 저는 대한민국 육군 소위입니다. 군인 본연의 자리에 충실하겠습니다."

단 한 마디로 김종석 연대장의 제안을 뿌리쳤다. 그런 악연은 반드시 생채기를 만들어내고야 말았다. 일요일 당직 사령관으로 근무중이었다. 공설운동장에서 벌어졌던 축구대회에 12연대에서도 참가했다. 축구대회 뒷풀이로 벌였던 막걸리가 사건을 일으켰다. 미국 장병들과 주거니 받거니 하다가 싸움이 벌어졌다. 권총을 빼어든 미군병사를 피해 영내로 들어왔다. 뒤이어 미군병사가 권총을 들고 나타났다.

"영내 진입은 절대 불가!"

김재규 소위의 결심이었다. 막무가내로 미군에 대해 칼을 빼어들었다. 총 든자와 칼 든 자의 대결은 어떻게 될까?

칼을 든 자가 이기게 되어 있다. 결국 미군은 물러갔다. 다음날 문제가 생겼다.

"미군에 대해 한국군이 칼로 위협했다. 이것은 용서할 수 없는 범죄행위다. 징계하라!"

총을 빼어든 일은 일언반구 말이 없고 총을 견제하기 위한 칼이 문제가 되었다. 눈엣가시 같았던 김종석 연대장은 기혹한 징계를 내렸다.

"명예면관조치."

일본 해군 가미가제 전투기 조종사 양성학교를 졸업하고 육군사관학교에 입학했으니 인맥이 전혀 없었다. 박정희에게 사형선고가 내려지자 만주군관학교 졸업 선후배, 일본육군사관학교 선후배, 또 군의 원로들이 만주군관학교 수석졸업과 일본육군사관학교 3위 졸업한 최고 엘리트는 살려야 한다면서 육군참모총장, 국방부 장관, 대통령, 군법무감이 모두 일어섰다. 그러나 김재규는 남로당 요원들이 제거해버렸다.

그후 대구 대륜고등학교 체육교사로 근무했다. 그는 정의를 실현하기 위해 교사보다는 총을 든 군인이 낫다고 생각했다. 고등학교 학생들을 가르치면서도 오직 오매불망(寤寐不忘) 군복귀를 기다렸다. 그렇게 염원했던 군복귀 명령이 떨어졌다.

"징계명예 면관은 해제되었음."

3년 만에 복귀하고 보니 후배들이 상관이 되고 동기생들은 멀찌감치 앞서가고 있었다.

위국헌신 군인본분(爲國獻身 軍人本分)

안중근 의사의 말씀이다. 군인은 오직 국가를 위해 헌신할 뿐이지 사사로운 감정을 앞세울 일이 아니었다. 앞뒤, 좌우를 살펴볼 일이 아니었다. 전쟁중에 김재규는 3사단, 박정희는 6사단에서 목숨 걸고 싸웠다.

5·16 군사혁명 때, 박정희는 주동자였고, 김재규는 방관했다. 그러나 두 사람은 다시 만났다.

무엇이 두 사람을 만나게 했던 것일까?

박정희의 땅을 만들어냈던 김형철이 연결의 고리가 되었다. 빈자일등(貧者一燈, 가난한 사람에게 빛이 되고 힘이 되어주는 것)이었고 오른손이 한 일을 왼손이 모르게 하는 무주상보시(無住相布施)의 표본이 되었었던 김형철의 빛이 만들어낸 조화였다.

사람과 사람의 인연은 무주상보시가 맺어주는 것이었다. 박정희와 김우중을 만나게 만들었던 것이 김용하(김우중 아버지, 대구사범학교 윤리 선생. 박정희에게 민족의식을 심어주었던 은사)였듯이 빛은 사라지는 것이지만 빛의 잔상은 영원히 살아있게 만든다.

정치인은 부패했다. 그러나 박정희는 부패를 외면했다. 공(公)은 살아 있었고 사(私)는 버렸다. 박정희는 공자와 같은 성인(聖人)이 아니었다. 그럼에도 성인의 경지에 있었다.

무엇이 박정희로 하여금 그렇게 만들어 놓았던 것일까?

그가 살았던 구미시 상모동의 땅에 그러한 힘이 있었다. 그 힘을 만들어냈던 것은 김형철의 무주상보시였다.

돈은 마물(魔物)이다.

사람은 돈에 취해버리면 이성을 잃어버리게 만든다. 귀신과 같은 힘이 있다. 그 힘을 마비시켜 놓는 것이 무주상보시다.

많은 사람들이 박정희는 많은 재물을 남겨놓았을 것이라고 생각했다. 그러나 그의 호주머니는 텅 비어 있었다. 그가 세상을 하직한지 30년의 세월이 지났다. 숨겨놓은 것이 있으면 나타날 때가 되었다.

아무것도 없다.

자녀들(1남 2녀)은 지인들의 도움으로 살아간다. 허무하리만치 아무것도 남겨놓지 못했다. 전두환 4600억 원, 노태우 4300억 원, 김대중 천문학적 부와 노무현 역시 비자금 때문에 투신자살 했다는 설이 난무하다. 이들이 5년이라는 짧은 세월에 그토록 천문학적인 돈의 환상 속에 빠져버렸다. 박정희는 무려 18년 장구한 세월속에서 철저하게 돈을 외면했던 것은 무주상보시의 마력 때문이었다.

이쯤에서 박정희의 땅이 어떤 빛을 발(發)하고 있는 것임을 알겠는가.

박정희는 일본 역사를 통달했던 인물이었다. 일본 건국의 3인—오다 노부나가, 도요토미 히데요시, 도쿠가와 이에야스—이들 3인의 무사(武士)를 통해서 통치의 요체를 체득하고 있었다. 미국의 역사학자 폴 케네디의 『강대국의 흥망』이 이 세상에 나오기 전에 세상과 하직했다.

그랬으면서도 왜 통치의 본질은 경제 제일주의에 있는 것인지를 정확하게 알고 있었다. 세계 역사를 바꾸어 놓았던 세기적인 영웅들—처칠, 루즈벨트, 레이건, 대처, 등소평—이 걸어가지 않았던 길을 박정희는 혼자서 걸어갔다. 자원도, 돈도, 사람도 없는 폐허의 땅에 한강변의 기적을 확신하고 일구어댔던 힘은 어디서 있었던 것일까?

다음 장에서 이야기 해 보자.

2. 바보야, 바보야, 이 바보야

푸르름이 짙어져 검푸르러져가고 있는 7월 하순.

논 가운데 정자나무 밑 모정에서 마을 사람들이 땀을 식히고 있었다. 여기서 마을을 떠나 해외로 갔던 사람들의 소식이 전해졌다.

"간도로 갔던 상수네는 엄청 고생을 하고 있다는구먼."

"연해주로 갔던 용혁이네는 굶주리다가 병들어 죽고 말았데."

"시네마갱으로 갔던 춘길이네는 산판에서 숯을 구우며 자리를 잡았다는구먼."

초등학교 5학년이었던 박정희 소년은 충격을 받았다. 여기서 굶어 죽느니 풀뿌리라도 배불리 먹고 싶어 불원(不遠)천리 떠났던 땅에서도 먹을 것이 없어 죽어간다니 그 보다 더한 설움이 또 어디 있다는 말인가.

  말도 통하지 않고, 외국인이라며 하대시하는 차별을 받고 괴로워하
는 유민(流民, 살아남기 위해서 떠돌아다니는 사람)의 설움은 말로서
다할 수 없었다.

  만보산(萬寶山) 사건이 바로 그것이었다. 농사를 하려면 땅이 있어
야 했다. 땅은 모두 중국인의 소유였다. 중국인들은 개척을 모르고 그
저 논농사만 하고 있었다. 이통깡 주변, 저지대 습지가 눈에 띄었다.

  "야, 저기 버려져 있는 땅을 논으로 개간하자."

  조선 사람들은 개간을 할 줄 알았다. 강 둔치에 수로를 내고 논을
만들었다. 이것을 보고 있던 중국인들이 시비를 걸었다.

  "당신들 뭘하고 있소?"

  "논을 만들어 볼까 합니다."

  "안됩니다. 여기는 땅주인이 있소."

  "아, 땅주인 학영덕으로부터 허락 받았고요. 임차계약도 했습니다."

  중국인들은 조선인과 달리 배타심리가 강했다. 타인 특히 외국인이
활동하는 꼴을 그냥 놔두지 않았다. 땅 주인은 속셈이 있어서 땅 사용
을 허락했던 것이다. 지금은 용처가 없지만 논으로 개간이 되면 생산
성이 있는 땅이 된다. 10년쯤 후가되면 버려진 땅이 귀중한 논이 되어
자기에게 돌아온다는 계산을 하고 있었다. 조선인의 생각은 우선 논에
서 쌀이 소출되는 것이니 당장 먹는 문제가 해결된다. 또 그냥 놀고
있으면 안 된다는 생각이었다. 개미처럼 땅을 파고 둑을 만들어 수로
가 나면 아주 좋은 논이 생겨난다. 그래서 발벗고 나섰던 것이다.

  "거기를 개간해서는 안되는 이유가 또 있소. 홍수가 생기면 강이 넘
쳐나서 인근 땅이 모두 황폐해지게 되오."

"그것은 억지입니다. 논을 만들고 수로가 생겼다해서 강이 넘친다니 말도 안됩니다."

"그건 당신들 조선 사람이 보는 눈이고 우리 중국 사람의 눈으로 보면 안됩니다."

중국 사람과 조선 사람이라는 말에 더 할 말이 없어졌다. 마을 사람들이 하나둘씩 모여들더니 집단행동을 하였다.

"조선 사람, 당신들 나라로 가시오. 여기는 우리들의 땅, 중국인의 땅이오."

주먹을 흔들며 소리치더니 삽과 괭이로 수로를 무너트리고, 이를 막아보려는 조선 사람과 치고 받는 폭행이 시작되었다. 중국인의 폭행은 광적이었다. 조선 사람은 코피 터져가며 막아보려고 아등바등 댔다.

역사에 남은 사건이 되고 말았다.

중국 침략을 노리고 있던 일본은 좋은 구실이 생겼다. 중국 점령을 하나의 전략으로 주장하고 있던 이시하라 겐지 중좌가 관동군 작전참모로 부임했던 시기였다. 육군사관학교 수석졸업생이고 '세계최종전론'을 제창한 전쟁광이었다. 이들은 중국인 폭행자 처형을 주장하면서 조선인 피해자를 내세워 중국내에서 전운을 일으키고 있었다.

"만보산 사건에서 상수네가 다쳤다구요?"

초등학교 6학년생이었던 박정희는 피가 역류하는 분노를 느꼈다. 먹고 살기 위해서 찾아갔던 땅에서 조선 사람 나가라고 삽을 휘둘러 다치다니 가슴이 아팠다.

"가난이 죄인가?"

토끼처럼 순하디 순한 조선인에게 주먹질에다가 삽과 괭이로 폭행하다니 분명히 야만이었다. 더군다나 떠나가라고 폭언했다니 상수네 잘못은 가난 때문이지 죄는 없었다. 도스토옙스키의 눈물 젖은 빵은 사치스럽게 느껴졌다.

학교에서 돌아오면 제일 먼저 손을 벌려 맞아주던 어머니가 보이지 않았다. 웬일인가 싶어 부엌문을 열어보니 어머니가 바가지에 밥을 비벼서 잡수시고 있었다.

"어머니, 학교에서 돌아왔습니다."

"오냐, 우리 막내아들 정희가 왔구나. 논두렁에서 비름을 뜯어 왔다. 참, 맛있구나. 너도 한 입 먹어볼래."

꽁보리밥에다가 비름나물, 고추장, 참기름을 비벼서 바가지체로 주시었다. 20리 길을 걸어왔던 오후, 배가 무척 고팠던 참이다.

그 한 숟갈의 비빔밥의 맛을 평생토록 잊지 못했다. 청와대 식탁에 반찬 네 가지 이상 차리지 못하게 했다. 그러면서도 비름나물을 생각한다. 서울 천지에 비름나물이 어디 있다던가. 전라도 지방에선 돼지풀이라해서 아예 밥상에 올리지 않는다. 그런 비름나물을 즐겨하고 있었던 것은 그때 그 시절을 잊지 않고 있기 때문이었다.

간도 땅에서 상수네가 버려진 땅을 일구다가 삽으로 폭행당해야 했던 그 가난은 핏속에 DNA로 변해버렸다. 어린 나이에 배고픔에 대한 한(恨)이 가슴에 응어리져 버렸다.

며칠 후, 연해주로 떠났던 용혁이는 병으로 죽었다는 소식이 그의 사촌을 통해 알려졌다.

미개척된 땅, 버려진 산림자원, 끝없는 황무지가 널려진 나라 소련에서 공산주의 혁명이 일어났다. 레닌, 스탈린으로 대표되는 혁명주의자들이 노마로프 왕조를 무너트리고 노동자, 농민의 정부를 수립했다.

피의 물결이 넘실댔다. 연일 숙청이 벌어지고 지식인들을 처형했다. 사회주의 공산당이 집권을 했다. 조선인 유민들은 피의 물결이 몰아치고 있는데도 황무지 개간의 꿈을 안고 연해주로 모여 들었다. 두만강을 건너 연해주에 이르는 길은 조선인 유민으로 그들막했다. 그 속에 용혁이네 식구들도 끼여 있었다.

스탈린은 미친개처럼 피냄새에 천길 만길 날뛰었다. 1924년 소련공산당 중앙위원회 서기장이 되면서 연해주로 모여든 조선인에 눈길을 돌렸다.

"100만 명이면 위협적인 집단이야. 그들은 페테르부르크에 가까이 놔둘 수 없지. 전원 카자흐스탄지역으로 이동시켜라."

스탈린 서기장은 사람이 아니었다. 얼굴은 사람이었지만 마음은 짐승이었다. 짐승 가운데서도 피냄새를 즐기는 늑대였다. 대륙을 횡단하는 열차로 1개월을 달려야 한다. 열차 안에서는 먹을 것도, 마실 것도 없다. 영하 40도에 이르는 살인적인 추위가 맹위를 떨쳐대고 있다. 중앙아시아 카자흐스탄행 열차는 죽음의 행진이었다. 노약자, 환자, 어린애는 십중팔구 죽어갔다.

"50만 명쯤 죽어 가겠지. 시체는 황무지에 버려지면 맹수 아니면 들짐승의 먹이감이 되겠지. 완전한 사회주의 국가 건설을 위해서는 절대로 필요하다."

스탈린 앞에 죽음은 그저 늘상 있는 일이다. 그의 눈에 소수민족 고려인은 귀찮은 존재일 뿐이다. 어느 누구도 그의 명령에 이의를 달지 못했다. 연해주에서 카자흐스탄으로 달리는 열차에서 죽어버린 조선인은 무려 10만 명에 달했다. 50만 명쯤 죽으리라 보았었는데 10만 명이 죽은 것이다. 밟아도 밟아도 다시 일어서는 조선인 기질이 있는 그대로 나타났다. 용혁이는 그 10만 명 가운데 한 사람이었다.

한번 악연(惡緣)은 또 다른 악연을 부르는 법이다. 스탈린은 1950년 5월, 중국 선양에서 중국 모택동, 북한 김일성과 만난 자리에서 남침할 것을 지시했다.

"미국군이 강하다한들 치밀하게 준비한 북한 김일성 군대를 당해내지 못할 것이오. 난 전투기와 폭격이 1,000대, 탱크 1,200대, 박격포 12,000문, 소총 500,000자루, 휘발유, 총포탄 무제한으로 주겠소. 레닌그라드에서 히틀러군을 물리쳐낸 전쟁 전문가 1,000명을 함께 보내주겠소."

"스탈린 수상께서 그렇게 많은 군수물자를 주신다면 나는 100만 명 대군을 지원하겠소. 지리산 등 주요 기지에 빨치산이 30만 명 있다면 38도 선의 전선과 남조선의 빨치산 전선이 형성되는 셈인데 100전 100승이오. 즉시 쳐들어가시오."

"두 어른께서 지원하신다면 저는 맹세코 승리하겠습니다. 남조선에는 이미 공산당의 또 다른 이름 남로당, 보도연맹 당원이 500만 명에 이릅니다. 제가 38선을 넘어서면 전국 도처에서 민중봉기가 들불처럼 번지게 될 것입니다."

중국 선양회담에서 6·25 한국전쟁이 출발한 것이다. 이 전쟁으로 인명살상 300만 명, 부상자 500만 명, 국토의 4할이 폐허가 되었다. 사실상 스탈린, 모택동, 김일성이 참패했던 전쟁이었다. 3년 전쟁에서 무수한 전쟁물자를 지원하고서도 당초의 야심이 꺾어져버린 것이다.

스탈린의 야심은 무엇이었을까?

남북한을 적화시킨다면 베트남, 캄보디아, 라오스, 태국, 인도네시아, 스리랑카, 일본, 필리핀까지 적화가 된다. 지구를 둘로 쪼개놓는 위업이 달성되는 것이다. 그의 원대한 포부가 물거품이 되면서 쫓기는 처지가 되었다. 한국전쟁으로 소련 국내경기도 불황이 닥쳐왔다.

"우리에게 자유를 달라!"

동구권 동독, 헝가리, 폴란드, 체크 슬로바키아, 불가리아의 움직임이 무서웠다. 잠자리가 편치 않았다. 사람을 많이 죽인 독재자들은 사자(死者)의 악령에 시달림을 받는다.

"너 이놈, 나의 칼을 받아라!"

입에 칼을 물고 가슴에 올라타는 영혼들과 부딪쳐 깜짝깜짝 놀란다. 그때마다 심장박동이 불규칙해진다. 역사상 사람을 가장 많이 죽였던 이성계 일화는 현실감있게 영혼의 세계가 느껴진다.

고려 충신 최영 장군을 비롯해 정몽주 등 무수한 반대파를 죽였다. 조선개국을 반대했던 선비들은 두문동 싸리 밭에 숨어지냈다. 선비 72명, 무신 48명 모두 120명이었다.

"오라, 오면 벼슬자리와 금은보화를 주겠노라."

몇 차례 사신들이 찾아왔으나 불응했다. 이성계는 출구를 만들어 놓고서 방화를 했다.

"아무리 충신이라도 불에 타죽지 않으려면 출구로 빠져나오겠지."

잔뜩 기대를 했다. 단 한 사람 나오지 않고 모두 불에 타 죽고 말았다. 잠자리에 들면 그들이 찾아와 입에 칼을 물었다. 흉몽에 시달리다 못해 송악의 궁전을 한양으로 옮겼다. 그래도 충신을 살해했던 원죄는 씻겨지지 않았다.

스탈린도 마찬가지였다.

그는 한국전쟁을 후회했다. 그러나 되돌릴 수 없었다. 또 조선인을 대이동시켰던 연해주는 지금까지 개발을 못하고 있다. 조선인의 한(恨)과 원(怨)이 스탈린의 병을 만들었다. 한국전쟁이 끝났던 해, 한 밤중, 심장발작을 일으켜 말 한 마디 뱉어내지 못하고 숨을 거두고 말았다.

박정희 소년의 가슴 깊숙한 곳에 응축되어버린 배고픔에 대한 한(恨)과 원(怨)은 머리끝에서 발끝까지 서려있다.

2군 부사령관으로 근무하고 있었을 때 일이었다.

고향 구미가 지리적으로 엎어지면 코 닿을 거리에 있었고, 근무하는데 어렵지 않고 한가로웠다. 마침 이곳에는 만주군관학교 동기생 이주일이 참모장으로 있어서 뒤를 잘봐주고 있었다. 군복무를 하면서 이처럼 여유로울 때가 없었다. 마침 집안에서 제사도 있고해서 모처럼 고향나들이를 했다. 대구에서 구미 사이의 국도(國道)를 벗어나 지방도로에 들어섰다. 차는 군용짚차였다. 뒤쪽에 아내 육영수와 박근혜, 근영이가 승차했다. 바람이 불면 비포장도로여서 먼지가 뽀얗게 일어났다. 느티나무 한 그루가 도로변에 있었다. 그 아래 30대 부부가 남부여대(男負女戴)했다. 아들과 딸아이가 어렸다. 그늘에 앉아서 쉬고 있는데 조금쯤 이상했다. 며칠쯤 굶었던 참인지 얼굴 표정과 자세가 몰골이 이글어져 있었다. 사람은 감정의 동물이다. 마음의 움직임이 그대로 표정에 나타난다. 가끔 포커페이스를 지을 수 있다. 속마음을 감쪽같이 속이는 것이다. 그러나 거의 대부분의 사람은 마음을 속이지 못한다.

왜 그럴까?

누구나 마음속 깊은 곳에 원죄의식이 있기 때문이다. 느티나무 아래에 있는 젊은이에게 분명 무슨 사단이 벌어지고 있음이 확실했다. 미켈란젤로가 부자(富者) 프란체스코 델 조콘다의 아내 에리자베타 부인의 초상화를 그리는데 여인의 아름다움을 어떻게 표현하는 것이 좋은가를 놓고 100여 일을 망서렸다. 생각하고, 또 생각해서 도출된 것이 웃는 얼굴이었다.

그 웃음은 어떤 것이 좋을까?

다시 생각하고, 또 생각했다. 그렇게 해서 찾아낸 것이 '어떤 미소'였다. 그 미소는 신비로워졌다. 600년이 지난 지금도 그 미소는 신비롭다. 10년에 걸쳐 그렸는데 완성을 시켜내지 못했다. 루브르미술관에 소장되어 있는데 높이 77센티미터, 가로 53센티미터 그림이 인류의 자산이 될 줄 그 누가 알았겠는가.

가끔 인간사회에서는 표정 하나에 이렇게 깊고 깊은 생각이 스며들수 있다. 그러나 보통사람은 그저 자기의 모든 것이 얼굴에 나타난다. 그 젊은이의 표정에 빨려들었다.

"차, 멈춰!"

갑작스런 명령이었다. 육군 소장 박정희는 차에서 내렸다. 모자와 어깨에 번쩍이는 별이 두 개 달려있다. 그 젊은이에게 갔다.

"어디로 가고 있소?"

"딱히 어디라고 할 수 없습니다요."

"그게 무슨 말씀이오?"

"농촌에서 농사를 짓고 있었습니다. 농촌에서는 밥을 먹을 수 없습니다. 그래서 밥먹고 살 도시로 가고 있는 중입니다. 날품팔이라도 할 수 있는 곳이 있으면 그곳이 내가 가는 곳입니다."

"등에 업혀있는 애가 울고 있는데 어디 아픈 데라도 있는가요?"

"지금 사흘째 아무것도 못 먹었습니다. 배가 고파서 밥을 달라고 우는 겁니다."

그 말을 듣고서야 울고 있는 이유를 알았다. 얼굴에 눈물 자욱이 말라서 줄이 서 있었다. 더 이상 물어볼 마음도 없었다. 딱한 처지를 알기에 충분했다. 그들의 모습을 보면서 십 수 년 전, 간도와 연해주로 떠났다가 죽어갔던 친구 상주와 용혁이의 모습이 떠올랐다. 가난과 배고픔으로 얼룩져 있는 땅이 그대로 남아 있었다. 안주머니에서 돈지갑을 꺼냈다. 돈을 몽땅 털었다.

"임자, 이 돈 받으시오. 가까운 곳에 가서 저 어린애 밥부터 먹이시오."

"아닙니다. 돈을 받을 수 없습니다."

"그런 생각일랑 접으시오. 밥부터 먹고서 기운 내시오."

돌아섰다. 다시 지프차에 올랐다. 고향집으로 향하는데 가슴이 아파왔다. 농촌이 이렇게 무너져 내리고 있는데 중앙 정치 무대에서는 부정선거다. 아니다. 물러가라, 못살겠다, 갈아보자고 아웅다웅이었다. 눈에서 불꽃이 튀겨졌다.

"죽일 놈들, 확 갈아엎어버려야 돼."

머릿속에서 이용문 장군이 떠올랐다. 당당하고 의젓했었다. 3선 개헌을 위해 국회가 난장판이 되고 38선 전방 전쟁터에서는 불꽃을 튀기고 있었다. 그 모습에 분개하여 군사혁명을 꿈꾸고 있었다. 정쟁이 없는 나라, 부정부패가 없는 나라, 정치술수와 권모가 없는 나라를 만들어 보겠다고 밤을 새우던 그를 흠모하고 존경했었다. 전선시찰을 마치고 추풍령을 넘다가 헬리콥터가 돌개바람에 버티지 못해 추락했다. 그의 시신을 수습해 장례를 지냈던 그때를 회상했다.

이때 5·16 군사혁명을 결심했다. 그가 자랐던 땅, 빈곤으로 배고팠던 땅, 배가 고파 죽음의 그림자가 오락가락하던 땅이 그로 하여금 총을 잡고서 일어서게 만들었다.

1961년 5월 16일 새벽 혁명군이 한강다리를 건넜다. 육군본부와 중앙청이 점령되고 새벽 5시에 남산 중앙방송국에서 방송이 시작되었다.

"우리 혁명군은 다음과 같이 혁명공약을 발표합니다.

첫째, 반공을 국시의 제1의로 삼고 형식적이고 구호에만 그친 반공체제를 재정비 강화한다.

둘째, 유엔헌장을 준수하고 국제협약을 충실히 이행할 것이며 미국을 비롯한 자유우방과의 유대를 더욱 공고히 한다.

셋째, 이 나라 사회의 모든 부패와 구악을 일소하고 퇴폐한 국민도의와 민족정기를 다시 바로잡기 위하여 청신한 기풍을 진작한다.

넷째, 절망과 기아선상에서 허덕이는 민생고를 시급히 해결하고 국가자주경제 재건에 총력을 경주한다.

다섯째, 민족적 숙원인 국토통일을 위하여 공산주의와 대결할 수 있는 실력을 배양한다.

여섯째 이와같은 우리의 과업이 성취되면 참신하고도 양심적인 정치인들에게 언제든지 정권을 이양하고 우리들 본연의 임무에 복귀할 준비를 갖춘다.

이상 혁명공약을 발표합니다."

혁명공약을 작성하기 위해 신당동 박정희 소장의 집에 혁명주체들이 모였다. 혈기왕성했던 육사 8기 영관급 장교들이 주축이 되었다. 모두 이런 공약, 저런 공약을 제안하면서 갑론을박 했다. 캄캄한 새벽에 불쑥 나타난 혁명군들은 국민들이 보고서 뭐라고 생각할 것인가?

이들에게 우리는 이런 목적을 가지고 혁명을 했노라 말을 해줘야 했다. 각자 자기가 생각하고 있는 것을 주절주절댔다. 밤을 꼬박 새웠으면서도 결론이 나지 않았다. 정치에 관심이 있는 사람은 부패한 정치에 대해서 말하고, 학교에 관심이 있는 사람은 타락한 학원부패에 대해서 얘기한다. 법조계에 관심이 있는 사람은 타락한 사법 권력에 대해서 말하고, 건설 사업에 대해서 알고 있는 사람은 건설업계 부조리에 대한 척결을 말한다. 언론계를 아는 사람, 예술 문화사업을 아는 사람, 방송통신사업을 아는 사람, 국제 통상을 아는 사람 등등. 백가쟁명(百家爭鳴)이며 백화제방(百花齊放)이었다. 이때 박정희 소장이 나섰다.

"바보야, 문제는 배고픔 해결이야."

먹을 것이 없어 굶주리는 사람들이 널브러져 있는 판에 그 무엇도 그림의 떡이라고 여겼다. 그 한 마디로 혁명 공약은 결론이 나버렸다.

혁명이 성공해서 장면내각으로부터 정권을 인수했다. 그들을 대신할 혁명내각을 구성했다.

"외무 김홍일 예비역 육군중장, 내무 한신 육군소장, 법무 고원증 육군준장, 재무 백선진 육군준장, 국방 장도영 육군참모총장, 문교 문희석 해병대령, 건설 박기석 육군대령, 상공 정래혁 육군소장, 농림 장경순 육군준장, 보사 장덕승 공군준장, 교통 김광옥 해병대령, 체신 배덕진 육군준장, 사무처장 김병삼 육군준장, 공보부장 심흥선 육군소장."

이들은 혁명공약을 국가정책으로 실천하고 혁명사업 성공을 위해 나섰다. 이들은 하나같이 불타는 의욕과 사명감으로 현안해결에 칼을 빼어들었다. 혁명호 열차는 기적을 울리면서 출발신호를 보냈지만 고장 난 기관차였다. 뚜뚜 계속 출발 경적을 울려댔지만 한 발짝 떼지 못했다. 그러면서 파열음이 났다. 그때 국가재건최고회의 부의장 박정희 육군소장은 한 마디 던졌다.

'바보야, 문제는 경제야. 연료가 있어야 기관차가 출발할 수 있는 것이야."

경제개발 5개년계획을 출발시키면서 제일 먼저 손을 댄 것이 보릿고개 없애는 일이었다.

보릿고개를 어떻게 없앨 수 있을까?

농림부 장관과 농정공무원을 뒤로하고서 농과대학 교수들을 찾아갔다.

"현재 150만 섬 수준의 쌀 생산량을 300만 섬으로 증산하기 위해서 무엇이 필요한가?"

"여러 가지 방법이 있지만 볍씨를 개량해야 합니다. 미국쌀 칼로스 10헥타르 당 450킬로그램을 생산하고 일본 쌀 고시히카리는 500킬로그램이, 한국은 290킬로그램이 생산되고 있습니다. 10헥타르 당 500킬로그램을 생산되는 볍씨를 발명해내야 보릿고개가 없어집니다."

"새품종 볍씨를 생산해 널려면 어떻게 해야합니까요?"

"볍씨품종 개발을 하는 연구소를 만들어야 합니다. 우리나라 농업교육 수준은 세계 수준입니다."

그 말을 듣는 순간, 아 하고 소리를 치고 싶었다. 당장 농촌진흥법을 제정했다. 그 법에 따라 농촌진흥청이 수원에 설립되고 주요 농업시설의 하나로 작물 시험장을 만들었다. 이곳에서 볍씨 육종팀이 구성되고 필립핀의 국제미작연구소와 기술협약을 맺어 인도 볍씨와 일본 볍씨를 교잡시켜 IR667 통일벼를 만들어 냈다. 10헥타르 당 550킬로그램이 생산되었다는 보고가 나왔다. 한 밤중에 청와대 뜰로 나와 막걸리 파티를 벌였다.

"아, 하늘이여, 땅이여. 이제 친구 상수와 용혁이의 한을 풀었구나. 친구야, 이제 흰 쌀밥 배불리 먹을 수 있게 되었다. 이제야 너를 잊어버리고 살게 되었다. 아, 얼마만이냐. 배고파 고향을 떠나던 이름 모를 청년이여, 당신의 아들이 밥달라고 울어대지 않아도 되겠소."

박정희 대통령은 미친 사람처럼 주절댔다.

"통일 볍씨를 개발한 조희연 연구관에게 훈장을 추서하라."

애국한다고 외쳐대는 정치인이 애국자가 아니라 통일 볍씨를 개발해낸 당신이 애국자라고 외쳐댄 것이다. 그리고 마지막으로 한 마디했다.

"바보야, 바보야, 이 바보야. 문제는 경제란 말이다."

이 말 한 마디가 이 땅에서 보릿고개를 없애게 만든 것이다. 역사의 출발은 항상 모두가 생각하고 있지 않은 곳에서 출발되고 있었다. 말씨만은 항상 순했던 그의 입에서 험하디 험한 바보라는 비하의 말이 튀어나왔던 것이다.

3. 영화가 한국을 바꿔놓다

    북한 선전영화 한 편이 중앙청 대회의실내서 방영되었다.

    이 자리에 박정희 대통령과 전 국무위원, 정계 중진들이 참석했다. 총천연색 영화였다. 철의 장막으로 불릴 만큼 베일에 가려져 있는 나라, 북한이 공개하는 것이니 호기심이 갈 수 밖에 없다.

    첫 장면부터 모두의 입을 벌리게 만들었다. 축구장처럼 반듯한 논이 그림처럼 비춰지고 모내기를 하는데 자동이앙기가 여자 농부의 운전으로 모가 심어지고, 가을이 되면 트랙터로 벼를 베어서 기계로 탈곡시켜 냈다. 1970년 당시만 해도 한국에서는 상상조차 못할 일이었다.

    자동차, 농기계, 트랙터, 이앙기, 발전기, 텔레비전, 냉장고가 컨베이어벨트로 생산되어 쏟아졌다. 또 석탄 생산이 기계에 의해서 생산되었다. 당시 남한에서는 모두 인력으로 석탄광부의 손으로 1930년대식 방법으로 생산했었다. 그런가하면 생산된 석탄이 컨베이어로 막장에서 선탄장까지 운반되어졌다. 아, 감탄사가 나오게 만든 것은 5만 킬로와트 발전기가 생산되어지는 장면이었다. 나일론 공장에서 각종 형형색색의 원단이 밤낮으로 생산되어지고 있었다. 질소비료, 인산비료가 비료공장에서 생산되어 창고마다 가득 채워졌다. 풍부한 수력발전과 제철공장에서 밤낮없이 가동되어졌다. 특히 제철공장에서는 원광석이 용광로에 부어지고 철물이 그림처럼 콸콸 흘러 철제품이 생산되어지고 있었다. 3시간 동안 눈을 돌리지 못하고 숨을 죽였다.

"북한이 언제 저렇게 발전했을까?'

커다란 의문부호를 그러가고 있었다. 바로 그때 최형섭 과학기술부장관에게 박정희 대통령이 말을 걸었다.

"최장관, 어떻소?'

"대단합니다."

그 말이 더 충격적으로 받아들여졌다. 과학기술분야 수장의 입에서 나온 대답이었으니 여타 참석자들의 경탄은 어떠했었는지 지레짐작이 되는 일이었다. 그 영화를 보는 순간, 박정희 대통령은 생각을 달리하고 있었다.

"아, 하늘이 나로하여금 더 힘을 내어 일하시오."

채근하고 있다는 생각을 했다. 보통사람이 접근해내지 못할 역발상(逆發想)이었다. 시각(視角) 차이에서 생겨나는 일이었다.

"저기 저 달을 보시게!'

분명히 달을 향하여 손가락은 가리켜 주고 있는데 참석자 모두는 손가락을 쳐다보았다.

42

바로 그 차이었다.

지금 시대의 패러다임은 누가 비교우위를 향하고 있느냐를 가리키고 있는데 북한 김일성은 반대를 향하고 있었다. 대망의 1970년대를 열어가는 길목에서 허심탄회하게 서로가 행복해지는 길을 제시했었다.

"어떤 체제가 좋은지 선의의 경쟁을 하자."

김일성이 잘못되어도 불행한 일이라는 뜻이다. 그가 잘못하면 2,300만 북한 주민이 고통을 받게 된다. 그들도 우리와 똑같은 한민족이다. 그런 뜻에서 1970년 8월 15일 경축사에서 제안했던 것인데 속좁은 김일성이 선전영화를 만들어 답(答)을 한 것으로 보았다.

김일성은 게릴라 출신이다. 또 폐쇄주의자 스탈린을 떠받들고 1등 스탈린주의자가 되어보겠다고 따르고 있다.

아, 그것이 얼마나 불행한 일인가.

세상은 열려있는데 그렇게 밝은 세상을 외면하고 어두운 뒷골목만 찾아가고 있으니 그가 가고 있는 길은 죽음밖에 없다. 게릴라전으로 청와대 기습, 울산과 삼척 공비침투, 동작동 국군묘지 폭파 등등 무력으로 통일을 시키려하고 있다. 레닌이 차르황제를 타도할 때 600만 명이 처형되었다. 지구상에서 공산주의가 발을 붙이지 못하고 무너져버렸던 것은 폭력성 때문이었다. 또 모택동이 정권을 다시 잡아내기 위해 벌였던 문화혁명으로 1억 명이 넘는 무고한 백성이 희생되었다. 천안문 광장에서 시위대를 향해 박격포와 기관총으로 공격해 10만 명의 사상사가 나왔다.

시대는 인명존중과 세계평화, 상생(相生)이 패러다임인데 구시대 상극(相剋)을 자행하고 있으니 지구상에서 사라질 수밖에 없다. 박정희 눈에는 김일성의 말로가 훤하게 보였다. 그가 추구하고 있는 자력갱생

(自力更生)과 자급자족(自給自足)은 일본이 제2차 세계대전을 치루면서 지향했던 행로였다.

그것이 패망의 길이며, 죽음의 길이라는 것을 일본 지식인들은 알고 있었다. 심지어 진주만 기습공격을 총지휘했던 해군성 장관 야마모토 이소로쿠(山本五十六) 원수마저 장탄식을 했다.

"미국은 잠자는 사자야. 거대한 자원과 생산력으로 언젠가 세계를 지배할 대국이야."

해군사관학교 수석졸업생이면서 그가 기록한 성적이 아직까지도 깨어지지 않고 있다. 100년 만에 한 명 나타나는 천재다. 천재의 눈에 보이는 미국의 국력은 무엇이었을까?

거대한 자원, 막대한 생산력, 활기찬 미국인의 국민성을 높이 평가했던 것이 아니었다. 그의 눈에 비쳐진 미국의 진정한 힘은 세계평화를 추구하는 점에 있다고 판단했다. 세계인 누구나 자기의 능력이 있다고 생각하면 무제한으로 받아 들였다. 노벨상 수상자 60%가 미국으로 이민 온 인재들이다. 그 힘이 하루하루 쌓여지고 있으니 그 힘은 세계를 지배하고도 남을 것이라 보았다.

또 하나.

미국인의 정신이었다.

"누가 보고 있던 보고 있지 않던지간에 열심히 땀 흘려 일하면 천국에 꼭 갈 수 있겠다는 확신(確信)."

청교도 사상에 뿌리를 둔 근로정신은 무서운 폭발력이 있었다. 야마모토 이소로쿠는 이 점을 직시하고 있었다. 뉴기니아 섬에 상륙한 미군들이 하루 밤 사이에 비행장을 건설했다. 불도저로 땅을 고르고 그 위에 철판을 깔아 활주로를 만들었다. 이 광경을 일본군 패잔병들이 밀림 속에서 보았다.

"우리는 비행장건설에 3개월이 걸리는 데 미군은 하룻밤에 끝내고 있구나. 속도전에서 이미 우리는 지고 있어."

일본 병사들이 보게 된 미군의 힘은 무서운 속도였다. 그럼에도 일본은 자원이 없어 자력갱생과 자급자족으로 싸웠다. 일본은 패망할 수밖에 없었다. 김일성은 일본이 패망했던 길을 가고 있었다. 김일성의 폐쇄적인 자력갱생, 자급자족의 길은 옳은 것인지 박정희의 개방적인 해외수출 제일주의가 옳은 것인지 20년 안에 판명이 날 것이라 보았다.

사나이 가슴은 벌판처럼 널찍해야한다. 손바닥처럼 좁으면 그의 가정, 그의 나라 백성들이 고생한다.

"북한이 대단하다고? 세상을 그렇게 보면 안되는 거야. 눈앞에 보이는 세계가 중요한 것이 아니고 산 넘고 바다 건너 먼 곳에서 벌어지고 있는 일이 더 중요한 것이지."

박정희는 눈을 중화학공업과 방위산업 쪽으로 돌렸다. 3시간짜리 선전영화를 관람하고서 더 멀리, 더 깊이 세상을 보게 되었다. 북한은 일본이 개척해 놓은 기계 산업과 전력, 석탄, 철광, 제철 등 중공업 분야에서 한국을 앞지르고 있었다. 그러나 그 기계와 기술은 50년쯤 세계 수준에서 낙후되어 있었다. 따라 잡는 일은 시간문제였다. 따라 잡기 위해서는 땀을 흘리고 국력을 집중해야 했다.

박정희의 머릿속에는 세계 최정상 서독의 쿠루이프 중공업을 그리고 있었다. 한때 쿠루이프 창업자가 히틀러를 추종하여 각종 무기생산을 해냈다. 그곳에서 생산해낸 무기들은 연합군에게 막대

45

한 피해를 입게 만들었다. 탱크, 잠수함, V2 유도탄, 박격포는 성능이 우수했다. 쿠루이프 중공업에서 제작해낸 탱크는 공포의 대상이었다. 탱크의 캐터필러가 굴러가는 소리만 듣고서도 혼비백산 했다. 한 마디로 무적이었다. 스탈린이 자랑하던 TS 34형 탱크와 맞붙었던 볼가강 전투에서 스탈린 군은 허무하게 무너졌다.

쿠루이프 탱크의 위력이었다.

종전이 되자 전범 1호로 쿠루이프 창업자가 끌려갔다. 극형이 내려졌음은 물론이고 쿠루이프 중공업 해체를 명령했다. 그러나 서독 에르하르트 수상은 발 벗고 나섰다.

"독일 재건에 있어 중추적인 역할을 해야 할 쿠루이프는 해체할 수 없습니다. 쿠루이프에서 무기생산 부문은 없애고, 건설기계, 농업기계, 석탄채굴기계, 선박기계, 자동차기계, 항공기 기계를 생산해서 세계경제에 공헌을 하겠습니다."

에르하르트 수상은 쿠루이프 중공업을 국부(國富)로 여겼다. 이곳에 축적되어 있는 기술력은 분명히 세계경제에 기여할 것이다. 당장 삼성에서 추진했던 한국비료공장 건설에 쿠루이프가 필요했다. 그래서 쿠루이프는 살아났다. 서독 방문길에서 방문했던 그 공장을 머리에 떠올렸다. 수백만 평의 대지위에 펼쳐져 있는 규모를 생각했다.

"한국에 쿠루이프 중공업과 같은 공장을 꼭 만들어 내겠다."

수구초심(首丘初心)은 체질화되어 있었다. 한번 마음속에 담으면 꼭 실현해 내놓아야 직성이 풀렸다. 지도를 펴놓고 100만 평이 넘는 땅을 찾았다. 일단 발견이 되면 헬리콥터를 타고 직접 찾아 갔다.

46

"여기에 크레인 탑을 세우고, 저기에 발전소 공장, 엔진공장, 주물공장……."

쿠루이프를 그려냈다. 백지에 쿠루이프의 모습을 스케치했다. 잠을 자다가도 벌떡 일어나 쿠루이프를 그려보았다. 날이 밝으면 자동차로 현장을 찾아가 봤다. 그러기를 수십 차례 반복하다가 발표를 했다.

그것이 한국중공업이다.

그의 꿈은 독일의 쿠루이프를 한국에 만들어 놓는 일이었다. 40년 세월이 흐른 지금 창원 그 땅에는 쿠루이프를 앞지르는 두산중공업 공장이 탄생했다. 아무렇게나 생겨난 공장이 아니었다. 박정희라는 사나이의 집념과 혼이 합해져 만들어진 것이었다.

일본의 신일본제철은 세계 최고 제철회사이다.

1865년 일본의 메이지유신 때의 일이다.

"유럽 선진국으로 가라. 그곳에서 무엇이던 새로운 기술을 하나씩 배워오라. 그러면 당신은 일본 열도에서 최초의 달인이 된다. 그것만이 우리 일본이 살아갈 길이다."

청년들을 유럽으로 보냈다. 방직기술을 시작으로 제철, 조선, 기계, 인쇄, 종이, 건축, 토목, 전기 등 닥치는 대로 기술 모방에 나섰다. 독일은 당시 최고 제철의 나라였다. 철혈재상이라 칭했던 비스마르크는 철(鐵) 예찬론자였다.

"나에게 철과 피를 달라. 그러면 세계를 정복하겠다."

그는 오스트리아, 프랑스를 정복해냈던 시대의 영웅이었다. 그가 영웅이 될 수 있었던 것은 무기로 상징되는 철의 생산국이었기에 붙여진 이름이었다. 그 만큼 독일은 철의 나라였다. 독일 제철공장 견습에 나섰던 일본 청년 사카모토는 제철에 열정을 바쳤다. 1년 동안 제철에 대해서 배웠다. 모두 마스터 했는데 단 한 가지는 비밀로 했다. 주물로에 관한 것이었다.

"몇 도에서 철광석이 녹아 철이 되는 것입니까?"

"그것은 비밀이오."

심지어 주물로 주변 접근까지 금지했다. 그가 계약기간을 마치고 돌아가야 할 날이 가까워졌다. 그는 주물로 근처를 배회하다가 주물이 쏟아지는 순간, 뛰어들었다.

"어, 어 아뿔싸."

모두 비명만 지를 뿐이었다. 그는 쏟아지는 철물에 자기의 팔을 내밀었다. 팔은 흐물흐물 익어버렸다. 병원에 실려 갔다. 팔은 못쓰게 망가졌지만 정신은 또렷했고 행복해 했다.

"의사 선생님, 이 정도의 화상이면 쇳물은 몇 도나 되겠습니까?"

"아마 1,200도는 될 겁니다."

사카모토는 팔을 잃어 평생 불구가 되었지만 너무 행복해 했다. 그는 제철에 관해서 모두를 알아냈다. 그는 전형적인 모노즈쿠리를 가지게 되었다. 그의 희생으로 신일본제철이 탄생했다. 전 세계가 신일본제철에 열광하게된 것은 사카모토의 정신 때문이다. 철 속에 그의 혼이 박혀있다. 또 한 가지 기술을 위해 자기의 모두를 던지는 기술 오타구에 세계가 감동하게된 것이다.

박정희의 혼이 담겨진 창원의 한국중공업이 세계를 지배하는 것은 당연한 일이었다. 북한의 김일성은 경제를 몰랐다. 일본이 남겨준 공장과 기술, 그리고 북한 땅에 널려있는 자원을 가지고 세계의 조류와는 역주행하고 있었으니 실패할 것은 뻔하게 예측되는 일이었다.

40년이 지난 지금.

북한 중공업은 난파되고 말았다. 전력 자원이 황폐해져 버렸다. 밤이 되면 전등불을 켜지 못해 암흑천지가 된다. 인공위성에서 한반도를 내려다보면 휴전선 북쪽과 남쪽은 전혀 다른 모습이다. 북쪽은 칠흑같이 캄캄한 원시지대가 된다. 반면에 남한은 가로등불과 고층빌딩 전깃불로 대낮처럼 밝다.

일을 하는데 손과 발로 하지 않는다. 기계와 전기가 한다. 모든 것은 자동화되어 있고 컴퓨터가 두뇌역할을 한다. 연평해전 때의 일이다.

북한군 전투함에서는 기관포 조작을 손으로 한다. 위, 아래, 좌, 우로 손으로 돌려서 조준한다. 그래서 늦다. 그러나 남한의 해군 전투함에서는 컴퓨터 버튼에 의해서 자동적으로 조준이 되어 발사된다. 처참하게 승패가 결정이 되었다.

그것은 무엇을 말하고 있는 것일까?

국력의 차이다.

세계 제7위 한국, 제 140위 북한의 간격이다. 박정희가 진솔하게 제안했던 남과 북이 선의의 경쟁을 하고, 우열이 판명나면 겸손하게 배우고 협력했더라면 300만 명이나 굶어죽지 않았을 일이다.

매년 150만 톤의 식량부족으로 배급이 끊기고 보릿고개 때처럼 굶주리는 국민이 많다. 심지어 곡식서리를 위해 두만강을 건너 중국 땅을 침범하고 있다니 어리석은 일이다. 한 번, 두 번이지 계속되면 대비책이 세워진다. 그러면 곡식서리는 애시당초 어려워지게 된다.

그 때는 어떻게 할 작정인가?

그저 굶어 죽을 수밖에 없다. 너무 오래 동안 굶주려왔기 때문에 이성도 없고 책략도 없다. 이미 국가로서의 통치력이 상실된 상태다. 와르르 무너지는 것은 시간문제일 뿐이다.

역사는 항상 한계상황에서 발전한다. 그들에게 인내할 수 없는 고통을 끝없이 지워주고 있는 것은 신(神)의 저주를 받고 있어서다. 6·25한국전쟁을 일으켜 2,700백만 동포에게 고통을 주었다. 또 우익이나 자본가라 해서 대량 학살을 히틀러 이상으로 자행했다. 그러고서도 남한에서 북침을 했노라면서 60년 넘게 억지를 부려대고 있다.

어디 그 뿐인가?

대량 학살에 대해 보복한다며 좌익친북세력에 대해서 다시 대량 학살을 했다. 그 모든 것을 교묘한 말장난으로 남한에게 덮어씌우는 죄가 엄청나다. 그런 죄, 이런 죄가 더해져 북한의 고난은 길고 길게 이어지고 있다.

저승사자 앞에서 있었던 일.

"진작 왔어야할 놈이 너무 늦게 왔구나."

"저는 너무 억울합니다. 20년쯤 후에나 왔어야 하는데 너무 빨리 왔습니다. 혹시 잘못된 게 아닙니까?"

"아직껏 정신을 못 차리고 있구나. 넌 유황불행이다."

"무슨 말씀입니까? 유황불행이라니요?"

"엄청난 대량 학살극을 벌려놓고서도 오히려 피해자에게 덮어씌우고, 억지만 부려왔으니 유황 불속에 가서 고통을 당하는 것은 당연하다고 본다. 에헴."

우화와 같은 저승사자와의 대화 속에서 우리는 하나의 진리를 찾아보게 된다. 지금 전 인류가 풍요 속에서 행복을 누리고 있는데 유독 북한만이 먹을 것이 없어 주린 배를 움켜잡고 있으니 결코 우연한 일은 아니다. 그것도 하루 이틀이 아니다. 벌써 10년은 훌쩍 넘었고 20여년 가까워 온다. 거기다가 당장 배고픔이 해결될 기미도 전혀 보이지 않고 있다. 자칫 DNA까지 변형이 되지 않을까 걱정이 된다. 매년 쌀 50여만 톤, 비료와 농약 30여만 톤, 의약품, 유아용품, 개성공단과 금강산 입장료 매년 수천억 원을 지원하고 있다. 감사한 마음을 가져야 한다.

당연한 인간의 도리다.

그럼에도 천안함을 기습폭침을 시켜 46명의 젊은이를 살해했다. 그것도 모자라서 연평도에 포격을 가했다. 북한에서 피난나와 어려운 삶을 살아온 주민이 폭살당했다. 그 죄가 얼마나 무거운 것일까?

저승사자의 말대로 유황불 지옥행이다. 여기서 말하는 유황불은 지독한 고통을 의미한다. 고통 가운데서 가장 힘든 고통이 굶주림이다.

"눈물 젖은 빵을 먹어봐야 인생을 알게 된다."

도스토옙스키의 말이다. 그는 포병장교에서 소설가로 대변신을 했다. 간질병으로 고통을 받았고, 아버지의 파산으로 배고픔을 체험했다. 전당포 주인으로부터 빚 독촉도 당해봤다. 그 많은 고통 가운데서도 배고픔의 고통이 가장 괴로웠다. 그렇게 무서운 고통이 일상화되어 한계상황에 이르게 되면 유황불속이 더 행복할 수 있다. 그런 의미에서 유황불에 떨어진다고 했을 것이다.

이쯤에서 말을 정리하고자 한다.

정치지도자의 현명함과 우둔함이 국가와 국민에게 어떤 결과를 가져오고 있는가를 잘 보여준 박정희와 김일성의 대결은 결론이 나왔다.

박정희 승리, 김일성 패배였다. 박정희는 김일성을 경쟁의 상대로 삼
았다. 그러나 김일성은 박정희를 타도의 대상으로 삼았다. 하늘은 파
괴하려는 자, 살생을 일삼는 자에게 천벌을 내린다. 반대로 잘살아 보
려는 자, 땀 흘리는 자에게 축복을 주신다. 그것은 만고의 진리이면서
하늘의 도리다.

지금 북한 사람들이 굶어 죽어가고, 수 없는 부녀자가 중국 땅을 하
염없이 떠돌아다닌다. 세상모르는 어린 아이들이 먹지 못해 자라나지
못하고 영양실조로 죽어가고 있다. 삭풍이 몰아치는 한 겨울에 깨어진
유리창으로 살인적인 추위가 몰아치고 있지만 난방을 못해 얼어 죽어
가고 있다. 뻘건 황토에서 풀 한 포기 자라나지 못하는 황폐의 무덤
위를 오늘도 떠돌아다닌다.

바로 눈앞의 지옥이 북한이다.

무엇이 북한을 이렇게 황폐케 만들어 놓았는가?

김일성의 살생과 파괴, 무지가 원죄였다. 폴 케네디가 그의 저서『
강대국의 흥망』에서 제시했던 역사 논리 빵이냐, 대포냐 에서 대포를
선택한 무지함이 오늘을 만들고야 말았다.

38선 넘어 한국은 불야성의 나라, 세계 일곱 번째 수출 강대국, 세
계 빈곤 국가를 향해 경제원조를 하는 나라, G20 의장국, 세계 후진국
들이 한국을 발전모델로 삼아 배우러 찾아오는 나라, 최첨단 IT
최강국, 반도체, LED의 나라, 철강, 자동차, 선박의 선진국, 매
년 1조원 달러를 수출하는 나라, 1인당 국민소득이 3만 달러를
향해 달려가고 있는 나라.

미국, 일본, 인도, 프랑스가 한국의 교육열에 대해 부러워 하고 있
다. 김일성, 모택동, 스탈린이 60년전 중국 선양에서 모여 한국 침략전

쟁을 만장일치로 결의했었다.

김일성 — 남한의 지리산, 백암산, 조계산, 덕유산에 나의 명령을 받은 빨치산이 30만 명이 활약하고 있습니다.

모택동 — 대단합니다. 나의 16자 전법(적진아퇴(敵進我退, 적이 다가오면 후퇴한다), 적주아교(敵駐我攪, 적이 멈추면 교란시키고), 적피아타(敵避我打, 적이 후퇴하면 공격해대고), 적퇴아타(敵退我打, 적이 물러나면 추격한다) 대로 전쟁하면 미국군이 아무리 강하다해도 백전백패요. 당장 침략하시오. 그러면 전선이 두곳에서 벌어지게 됩니다. 38선과 지리산이 될 것이오.

스탈린 — 모택동 동무의 말씀이 옳소. 미국이 가지고 있는 원자폭탄을 나는 못가지고 있소. 그러나 미국과 똑같은 무기를 가지고 있소. 그 모두를 제공할 테이니 침략하시오.

이때 김일성은 거짓말을 했다. 모택동의 빨치산과는 전혀 다른 빨치산이었다. 박헌영의 그럴듯한 거짓말과 선동에 속았던 천진스런 청장년들이었다. 모두가 똑같이 함께 사는 세상을 만들어 보자는 박헌영의 말에 속아서 입산했던 빨치산이었다.

"경찰서, 관공서, 부잣집을 공격하라."

김일성이 내려준 것은 단 이 한마디뿐이었다. 강원도 후평 가려주에서 김일성의 명령을 받은 이승엽(한국전쟁 6·25때 서울시장)이 남부군 사령관 이현상에게 전달하면서 게릴라전이 시작되었다. 쌀 한 톨, 총 한 자루 주지 않고 약탈, 방화, 살인을 지시한 것이다. 그러자 지리산 인근의 주민들이 모두 피난을 떠나버렸다. 주민이 없는 지리산은 쌀이 떨어지고 전염병이 돌아 전멸했다. 모택동은 김일성의 빨치산이라는 말에 속았던 것이다. 모택동의 빨치산은 살인, 약탈, 방화하지 않았다. 주민은 물, 빨치산은 물고기였다. 주민을 하늘같이 섬겼다. 주민은 항상 빨치산 편이었다. 빨치산 30만 명이면 주민 300만 명과 함께 모두 똑같은 군대였다. 그러나 김일성의 빨치산은 주민의 적이었다. 물을 떠난 물고기는 생존할 수 없다. 사실 김일성이 모택동, 스탈린에게 거짓말을 한 것이다.

거짓말로 시작된 전쟁은 패배한다.

중공군 사망 100만 명, 북한군 50만 명이 죽어 완패한 전쟁이었다.

"흰 쌀밥에 쇠고기 국을 먹게 하겠다."

김일성이 북한 주민에게 던졌던 메시지였다. 쇠고기국과 흰 쌀밥은 아들 김정일과 손자 김정은뿐이었다. 얼굴에 기름이 번질거리고 살이 찐 그들 얼굴은 증오스런 것이었다.

박정희와 김일성은 진실게임을 하고 있었다.

누가 진실을 말하고 있는가?

김일성은 선전 영화로 국민과 세계를 향하여 거짓말을 하고 있었다. 히틀러 추종자였던 영화감독 레니 리펜슈탈은 〈성웅 히틀러〉를 제작해서 세계를 깜짝 놀라게 했다. 처음부터 끝까지 거짓말이었다. 평화를 사랑하는 성웅이 독일을 일등국가로 만들고 있다는 것이었다.

"히틀러는 왕이 되는데 필요한 모든 덕목을 갖춘 타고난 호민관으로 세계평화를 위해 일로매진하고 있는 성웅."

독일 청년 1,000만 명을 전쟁터로 몰아넣어 유럽을 불바다로 만들어 놓은 악마가 성웅이라니 놀랄 수밖에 없는 일이었다.

소설가 토마스 만은 땅을 치면서 분노했다.

"신(神)에게까지 거짓말로 속이려하는 지옥에서 온 예술가들."

더 이상 말로 표현할 수 없고, 글로 쓰지 못할 비판을 내렸다.

결국 영화는 국민 모두를 히틀러의 손안에 있는 피아노로 타락하게 만들었다. 유대인 600만 명을 전기가스실에서 죽이고, 방죽보다 더 넓은 구덩이에 파묻어 죽여버린 만행의 살인자 히틀러가 어떻게 성웅이 될 수 있다는 말인가?

대중의 감성과 본능을 자극시켜라. 거짓말은 처음에는 부정되고, 다음에는 의심받지만 결국에는 믿게 된다. 거짓말은 하면 할수록 힘이 된다.

사람이 던졌던 말이 아니다. 독 문학박사 요세프 괴벨스, 실존주의 철학의 아버지 하이데커 베르린대학 교수, 작곡가이면서 지휘자였던 바그너, 영화감독 레니 리펜슈탈의 말이다.

그들이 성웅이라고 찬양했던 히틀러는 입안에 권총을 쏘아 연인 에바와 함께 자살했다. '성웅 히틀러' 일대기 영화는 전 세계의 조롱거리가 되었다. 마찬가지로 김일성의 북한 선전영화는 웃음거리가 되고 말았다.

한국의 대과학자 최형섭의 감탄사.

"대단합니다."

그 허구성을 간파하고 경제개발에 올코트푸레싱했던 박정희의 혜안이 감동을 주는 것은 나 한 사람뿐일까.

4. 발포를 중단하라

쿠웨이트와 이라크 접경지역.

끝없는 사막 언덕에 이라크 전차 200여 대가 포신을 위, 아래, 전후 좌우로 흔들면서 아침 햇살을 가르고 있었다. 금세 한 방씩 쾅쾅 터트려버릴 것같은 위용을 뽐내고 있었다. 숨이 막힐 듯 긴장된 순간에 미국 에이브럼즈 탱크 4대가 나타났다. 마치 헤비급 권투선수가 주먹을 흔들어대고 있는 사각의 링에 플라이급 선수가 나타나 스파링 자세를 취하고 있는 모습이었다. 헤비급 투박한 주먹이 한 방 휘둘러지면 가냘픈 플라이급 선수는 즉시 케이오될 것만 같은 모습이었다.

그러나 가볍고 연약해 보이던 미국 성조기를 펄럭이는 에이브럼즈 탱크에서 발포를 했다.

쾅!

딱 한 방이었다. 육중하고 무섭게 보이던 러시아제 이라크 탱크 200 여 대의 포신 움직임이 멈춰버렸다. 마치 주먹을 축 늘어뜨리고 케이오를 당해버린 헤비급 권투선수의 모습이었다. 잠시후 탱크의 해치가 열리더니 이라크 병사들이 두 손 번쩍 들고서 투항해 버리는 것이 아닌가.

한 편의 코미디극을 보는 것 같은 병정놀이었다. 이것은 분명 연합군과 이라크 후세인 대통령 수비부대 최정예 탱크 사단과의 전투장면이다. 분명히 틀림없는 실전 장면이다.

미국 최신예 탱크에서 발사한 e-포탄에 의해 200여 대의 이라크 탱크가 움직일 수 없게 된 것이다. 20억 와트나 되는 고출력의 전력을 쏟아내 반경 330미터 내에 있는 전자제어기가 마비되어 버렸던 것이다. 한 순간에 구식 탱크가 고철덩어리가 되어버린 것이다.

세계 최강군으로 평가받고 있던 후세인 경호를 하고 있던 30만 수비대가 총 한 발 제대로 쏘아보지도 못하고 전원 포로가 되어버렸던 것은 신무기의 위력이었다. 이란과 10년 전쟁을 벌여서 사실상 승리를 해냈던 이라크군이 개전 43일만에 완전 점령되었고 후세인 대통령은 미군 병사들에게 포로가 되었다. 100여 만명을 처형했던 독재자, 20년을 강권으로 통치했던 폭군이 미군 병사들에게 지하 벙커에서 붙잡혀 입을 벌려 체액을 채취당하는 모습이 69억 세계 사람들이 텔레비전을 통해 봤다.

이러한 일이 아프가니스탄에서도 벌어졌다.

소련군 100만 명이 10년 전쟁을 벌리고서도 점령하지 못하고 결국 패전을 당했던 아프가니스탄은 의기양양했다.

"미국이여! 당신들이 힘이 있다면 한 번 붙어보자!"

당당했다. 소련군과 대적할 때 대학생이었던 오마르는 미국을 우습게 여겼다. 뉴욕이 항공기 납치, 자살특공대에 의해 테러를 당했다. 쌍둥이 무역센터 빌딩이 무너져 내리고 펜타곤이 테러 당했다. 무고한 미국인 3,000여 명이 희생되었다.

"우리가 공격했다!"

테러단체 알카에다는 당당하게 선언했다. 미국 FBI와 CIA는 정밀검증으로 범인들이 아랍계들이고 알카에다 소속임을 밝혀냈다. 역사상 미국은 처음으로 공격을 당했다. 9·11은 세계질서를 바꿔 놓았다.

바로 이때 오마르는 미국에 대해 선전포고를 했다.

"알카에다 요원 훈련소가 여기에 있다. 미국이여, 어찌할 것인가?"

알카에다 테러집단의 훈련장면을 공개했다. 즉각 미국은 아프가니스탄 공격에 나섰다. 소련군 100만 명과 10년 전쟁에 승리했으니 자신만만했다. 그러나 41일만에 오마르는 생사조차 모르는 사이, 파키스탄 접경으로 쫓겨나고 새로운 정권이 들어섰다.

무엇이 오마르로 하여금 처참한 패배를 가져오게 만들었던 것일까?

신무기 프레데터와 스마트탄에 의한 공격에 속수무책이었다. 무인 항공기 프레데터는 고성능 미사일이 장착되어 있고, 음향감식 장비가 비치되어 있다. 지하 130미터에서 이야기하는 소리를 감식하여 누구인가를 판별해 낸다. 오마르의 목소리라면 즉시 공격한다. 폭탄은 바위에 떨어지면 스스로 130미터를 굴착해 들어간다. 그 다음에 폭발한다. 그 위력은 놀라울 정도가 된다. 암석 속의 터널이 무너져 내리고 만다. 그 위력에 놀란 오마르는 그 족적을 나타내지 못한다. 게릴라 지휘가 불가능하다. 제대로 저항하지 못하고 패주해 버렸다.

이제 전쟁은 두뇌경쟁이고 과학전쟁이 되었다.

지구상에서 가장 폐쇄적이고 폭력적인 국가 북한 공산정권과 대치하고 있는 나라 대한민국의 안전은 어떻게 될까?

이스라엘은 작은 나라이지만 국방력이 세계수준이다. 로봇이 전투요원으로 활용되고 있다. 1973년 레바논 침공할 때 비행기 조종사의 희생이 컸다. 시리아제 방공포 위력 때문이었다. 그러자 무인 비행기 엘버를 투입해서 1980년 제2차 레바논 침공때는 조종사 희생이 전혀 없었다. 2015년에서 2020년이 되면 군의 3분의 1은 로봇이 대신하게 될 것으로 보고 있다. 아바타 전쟁시대가 도래하게 될 전망이 점쳐지고 있다. 이렇게 과학전쟁시대가 도래하고 있는데 한국은 세계 12위 무기강대국으로 우뚝 섰다.

한국산 탱크 흑표는 세계 최고 수준이다.

1950년 6월 25일 북한군이 소련제 T34 탱크 1,200대를 앞세워 남침을 단행했다. 한국군 병사들은 탱크를 처음 봤다. 거북선처럼 쇳덩이가 철거덩거리며 나타났다. 수류탄을 던지고 총을 쏴도 까닥 않고 달려왔다. 기다란 포에서 포탄이 작렬하고 기관총에서 불을 뿜으면 모두가 쓰러져 피를 흘렸다. 괴물이었다. 탱크만 나타나면 손을 들고 36계 줄행랑을 쳤다.

"아, 저 탱크만 멈춰서면 북한군과 맞서서 싸워볼만한데……."

비명처럼 넋두리를 쏟아내고 죽어갔다. 한국군에게 육탄 10용사의 정신이 불타고 있었다.

1949년 5월 3일 새벽.

개성 송악산 일대. 38도선 남측 292고지에 진지를 구축하던 국군의 진지가 적의 기습적인 공격을 받았다. 북한군 3개 중대가 송악산 능선을 타고 침투, 불법공격을 가해왔다. 38도선 일대에서 벌어진 최초의 북한도발이었다. 292고지, 유엔고지, 비둘기고지를 빼앗긴 국군은 다음날 새벽 반격에 나서보았지만 실패했다. 이때 육탄 10용사가 나타났다. 81mm 박격포탄과 수류탄을 들고 적 토치카의 기관총 진지에 돌격했다. 견고하던 기관총 토치카가 무너졌다. 이 사이에 고지를 향해 돌진 고지 탈환에 성공했다. 이 전투에서 육탄 10용사를 비롯, 39명이 전사했다.

서부덕 육군 소위, 윤승원 상사, 박창근 상사, 윤옥춘 상사, 김종해 상사, 황금재 상사, 양용순 상사, 오제룡 상사, 박평서 상사, 이희복 상사.

육탄 10용사의 자랑스런 이름이다. 이들은 조국의 산하에 피를 뿌리며 사라져 갔지만 그들의 애국혼과 용맹심은 70만 대한민국 국군의 가슴속에 살아서 숨쉬게 되었다. 낙동강전투, 다부동전투, 영천방어전, 백마고지전투 때에 그대로 살아서 국군의 정신이 되었다.

1950년 6월 26일 새벽.

남침 2일만에 포천을 점령한 북한군 3사단이 368번 국도를 따라 의정부에 나타났다. 이미 채병덕 육군참모총장이 전선을 방문하여 명령을 내렸다.

(1) 군은 의정부 정면에서 반격하여 적을 38선 북쪽으로 몰아낸다.

(2) 6월 26일 08시를 기하여 제2사단은 의정부-포천 축선으로, 제7사단은 의정부-동두천 축선으로, 각각 진격하여 당면의 적을 격파하고 38선을 회복하라.

(3) 공군이 지원할 것이다.

채병덕 참모총장의 작전명령에 대해 이형근 준장은 이의를 가지고 있었다.

"38선이 돌파되면서 7사단은 반수가 넘는 병력을 상실했고 그나마 병력이 분산되어 있고 2사단은 1개 대대병력이 고작이라 이런 병력으로 적과 정면 대결은 불가능하니 한강 이남으로 후퇴하여 반격작전을 펴야 한다."

지휘관으로서 합당한 발언이면서 소신이다. 그러나 채병덕 참모총장은 국가안위에 결정적인 서울방위문제여서 정치적으로 중요한 작전이었다. 훗날 맥아더 유엔군 사령관이 인천상륙작전을 펼쳤던 것도 채병덕 참모총장과 똑같은 이유였다. 트루먼 대통령을 비롯하여 합동참모 본부장 브래드리 원수, 육군 참모총장 콜린스 대장, 해군 참모총장 서만 제독, 공군대표 에드워드 중장 등이 인천상륙작전을 반대하고 낙동강과 가까운 군산상륙을 제안했다. 그러나 맥아더 원수는 한 마디로 잘랐다.

"인천상륙만이 전세역전이 가능하다. 인천상륙은 서울점령을 위해서다."

전신(戰神) 맥아더 원수는 1950년 6월 27일 한강변에 나타났다. 한강 방어진을 돌아보고 한강 북쪽에 진을 치고 있는 북한군 동향을 망원경으로 자세히 살펴보면서 그리스 신화 트로이목마를 떠올렸다. 북한군 50만 명이 전투는 낙동강에서 펼치고 있지만 전투물자 보급은 모두 서울을 경유하고 있다. 서울을 점령하면 낙동강 북한군 50만 명은 궤멸이 된다. 탄환, 포탄, 무기, 식량, 병력이 모두 평양에서 서울을 경유하고 있다. 그 목줄을 자르면 북한군의 전투력은 상실된다. 일본 도쿄군, 히틀러군, 스탈린군, 모택동군은 독재군이다. 독재군은 하나같이 군수물자와 보충군이 결딴나면 오합지졸이 된다. 서울은 그만큼 대한민국의 심장부로 특별한 생명력이 있다. 사단장 이형근 장군은 서울의 의미를 모르고 있었지만 참모총장 채병덕 장군은 서울의 가치를 알고 있었다. 군은 명령에 살고 명령에 죽는다. 어쩌면 죽음의 계곡에 떨어져버린 느낌이었다.

이때 북한군 3사단 탱크 30여 대가 나타났다. 한번 38선에서 부딪쳐 보았던 7사단 유재흥 준장의 국군들은 그 위력을 알고서 지레 겁을 내고 있었다.

"박종대 소대장, 육탄 공격을 하라!"

"알겠습니다."

사관학교를 갓졸업한 육군 소위 박종철은 1소대 1분대원들과 함께 368번 국도 양측 하수구를 따라 양편으로 분대원을 배치했다.

"맨 앞에 나타나는 탱크로 뛰어 올라 수류탄을 터트린다. 누가 하겠나?"

"육군 상사 김창덕 분대장이 하겠습니다."

"좋다. 내가 1번 탱크를 해치우겠다. 김 상사는 2번 탱크를 해치워라."

"알겠습니다."

어둠을 뚫고 나타난 북한군 3사단 탱크가 요란한 캐터필더 구르는 굉음을 내면서 도로에 나타났다. 국군 장병의 눈에는 괴물이었다. 죽음보다 더한 침묵이 흐르고 있는 순간, 북한군 탱크는 눈앞에 왔다.

그 순간, 박종철 소위는 수류탄 안전핀을 뽑아 손에 쥔 채로 탱크로 돌진했다. 승리감에 취해 달려들던 북한군 탱크에서 북한군 병사들은 콧노래를 부르고 있었다. 박종철 소위의 수류탄이 쾅 폭발했다. 뒤이어 김창덕 상사의 수류탄도 쾅 폭발했다.

탱크는 멈춰 섰다. 자살 특공대에게 당한 것이다.

이것이 1950년 6월 26일 벌어진 한국전쟁 최초의 북한군 탱크 파괴였다. 공격직후 박종철 소위 1분대원들은 어둠 속에서 쏜살같이 사라졌다. 368번 국도 양편은 논밭이었다. 논을 가로질러 도주하는데 개울이 나타났다. 개울 언덕배기에서 박종철 소위는 발을 헛디뎌 굴러 떨어졌다. 그러면서 허리뼈가 어긋났다. 꼼짝달싹 할 수 없었다. 뒤따르던 분대원들이 부축을 해서 도망쳤다. 부대에 도착하자 앰뷸런스에 실려 후송이 되었다.

탱크가 없었던 한국은 전우의 시체를 넘고 넘어 낙동강까지 후퇴하는 비극을 겪었다.

그때 그 비극의 한국전쟁이 우리를 슬프게 한지 60년이 흘러간 지금 우리의 국산 병기는 어떤가?

경기도 양평 종합훈련장에 한국산 탱크 XK-2 흑표(黑豹, 검은 표범)가 위용을 드러냈다. 120mm 주포가 꽝 불을 뿜었다. 시속 40킬로미터로 비포장 도로, 산악, 벌판을 달린다. 울퉁불퉁한 지형을 달리면서도 주포는 표적을 백발백중한다. 탱크 자체의 흔들림과는 관계없이 1.5킬로미터 밖의 표적을 맞춰낸다. 포탄은 음속 5배로 날아간다. 적외선 감지기에도 탱크가 감지되지 않도록 해주는 신형 연막탄 발사를 한다.

흑표 탱크 XK-2 등장하자, 세계 군사전문가들은 미국의 에이브럼즈와 함께 세계 최고라는 평가를 받았다. 첨단 과학이 총망라된 굴러다니는 현대과학 무기전시장이다. 미사일, 레이저 경고장치, 유도교란 통제장치, 복합연막탄 발사 장치를 갖춰 날아오는 적의 대전차 미사일이 빗나가게 한다. 심지어 날아오는 적의 미사일을 맞춰 파괴해버리는 능동방호장치가 2011년에 장치된다. 북한군의 탱크보다 성능이 5배 정도 우수하고 미국, 러시아, 일본, 독일, 중국 그 어느 나라 탱크보다 우수하다.

경상남도 사천시 한국항공우주산업(KAI) 조립공장 가로 120미터, 세로 180미터 크기의 조립동 안에서 T-50 골든 이글(golden eagle) 10여 대와 싱가포르 수출용 F-15SG 동체, 첫 국산 기본 훈련기 KT-1가 늘어서 있다.

한국에서 전투기 생산을 하고 있다는 말인가?

세계 유일의 초음속 훈련기 T-50은 날렵한 유선형 동체 안에 30만 개가 넘는 부품이 들어있는 첨단 국방과학기술의 결정체다. 2003년부터 양산이 시작되었으며 72대가 공군에 인도되었다. 터키에 55대, 아랍에밀레이트, 싱가포르에도 수출이 된다. 공군 차기 전투기 F-15K가 선정될 때 F-15 제작업체 미국 보잉사로부터 반대급부로 따낸 사업이다. 현재 한국 공군이 도입 중에 있는 F-15K의 주날개 및 전방동체도 KAI가 만들어 미국 보잉사에 납품한 것이다.

사정거리 40킬로미터 자주포 K-9, 이지스 구축함 세종대왕함, 함대함 미사일 해성(海星), 차기 보병전투장갑차 XK-21, 아시아 최대의 상륙함 독도함, 한국의 국방과학기술을 말해주고 있는 명품병기들이다.

적군을 죽이지 않고 무기를 무력화시키는 무기, 레이더에 잡히지 않는 스텔스 무인(無人) 전투기, 크루즈미사일, 탄도 미사일을 맞춰 잡아내는 요격용 미사일이 앞으로 한국군이 보유하게될 미래무기들이다. 말이 미래무기이지 현실적으로 개발이 완료되어 실전에 배치단계에 이르러 있다.

한국의 방위산업이 이렇게 눈부시게 발전하게 되자 정부는 국산무기를 내수에 묶어놓았던 것을 수출산업으로 바꿔놓고 있다. 매년 40억 달러 수출해 왔는데 앞으로 400억 달러에 이르게 한다는 것이다.

끊임없는 북한 게릴라침투, 닉슨 미국 대통령의 주한미군 철수 위협, 김일성의 환갑전 무력통일해서 서울에서 환갑잔치하자는 북한군의 구호, 북한군에 비해 열세였던 군장비, 베트남의 공산화 등 최악의 국방상황에서 맨 주먹 불끈 쥐고, 시작했던 걸음마 국가방위산업이 수출효자산업으로 되기까지 눈물겨운 발자욱이 가슴을 여미게 한다.

1972년 4월 3일.

보병 26사단 훈련장(초석리)에서 거행된 국산병기 시제품 시사회 현장.

"꽝꽝."

전차가 대전차지뢰에 의해서 폭파되는 순간이었다. 불기둥이 10여 미터 솟구치면서 전차가 주저않았다. 바로 그때 돌발상황이 벌어졌다. 검은 물체가 하늘로 치솟더니 휘익 날아서 박정희 대통령쪽을 향해 날아왔다. 순식간에 벌어진 일이어서 경호원이 손쓸 틈이 없었다. 그 광경을 대통령 옆에서 관람하고 있던 유재홍 국방부장관이 소리쳐댔다.

"중지, 중지, 실연 중지."

다급한 목소리에 관람석의 내빈들이 놀라서 어리둥절해 했다. 그러나 박정희 대통령은 눈하나 깜짝 않고 의연했다.

"순서대로 계속하세요."

국무위원, 수석비서관, 정계 요인들이 참석했다. 다행이도 검은 물체는 관람석 훨씬 뒤쪽에서 떨어져 피해가 발생하지 않았다. 이날 시연은 칼빈 소총으로부터 시작되었다. 줄에 접시를 매달아 놓고서 맞추었다. 사수들의 사격솜씨가 탁월했다. 10여 개의 접시가 동시에 일제히 깨졌다. 참석자 모두가 일제히 박수를 쳐댔다. 기관총 발사는 표적판에 접시를 붙여 놓았었는데 그 접시가 모두 깨어졌고 가상자리에 붙어있는 접시만이 뎅그러니 남아 있었다. 수류탄 발사는 10여 명의 병사들이 신호와 함께 일제히 동시에 투척했다. 낙하지점 상공에 고무풍선을 천여 개 매달아놓았다. 수류탄 파편에 고무풍선이 파열되도록 했다. 그러나 10여 발의 수류탄의 폭발로 발생한 위력으로 해서 천여 개의 풍선이 흔적조차 없어져 버렸다. 유탄발사기 사격시연에 나선 병사들은 특등사수들이었다. 유탄발사기는 정조준을 해도 정확도가 떨어지는 병기다. 그럼에도 백발백중이었다. 대전차 로켓포는 고물전차가 표적이었다. 첫발로 번쩍 섬광이 나더니 꿍음과 함께 불기둥이 솟구쳤다. 6·25 한국전쟁때 로켓포가 없어서 많은 희생자가 발생했었다. 그 때의 악몽 때문이었던지 가장 뜨거운 박수가 터졌다.

마지막으로 60mm 박격포, 81mm 박격포 사격이 있었다. 앞 산에 회색가루로 원을 그려놓았고 원 안쪽에 T자를 그려 놓았다. 사격지시와 함께 박격포들이 발사되었다. 원 안쪽으로 연속 떨어졌다. 유독 박정희 대통령은 쌍안경으로 포탄 낙하지점을 끝까지 확인했다. 박대통령은 포병사령관 출신이었다. 미국 포병학교 유학까지 마친 포사격 전문가다. 표적이 적중한 포탄이라 하더라도 낙하지점에 따라 포술의 차이를 알아냈고, 포의 성능을 가늠했다.

시연을 마치자 계단을 천천히 내려와 국방과학연구소 제2대 심문택 소장의 손을 잡고서 환한 웃음을 보여줬다.

"수고하셨소. 만족스럽습니다."

국방과학연구소를 설립한지 1년 6개월만이고 방위산업육성방안이 확정된지 6개월여였다.

1970년 8월 16일.

어려운 결단을 내렸다. 몇 개월 동안, 밤잠을 설쳤다. 국가경제건설이냐, 국가 방위산업육성이냐 놓고서 노심초사했다. 쥐꼬리만한 재원을 가지고 공단건설을 하고 도로와 항만 그리고 화력발전소를 세워야 했다. 그러나 국방연구소를 설립하면 경제는 뒷전으로 밀려난다.

빵이냐, 대포냐.

국가경영에서 가장 어려운 난제다. 대포를 생산하면 빵이 줄어들고, 빵을 늘리면 대포가 줄어든다. 고무풍선과 같은 것이다. 한쪽을 움푹 밀어내면 다른 한쪽이 볼록 솟구친다. 그리고 고뇌할 수밖에 없다. 죽을 둥 살 둥 밤낮으로 뛰어 겨우 수출 10억 달러를 달성해냈다.

"아, 귀신의 시샘이 있는 것일까?"

그저 푹 주저앉아버리고 싶은 심정이었다. 이러한 고민을 지구 반대쪽 미국에서도 하고 있었다.

백악관 안보회의.

"각하, 소련은 무너지게될 것입니다. 달러 수입은 없는데 지출이 폭증하고 있습니다. 인공위성, 핵탄두 미사일, 핵잠수함, 핵실험, 250만 대군 모두가 천문학적 달러가 소요됩니다. 결국 국가부도가 발생할 수밖에 없습니다. 소련이 무너지면 위성국가들이 분리되어 제각각 살길을 찾아 나설것입니다. 그리고 소련연방은 분리되어 제각각 독립을 하게됩니다.

"그것이 언제가 될 것 같습니까?"

"앞으로 10년."

"너무 길고 먼 훗날 얘기일뿐이오. 그 기간을 단축할 수 있을까요?

"얼마든지 가능합니다. 5년까지."

"어떻게?"

"내일 당장 우리가 인공위성발사, 지하핵실험, 대륙간탄도미사일 발사실험을 하게 되면 소련도 즉시 따라할 것입니다. 그러면 수명이 단축됩니다."

"좋소. 당장 시행하시오. 소련이 붕괴되면 동서냉전에 들어가는 돈이 전액 사회복지에 투자할 수 있게 될 것입니다."

"옳으신 말씀이십니다. 매년 5,000억 달러 절약될 것입니다."

레이건 대통령은 결단을 내렸다. 일시적이지만 빵을 희생시키면서 대포를 생산하는 척했다. 그것이 위대한 결단이 되었다.

박정희 대통령은 이렇게 생각했다.

"경제를 잃으면 조금 잃는 것이요, 안보를 잃으면 전부를 잃는 것이다."

이렇게 판단하고서 빵을 조금 희생시키면서 대포를 조금씩 늘려가려고 했다.

"일하면서 싸우자."

두 말은 서로 모순된다. 그런 줄 알면서 두 마리 토끼를 잡으려 국방과학 연구소 설립를 지시했다.

첫 번째 과제는 예비군 20개 사단 경무장.

두 번째 과제가 중화학공업 육성.

소총생산을 하려면 100분의 1mm 정도의 정밀성이 갖춰져야 한다. 그러나 대한민국 그 어디에도 100분의 1mm 능력을 가진 인재가 없었다. 국방과학연구소는 일본인 밑에서 공부했던 인재가 아니라 미국식 과학지식을 가진 인재 양성이 가장 시급했다.

"기술자가 아니라 기능공이 필요하다. 이를 위해 전국 주요 도시에 기계공고를 설립하라. 군대식으로 숙련된 기능공을 단시일에 양성할 목적으로 금오공고를 설립하라. 전원 기숙사에 입사(入舍)시켜 밤낮으로 100분의 1mm 정밀도를 양성하기 위한 강행군을 시켜라."

그로부터 6개월

"각하 100분의 1mm 정밀도의 선반공이 10명 양성되어졌습니다."

박정희 대통령은 그 말을 듣는 순간, 소총 생산을 지시했다. 이어서 방위산업육성법을 제정했다. 청와대에서는 제2 경제수석비서관제를 신설하고 방위산업육성을 전담시켰다.

1971년 11월 10일.

청와대 비서실장, 국방부장관, 국방과학연구소 소장 3인이 만나 방위산업육성 방안을 확정했다.

첫째 병기 설계는 국방과학연구소가 한다.

둘째 무기생산을 민간전문업체가 한다.

셋째 무기생산에 소요되는 재료는 수입으로 한다.

이 모든 감독은 박정희 대통령이 직접한다.

이때부터 각종 병기에 대한 연구와 설계 그리고 기능공들이 혼연일체가 되어 뛰기 시작했다. '하면 된다'는 캔두(can do) 정신으로 총력전을 펼쳐냈다. 이때부터 미국의 정책이 춤을 추듯 바뀌었어도 모두 냉정했다.

닉슨 대통령은 워터게이트 사건으로 불행하게 중도하차했다. 그 전까지 아시아 약소국가들에게 많은 고통과 충격을 안겨줬었다.

"극동에서 우방국가가 핵공격이 아닌 공격을 받았을 때, 자국 스스로 1차 방어책임이 있다."

1970년 2월 18일 발표한 닉슨독트린이었다. 마치 1949년 7월 미국무장관이 에치슨라인을 발표하면서 한국을 제외시켰던 것과 같았다. 그것이 1950년 6월 25일 한국전쟁 도화선이 되었다. 닉슨 독트린을 접한 김일성은 아랫배에 힘을 주고서 파안대소를 했다.

"드디어 낚시에 고기가 걸렸구먼. 남한이 나의 손에 들어있는 장난감이라구. 나의 명령을 따르는 남로당원이 500만 명이야. 내가 칼을 빼어들면 개떼처럼 몰려들 거야. 여순반란사건, 대구폭동, 제주폭동사건을 보시라. 이제 때가 되었어."

김일성은 어리석은 빨치산 패거리였다. 그의 생각은 지금도 변함이 없다. 오직 폭력으로 남한을 정복하고자하는 본심에는 변함이 없다. 평생 정보기관에서 잔뼈가 굵어진 이후락 중앙정보부장과 청와대 방위산업 담당 수석비서관 오원철과 나누었던 대화는 박정희 대통령이 국방과학연구소(ADD)를 설립한 이유를 어림할 수 있게 된다.

"지금 최전선에서는 위기일발의 상황이오. 언제 불상사가 터지게 될지 모르겠소. 북한은 전 부대를 최전방으로 대이동을 시키고 있소. 탱크도 휴전선 가까이로 이동시켜놓고 있소. 반면 우리는 아무런 대응책이 없소. 우리 M-1 소총은 북한의 AK 소총보다 성능이 떨어지고 있다는 사실은 모두 알고 있소. 이 M-1 소총도 제2차 세계대전때 미군이 쓰던 총이라 고물이 다되었소. 무려 30%가 연발이 안된다더군. 하루속히 M-16으로 교체해야 하는데 현역군 것만 교체하는데 6년이 필요해요. 언제 예비군까지 무장시킬 수 있겠어."

"알고 있습니다."

"그 보다 더 심각한 문제가 있소. 지금 최전방에서 가장 중요한 것은 탄약인데 적의 탱크가 공격해 오면 대전차 지뢰를 깔아 놓아야 하는데 언감생심이야. 태부족 상황이야. 최악의 경우, 육탄공격을 하려고해도 그런 폭탄마저 없다는 거요."

"정말로 심각합니다."

"북한에서 떠들고 있는 말이 뭔지 아시오?"

"……."

"김일성 환갑잔치를 서울에서 열자가 구호요. 그런 구호를 전 국민에게 내어걸고 있소."

"끔찍한 얘깁니다."

"그 말의 뜻은 6·25 사변을 또 한 번 일으키겠다는 뜻이오."

당시 중앙정보부는 이중간첩을 운용해서 북한사정에 대해 정확하게 알고 있었다. 어느날 갑자기 박정희 대통령은 국방에 대해서 집중력을 발휘하고 있었다. 박정희의 집중력은 초인적이었다. 대구사범학교를 졸업하고서 문경초등학교에서 교사생활을 했었다. 무려 5년 동안 교사 생활을 했다. 만 25살 나이에 만주군관학교에 입학해서 2년 동안 다녔다. 또래들과는 무려 5년 넘게 나이 차이가 있었음에도 1등으로 졸업했다. 그의 집중력을 말해주는 일이었다. 또 그는 평소 안중근 의사를 흠모했다. 그의 어록을 무척 즐겼다.

"위국헌신(爲國獻身) 군인본분(軍人本分)."

나라를 위해 몸을 바치는 일은 군인이 해야 할 일이라는 뜻이다. 그래서 국가가 위기상황이라는 판단에서 이 위기를 뚫고나가는 길은 방

71

위산업을 제대로 잘 키워 백년대계가 되도록 해보겠다는 생각을 했다.

그 첫 번째가 세계 제일의 쿠루이프와 같은 기업을 다섯 개만 만들어야 했다. 그렇게 하기 위해서 세계 최고 국방과학연구소를 만들고 싶었다. 제2차 세계대전을 끝나게 만들었던 것은 페르미연구소였다. 그런 연구소가 바로 국방과학연구소(ADD)였다.

두 번째가 나라를 위해 헌신하겠다는 정신을 심어주는 일이었다.

초대 ADD 연구소장 신응균은 밤낮으로 일하다가 쓰러지고 말았다.

"제발 나보다 더 열심히 일할 수 있는 사람이 후임자가 되었으면 합니다."

비록 자기는 쓰러졌지만 국방과학연구소는 역사에 남을 위업을 쌓아야 한다는 소명의식이었다. 그것이 전통이 되어 40여년이 지난 지금 세계 최고 수준의 국방과학 산실이 되었다.

창업자 박정희는 이승을 달리했지만 그의 뜻은 살아서 이어지고 있는 것이 자랑스럽다.

5. 피맺힌 편지 한 장

청와대는 가시방석 같았다.

김일성은 전쟁준비를 완벽하게 해놓고서 수시로 남한을 괴롭히고 있었다. 한국전쟁 후 한국은 국방에 손을 놓고 있으면서 반공을 외쳐 대고 있었다. 그런데다가 닉슨, 존슨, 카터 연이어 철군문제로 속을 썩 이우고 있었다. 국방안보는 하루아침에 준비되는 것이 아니다. 일단 예비군을 창설해 250만 명 자원은 확보해 놓았다. 그것 만이라도 천만 다행이었다.

청와대 집무실 가까운 곳에 신무기 전시실을 만들어 놓고 아 들, 딸 돌보듯 애정을 보이고 있었다. 박정희 대통령은 제2차 세 계대전과 6.25 한국전쟁을 경험한 직업군인 출신이다. 전쟁에 나서게 되면 전술과 전략이 있어야 한다. 낙동강에서 피를 흘리면서 싸우는 전투는 전술이다. 눈앞에 나타난 적을 분대로 방어할 것인가, 중대로 싸울 것이냐는 전술이다. 그러나 낙동강 방어선을 만들어 놓고 주력부대에 손상을 입혀 현재의 전선을 유지해 적의 수송력을 무너트리고 국군의 전력을 보강시킬 시간을 벌어들이는 것은 전략이다.

전술, 전략을 꿰뚫고 있는 장군 출신 박정희는 획기적인 대안을 머릿속에 그리고 있었다. 소위 무기체계의 비대칭 전략이다.

소총, 중화기, 대구경 포능력을 갖추어 독자적으로 북한을 막아내는 전략으로 미사일과 핵무장을 하는 일이었다. 이것만 갖춰지면 통치는 누가 하더라도 문제될 것이 없으리라 보았다. 한국국방과학연구소를 구상하면서 미국의 페르미연구소와 같은 연구소를 구상했었다. 문제는 사람이었다. 아인슈타인이나 페르미 같은 천재만 있으면 얼마든지 가능한 일이었다. 이 문제를 놓고 밤낮으로 생각하고 있는데 1단 자리 신문기사가 문화면에 게재됐다.

"한국인 유일의 핵물리학 박사학위 수여식 펜실바니아대학에서 거행."

눈을 번쩍 떴다. 중앙정보부를 통해서 이휘소 핵물리학 박사에 관한 신원조회를 시켰다.

"1935년 생, 본적 서울, 경기고등학교 2학년 중퇴, 검정고시로 고졸 학력인정, 서울대 수석합격, 서울공대 화공학과 2학년 재학중 도미, 마이애미대학 물리학과 편입, 피츠버그대학에서 석사학위, 펜실바니아대학에서 박사학위 취득, 27세에 프린스턴연구소 연구원, 미국 10대 물리학자로 선정되었음, 28세에 뉴욕

주립대학 정교수, 30세에 시카고대학 교수겸 페르미연구소 물리부장으로 취임해 명실공히 세계 핵물리학자중 1인자로 부상, 74년에 방한, 서울대에 AID 차관에 의한 과학연구소 설립해주었음."

박정희는 자리에서 벌떡 일어나 혼자말로 감탄사를 연발했다.

'아, 대단한 인재이구먼. 위대한 한국인이야.'

머릿속으로 복잡한 계산이 전광석화처럼 움직였다.

"이제 살았어. 카터 대통령이 미군을 철수시키면서 윽박지르고 모욕을 주더니 이제 더 이상 그리 안될걸, 두고 보자구, 응."

주먹을 불끈 쥐었다. 우울해 있던 얼굴에 웃음을 가득실었다. 필드에라도 나가서 힘껏 골프채를 휘둘러 보고싶은 충동을 강렬하게 느꼈다.

"박실장, 오시라고 해줘."

박종규 실장과 박장대소하면서 안양 한양컨트리 잔디를 밟으면서 연신 웃어댔다. 박종규 실장은 박정희 대통령 발자욱 소리만으로도 기분을 알아차렸다.

"이휘소가 누굴까"

필드를 돌면서 내내 기분 좋아했다.

"각하, 좋은 일이 있으십니까?"

"아, 오늘이 나를 국가안보 올가미에서 해방시켜주는 날이야."

한국인 한 인재가 미국 핵물리학계에서 신동으로 인정받고 있다는 사실이 기쁘고 언젠가 북한 김일성이 꼼짝 못할 핵무기를 우리의 손에 쥐어주게 될 날이 멀지 않았다고 생각했다.

"청와대를 습격하고, 게릴라를 출몰시키는 일은 못할것일세.

그날이 오면 난 광화문 복판에서 너울너울 춤을 출거야. 어디 그 뿐인가? 고향으로 내려가서 모종도 하고 모심기도 할걸세. 밤이 되면 마을 사람들과 농주도 마셔가며 옛날 이야기를 오순도순 나눌거야."

박종규 실장은 그때서야 큰 변화가 대통령에게 일어나고 있음을 알았다. 그리고 마음속으로 간구했다.

'하늘이시여, 땅이여, 박대통령을 도와주소서. 섶을 안고 불속으로 뛰어드는 일이 벌어지지 않도록 만들어 주십시오. 당신은 혼자가 아닙니다. 4000만 민족의 삶이 당신의 손에 달려 있습니다. 많은 것을 아시면서 왜 미국을 모르시고 있으십니까. 미국은 결코 우리 모두 손안의 피아노가 되어주기를 바라고 있습니다. 우리가 미국과 어깨를 나란히 하고 핵을 손에 쥐는 일을 허락하지 않을 것입니다. 그래서 위험하십니다. 각하께서는 김일성이 위험한 존재로 보시는데 저는 미국이 무섭습니다. 두루 굽어 살피시옵소서.'

박종규 경호실장은 팔의 힘이 장사다. 올림픽 선수촌 역도선수들을 놀라게 했다. 그러면서도 각하의 분신이 되어 경호하는 것은 바깥의 적이 아니라 자신의 마음속에 있다고 생각했다. 교만이라는 적, 오만이라는 적이 더 무섭다고 생각했다.

"일체유심조(一切唯心造)"

이말을 있는 그대로 믿고 있다. 그것은 마음을 비우는 일이었다. 마음을 비우고 나니 미국이 보이고 김일성이 보였다. 즐거움 뒤에 오는 외로움 또한 적이다. 박종규 경호실장은 말수가 적다. 그 점이 좋아서 박종규를 중용했다. 경호실장은 항상 자기를 희생한다. 경부고속도로 공사를 할 때 추풍령 상공에서 있었던 일화는 바로 그 점을 말해주고 있다. 헬리콥타로 낙동강 다리공사를 둘러보고 귀경할 때였다. 추풍령을 넘어가는 순간, 돌풍이 일어났다. 헬리콥타가 기우뚱하더니 방향을 잃어버렸다. 비상벨이 울리면서 조종사가 소리를 질러댔다.

"계기(計器)이상발생, 안전벨트를 메십시오."

이 순간, 박종규 경호실장은 박 대통령을 끌어안고 손깍지를 틀었다. 추락하면 자기는 박살나 죽더라도 각하만은 살려보겠다는 의지였다. 긴박한 순간이었다. 1분후에 비상벨이 멈췄다.

"계기정상회복, 원상회복."

조종사는 땀을 비오듯 흘리면서 환한 얼굴이 됐다. 조종사의 보고가 있자 그때서야 조였던 손깍지를 풀어냈다. 이처럼 경호원은 자기 생명을 의식하지 않는다. 사람은 누구나 본능적으로 자기 몸을 사리게 된다. 그러나 경호원은 자기 몸을 던진다.

1974년 8월15일 경축식장.

박정희 대통령은 경축사를 낭독하고 있었다. 단상에는 정부요인들이 배석하고 있었다. 대통령 옆좌석에 육영수 여사가 좌정하고 있었다. 단하에서 재일교포 청년 문세광이 권총을 쏘면서 단상을 향했다. 그 순간, 박종규 경호실장이 권총을 연속 발사하면서 나타났다. 단상의 정부요인들은 모두 안락의자뒤로 몸을 숨겼다. 박대통령도 단상의 연설대 뒤로 몸을 움추렸다.

이때 꼴불견이 연출됐다.

양택식 서울시장은 배가 불룩나온 비만형이었다. 안락의자 뒤로 숨으려다 배가 턱에 걸려 움직이지 못하게 됐다. 머리는 의

자뒤로 향했고 배는 턱에 걸렸다. 바로 물구나무 선 꼴이 됐다. 이 추악한 모습이 4000만 전 국민이 TV 생중계로 보고있었다. 문세광의 총탄이 육영수 여사 머리를 관통, 절명 순국했다. 한편의 드라마 같았던 위급한 상황에서 몸을 던져 돌진하던 박종규 경호실장의 모습은 영원히 국민의 가슴에 각인되어 졌다.

대통령과 경호실장 사이는 목숨을 걸어 놓은 관계다. 그래서 언제든지 기분이 좋을 때, 그 기분이 전달되어지고 기분이 나쁠 때, 그 기분이 전달되어진다.

목숨을 담보하지 않으면 안되는 핵개발은 자기의 전부를 바치지 않으면 안되는 프로젝트였다.

박정희 대통령은 다음날 기도하는 마음으로 얼굴도 모르는 나이 젊은 청년에게 편지를 썼다.

"이휘소 박사님, 안녕하십니까?

박사님을 뵈온지 벌써 4년이나 되었습니다. 그 동안 박사님의 소식은 이곳에서도 자주 듣고 있습니다. 그리고 박사님께서 본인이 선포한 유신에 반대한 것 때문에 저대로 많은 고민도 했습니다.

본인은 언제까지 대통령직에 있지는 않을 것입니다. 이제 본인이 이 대통령직을 그만 두느냐 계속하느냐 하는 것은 모든 것은 국방에 달렸다고 사료됩니다.

지금 나라는 어지럽고, 국방은 허술하고 언제 공산화가 될지도 모르는 상황에서 대통령직을 내놓을 수도 없게 되었습니다.

이 박사도 알다시피 우리 정부에는 한 마디의 상의도 없이 이미 미군철수가 시작되었습니다.

미사일부대는 이미 철수를 끝낸 단계이고, 지상군 17,000명이 철수를 시작했습니다. 이것은 월남에서와 같이 한국이 공산화되어도 좋다는 전제의 신호이기도 합니다.

이제 얼마후면 한국에 남아있는 핵도 철수할 것입니다. 이것은 시간 문제입니다.

본인도 미국정부측에 몇 번 자제를 호소하고, 부탁도 하여 보았지만, 더 이상 구걸하는 것도 추한 꼴이 되었습니다.

이제 더 이상 초라한 모습을 보이기도 무엇하지만, 그래도 애원해서 들어줄 희망이라도 보인다면 본인은 어떠한 일이라도 할 각오입니다.

이 박사님도 아시다시피 본인이나 한국정부가 요구해서 들어줄 단계도 이미 지났습니다. 가능성도 없는 구걸행각으로 국가의 이미지만 손상을 보는 추한 모습을 또 보이고 싶지 않습니다.

언제인가는 이런 때가 오리라는 생각으로 박사님도 알다시피 저는 독자적으로 유도탄 개발과 핵무기개발을 추진하고 있었습니다.

재미과학자들을 본국에 초청한 것이나 귀국시킨 것도 이런 저의 뜻 일부입니다. 이박사님을 초대하거나 모시지 못한것은 박사님을 초대한다는 것은 미국에 선전포고를 하는 결과나 마찬가지라는 중론에 따라 못하고 있었던 것입니다.

본인은 사실 박사님의 능력을 추앙하고 박사님이 한국 사람이라는 사실에 무한한 자긍심과 긍지를 가지고 있습니다.

지금, 그러나 조국은 위태로워졌고 사정은 급박하여 졌습니다.

이미 카터와의 싸움은 시작이 되었고, 여기서 비굴하지 않고도 우리는 승리해야 할 입장이 되었습니다.

그 사람은 비굴한 기운만 보이면 깔고 뭉개는 묘한 도덕정치를 하는 사람이라고 합니다.

이제는 의존하던 시대에 종막을 고할때라고 사료됩니다. 우리 자체가 독자적으로 미사일개발, 핵무기개발, 인공위성개발까지 해서 감히 누구도 우리를 넘볼 수 없도록 해야겠습니다.

다시는 6.25의 쓰라린 경험 같은 것을 맛보지 않게, 우리 백성들이 전쟁으로 살상되는 비극이 다시는 없도록 이박사께서 도와주셔야겠습니다.

이휘소박사님, 조국을 건져 주십시오. 74년엔가 박사님을 처음 뵈었을 때 저는 "이박사를 보호하기 위하여는 60만 대군이라도 동원하겠다" 라고 했습니다.

이것은 지금도 진심입니다.

우리 민족이 사느냐 죽느냐 하는 문제는 지금 이박사의 마음에 달리어 있습니다. 그 동안 재미물리학자들의 협력을 얻어 미사일개발부터 서둘렀고, 또 시험도 해 보았지만 하나같이 성공하지 못했습니다.

지금도 이 박사님의 힘이 필요한 때입니다. 박사님이 처한 위치가 어떠한 지도 저는 잘 알고 있습니다. 그러나 박사님께서도 조국이 공산화되는 것을 눈뜨고 보고만 계시지만은 아니할 것입니다.

이박사님께서 조국을 위해, 한 번 일어서 주십시오.

조국의 운명이 풍전등화와 같은 상황앞에서, 언제 어떻게 될지 모르는 절대 위기의 상황에서 감히 이렇게 박사님께 애원합니다.

박사님의 건강과 기운이 길이 빛나기를 엎드려 비옵니다.

1977년 3월 18일
대한민국 대통령 박정희 배상

이 편지가 이휘소박사 사후인데 어떻게 공개되었는지는 모른다. 다만 유추할수 있는 것은 시인 공석화 선생이 수차례 가족들을 인터뷰하고 추적하면서 공개된 것이 아닐까하는 점이다.

천만다행한 것은 박정희 대통령이 그시점에서 무엇 때문에 고민하고, 어떤 대응을 했던 것인지 역사적 사실에서 입증이 되어지고 있다.

또 하나 더 반가운 것은 영원한 미스테리로 남을 뻔했던 유신(維新)을 왜 했던 것인지를 알 수 있게 해주고 있다는 점이다.

당시의 급박했던 상황을 박정희 대통령은 정확하게 읽어내고 대비를 해왔었다는 사실이 우리의 가슴을 뜨겁게 해주고 있다.

김대중과 같은 진보 좌경 정치인들이 김일성과 김정일을 상식이 있고 이해력이 있는 통치자라 보고 있었다. 그러나 박정희는 테러가 습성화된 침략주의자라 판단했다.

지난 60년, 수없이 저질러온 테러, 살인, 방화, 학살을 보면 김일성, 김정일의 정체성을 정확하게 파악하고 있었던 점을 읽어낼 수 있다. 툭하면 같은 민족이고 형제라더니 해안 방사포 사수들이 연평도를 향해 공격하고서 불타오르는 연평도 진지를 보면서 박수치고, 만세를 불렀다.

그것이 민족이고 형제 동포가 할 짓이라던가?

불타는 연평도를 보면서 박수치고 만세 부르는 심성을 가진 자들에게 쌀 주고, 비료와 농약, 의료약품 주는 것이 정의(正義)인가를 한국의 좌경세력들은 뭐라고 답변할 셈인가.

평화와 안보는 지킬 힘이 있는자만이 누릴 수 있는 것이다. 폭력앞에서 정의는 힘이 최고의 가치가 된다.

카터의 묘한 기행을 정확하게 읽고 있었던 박정희는 아주 가혹하게 대응했었다. 대통령으로 당선한 후, 처음으로 한국을 방문했다. 외교 관례를 깡그리 무시하고 한 밤 중 방한했고 일체 의식절차 없이 곧바로 미군 캠프로 향했다. 다음날 새벽, 미국병사들과 함께 조깅을 했다. 그래도 박정희는 모르는 척, 무대응했다.

정상회담 석상이었다.

"긴급조치 해제하고 구속자 석방하시오."

"그것은 당신이 상관할 일이 아니오. 당신네 나라에 헌법이 있듯이 우리나라에도 헌법이 있소. 그 헌법에 당신이 관여하려는 것은 월권이오. 당신은 월권을 원하고 있으시나요?"

"주한 미군을 철수하겠소."

"당신의 나라 군대이니 당신이 알아서 하시오. 내가 상관할 일이 아니오. 만약 공산군이 남침해 오면 당신은 어떻게 할 작정이오?"

두 사람은 끝없는 평행선을 달리고 있었다. 그 날 밤, 박근혜가 주관하는 만찬장에서 였다.

"민주주의는 소중한 인류의 가치입니다."

카터는 깜짝 놀랐다. 인권을 탄압하고 있는 나라의 퍼스트레이디가 자기 아내더러 민주주의는 소중한 것이라니 귀가 번쩍 뜨일 수 밖에 없었다. 박근혜는 카터의 표정을 읽어내고 있었다.

"맨 마지막 길에 이르면 모두가 똑같겠지만 나라에 따라서 조금쯤 다를 수 있습니다. 백악관을 향해 총격을 가하는 테러리스트가 없는 미국의 민주주의와 청와대를 향해 기습을 감행하는 북한의 테러리스트와 마주하고 있는 한국의 민주주의와는 조금쯤 다를 수가 있습니다. 진정 민주주의를 사랑하는 사람이라면 이 차이를 존중하는 미덕을 가져야 합니다."

카터는 매의 눈을 가진 대통령이다. 매는 날카롭고 예민하다. 공격할 때는 날카롭다. 그러나 적을 날카로운 발톱으로 제압을 끝냈을 때는 태도가 바뀐다. 아주 자애로운 눈빛이다. 어머니를 테러리스트의 공격에 의해서 잃어버린 처녀의 한국 민주주의는 더 어찌 할 수 없는 슬픔의 상징이었다.

"방금하신 그 한국적 민주주의에 깊은 감동을 받았습니다."

성난 매가 온유스러워 졌다. 카터는 전형적인 이중인격자였다. 남미 공산주의자를 향해 무차별 공격을 감행하면서도 집없는 남미에 사랑의 목수가 되어 집을 짓는 헤비탄트가 되기도 했다. 그러한 이중인격을 체험했던 미국인들이 그를 다음 대통령 선거에서 참패를 시켜냈다.

카터는 당장 주한 미군을 철수시키려 했던 생각을 바꿔버렸다. 그렇게 냉탕과 온탕을 오르내리고 있던 박정희는 우리안보는 우리 스스로 지켜내야 한다는 생각을 가졌다.

그 때의 결심이 이휘소 박사에게 보낸 편지에 그대로 적혀 있다. 1968년 1월21일 북한 124 특수부대원 31명의 기습을 받고서 김일성의 남침이 임박해 있다고 판단했던 박정희가 그 침략전쟁을 막아내기 위해 맨손으로 불철주야 동분서주했던 마음이 어떤 것이었던가를 알아볼 수 있는 편지 한 장을 공석하 시인은 한편의 시(詩)로 재편성했다. 그 감동, 그 진솔함, 그 불타오르는 열정이 그대로 나타나 있어서 읽고 또 읽혀진다. 아마도 나이 70에 이른 노 시인이 소설 「로스트 이휘소」를 써낸 것은 이 박정희 편지에서 얻어진 감동 때문이었을 것이다.

박정희의 일생을 살펴보고 있노라면 그가 나라의 현실을 어떻게 보고있었으며 어떤 생각을 하고 있었는지를 느껴지게 된다. 대한민국의 군복무자 한 사람으로서 그를 다시 생각하지 않을 수 없게 된다.

"박정희는 독재자라기보다 조국근대화의 수호신이었구나."

큰 감동을 받았었다. 책을 쓰지 않을 수 없었다. 공석하 시인도 박정희의 편지를 읽고서 마찬가지였으리라. 한 장의 편지를 시로 편집해 놓은 의도가 그렇게 읽혀졌다.

편지를 받은 이휘소박사는 그 날 일기를 이렇게 쓰고 있었다.

"박정희대통령께서 나에게 편지를 보내왔다. 조국이 나를 필요로 할 때라는 절박한 내용이었다.

내가 핵을 공부하고 연구한 것은 처음에는 적성에 맞기 때문이었다. 그 다음 나의 목적은 핵연료를 이용한 인류의 구원이었다. 핵에너지를 이용한 자원의 개발, 자원의 새로운 창조는 무한

84

히 열리어 있다. 나는 지금까지 여기에 내 생애를 바치었다. 또 앞으로도 그리고 싶다. 그러나 조국이 공산화되거나 전쟁의 소용돌이 속에 처할 위험에 처하고 있다 가정해 보자. 아니 지금 조국이 내가 겪은 6.25나 그보다 더한 비극의 문턱에 있다고 판단되었을 때, 내가 조국을 위해서 할 수 있는 일이 무엇일까? 미국은 월남에서 손을 떼었고, 또 한국에서도 손을 떼고 있다. 명백한 사실은 조국이 위험한 처지에 있다는 사실이다.

미군철수…… 조국의 공산화…… 이런 것을 보면서 핵을 자원의 개발에만 목적을 두었던 나의 신념이 흔들린다면, 그것은 잘못된 판단일까?

조국을 지키기 위하여 조국에게 내가 할 수 있는 핵개발의 원리를 제공한다면…….

비록 박대통령이 유신을 철폐하지 않을 경우라도 나를 낳고 나를 길러준 조국의 현실을 내가 배반할 수는 없는 것이 아닌가?

그것이 나를 죽음으로 몰아넣는 것인지도 모르지만, 죽는다 , 내가 죽음으로 조국을 살릴 수 있다,

정말 그렇게 해야 하는 걸까?

내가 죽어 조국이 조국으로 남고, 내가 사랑하는 어머니와 형제, 친구들을 구할 수 있다면, 나는 그 길을 택해야 되는 것일까?

하늘은 나에게 마지막으로 너만이 지금 너의 조국을 구할 수 있다는 명령으로 나를 이 자리에 서게 한 것일까?

조국은 나에게 너는 너의 능력을 이때에 쓰지 않으면 너는

평생을 후회할 것이라고 말하는 것이 아닐까?

살신성인(殺身成仁), 견위수명(見危受命), 멸사봉공(滅私奉公), 진인사대천명(盡人事待天命), 나의 운명, 나의 어머니, 아내, 아이들, 그리고 형제들, 하늘이여, 무엇이 참다운 삶이고 내가 지금 어떤 행동을 하여야 하는지를 안내하여 주소서……

박대통령의 편지를 받고서 이휘소박사가 썼던 일기다. 사나이의 진정은 사나이에게 통한다. 나라를 사랑하고 있는 위인들이 이심전심한 것이다. 상해 어둑 컴컴한 밀실에서 김구 주석이 윤봉길 의사에게 폭탄을 건네주며 한 마디한다.

"꼭 성공하시게, 난 자네를 믿네."

"명심하고 있습니다."

두 사람은 말 한마디로 서로의 뜻이 통했다. 바로 그날 1932년 4월29일 홍구공원 일본 천황 생일잔치 천장절 기념식장에 폭탄을 던져 시라카와 대장을 살해시켜 버렸다.

사나이의 말 한 마디는 무서운 것이다. 박정희와 이휘소 두 사람의 애국심과 조국수호라는 대의명분이 우리 모두를 감동시키는 편지와 일기문이었다. 40년의 세월이 흐른 지금도 두 사람의 뜨거운 조국애가 그대로 살아난다. 빽빽한 지하철을 타고 종착역에 하차하면 무수한 사람들이 제각기 길을 찾아 분주하게 돌아간다. 그 틈에 끼어서 생활하다보면 조국이나 동포라는 의식이 희미해진다. 그러나 조국이 위기에 처해지고 동포가 재난에서 허덕이게 되면 애국애족이라는 단심(丹心)이 샘솟는다. 두 사람의 편지와 일기를 읽고서 단심이 발동하지 않는 사람이 있을까?

미국의 애국가는 프랜시스콧 키라가 쓴 「별이 빛나는 깃발」의 시를 「성조기여 영원하라」로 제목을 바꾸어 쓰고 있다. 미국에는 계관시인이 여럿 있다. 롱펠로, 휘트먼, 에머슨은 역사에 남을 만큼 국민의 사랑을 받았다. 그들이 세상에 내어놓은 아름다운 시가 많은데 하필이면 이름없는 삼류시인의 시를 애국가로 부르고 있는 것일까?

1931년 3월3일 미국의회는 애국가로 키라의 시를 결의했고 후버 대통령이 서명해서 발표했다. 벌써 80년의 세월이 흘렀다. 미국인들은 명성이 있고 국민시인이라거나 계관시인으로 추대받은 것이 아니지만 현실적으로 모든 사람들이 감동을 받으면 좋아한다.

박정희, 이휘소 편지는 한국인이라면 만인이 감동 받고, 만인이 가슴 조려진다. 한국 시인이라면 노벨상 수여시즌이 되면 그때마다 혹시나 한국에도 노벨문학상 수상자가 나오나 해서 눈길을 끌었던 시인이 있다.

그 시인은 왜 노벨상을 수상하지 못하는 것일까?

다소 편견이 있는 말인지 모르지만 김대중 전대통령이 방북, 김정일을 만났을 때, 웬일인지 바로 그 시인이 동행했다. 좌경 추종자들이 총동원 된 그 자리에서 즉흥 자작시를 낭송했다 그때 그의 격앙된 목소리, 불쾌한 얼굴하며, 경애하는 수령동지 면전이라 혈압이 치솟았던지 안단테는 고조되어 갔다. 그것은 추태였다. 같은 동포끼리도 그렇게 느끼고 있는 판에 노벨문학상 심사자들도 그렇게 동감하지 않았을까?

편지와 일기는 한국인의 가슴에 불을 댕겨 놓은 것처럼 흥분을 시켜 놓았다. 그 감정을 승화시켜 시(詩)를 만들어 놓았으면 바로 그 시어가 노벨문학상감이 아니었을까?

박정희 대통령은 첫 번째 편지를 쓴지 20일만에 또다시 편지를 썼다. 당시 상황은 하루하루 급박하게 돌아가고 있었다.
　"김일성 수령 환갑잔치는 서울에서 하자!"
　북한의 구호가 의미하는 뜻은, 바로 제2의 6.25전쟁을 의미하는 것이었다. 북한의 군사력은 남한의 3배정도 강력했다. 그리고 1970년대를 「적화통일 연대」로 정하고, 언제든 기습공격으로 시작해서 전면전으로 돌입할 수 있도록 휴전선 부근에 있는 황해도 곡산(谷山)비행장을 전투비행장화하여 MIG-21등 최신예기를 배치했으며, 서해에는 서해함대사령부를 새로 창설하여 잠수함을 비롯한 OSA KOMAR급 탄도유도탄 발사함정 P-6 어뢰정과 SU-7 유도탄 발사함정을 배치시켜 놓았다. 한편 지상군 부대에는 FROG -5 지대미사일, SAM 지대지미사일, STYX 지대지미사일, T-54및 T-55형 탱크, 기타 방사포, 자주포를 모두 38 분계선으로 남하시켜 모두 서울을 향하고 있었다.
　이러한 사실을 직시하고 있었던 박정희는 밤잠을 제대로 이루지 못하고 대책 마련에 올인하고 있었다. 두 번째 편지는 이러한 상황에서 쓰여졌다.

　"이휘소 박사님, 안녕하십니까?

지난 번 편지를 받으셨을 것입니다. 무례한 것이 있었다면 여러 가지로 용서하십시오.

제가 박사님께 편지를 띄운 후 이십여일 동안 미국은 저나 한국정부에 한마디 상의도 없이 미사일부대 완전철수에 이어 지상군 17,000여 명을 철수했습니다.

주한미군은 해체한 것이나 다름이 없습니다. 박사님께서 지금이라도 귀국하여 주십시오. 박사님이 한국에 계시다면, 미국은 그렇게 함부러 하지는 못할 것입니다. 박사님의 귀국만이 조국을 구할 수 있는 방법입니다. 시간은 절박하고 상황은 급박하여졌습니다.

다시는 미국측에 비굴할 수도 없고, 비굴하지도 않겠습니다.

박사님, 다시 청하오니, 귀국하여 주십시오.

1977 4월 8일
대한민국대통령 박정희 배상"

국민 모두 편안하게 잠들어 있는 밤, 한산도 전함에서 긴 칼 옆에차고 이순신 혼자서 시름에 젖어있는 모습이 청와대 박정희 대통령의 침소에서도 나타났다.

'아, 위기야!'

소리치는 일은 현실적으로 불가능하다. 그 위기감과 공포심, 절박함은 대통령의 몫이다. 한산섬 달밝은 밤에 이순신이 수 백척의 왜적선을 앞에 두고 사려해야 했던 이순신이었다. 김일성의 전쟁준비 완료를 확인했던 박정희는 이순신이 사려하는 모습과 너무 처지가 닮아 있다. 오죽 급했으면 수천리 밖 미국에서 대학교수로 있는 18세 연하의 이휘소박사에게 SOS비상벨을 울려대고 있었던 것일까?

이때 당시의 청와대에서 박정희의 동향은 난파직전 허둥대는 타이타닉호의 모습이었다. 닉슨에 이어 카터까지 매서운 눈으로 박정희를 괴롭혀 더 이상 미국에 의지할 수 없게 됐다. 쥐는 고양이에게 저항할 수 없다. 또 그 목에 방울을 매달지 못한다. 그러나 궁지에 몰리게 되면 결사적인 저항을 서슴치 않는다. 바로 그러한 지경에 처하여 혼자서 고통스러워 했던 박정희였다. 제1신을 보낸지 20일 만에 제2신을 보내면서 자기의 본심을 털어 놓았다.

이순신이 13척의 낡은 전함으로 250척의 왜적과 맞서 싸워야 했었다.

박정희는 이순신을 흠모했다. 더 없는 존경을 했다. 조국수호를 위해 자기 몸을 흔쾌하게 던졌던 멸사봉공의 정신을 사숙했다. 부부는 딴 남이다. 그러나 닮는다. 사나이가 견위수명(見危受命 위험에 처하여 목숨을 내어 건다는 뜻)하는 모습에 반해 그를 흠모하면 그 역시 그러한 운명에 처해버리는 것인가. 박정희는 이순신의 처지에 와있다고 생각했다. 이순신은 전쟁승리는 유비무환(有備無患 평소에 준비를 하면 위기에서도 당하지 않는다)에 있다고 생각했다. 임금과 신하들이 시답지 않게 여겼던 거북선을 꾸준하게 개발했다. 이어서 사정거리 500메타 천자총통, 사정거리 300메타 현자총통, 사정거리 250메타 황자총통, 사정거리 200메타 승자총통 등 대포를 다양하게 개발했다. 또 각종 포화의 포탄격인 철환을 풍부하게 생산했다. 이순신이 첫 대전이었던 옥포해전에서 적군을 전멸시켜 대승을 시작으로 마지막 해전 명량해전에 이르기까지 23전 23승을 해낸 것은 철저한 준비에 있었다 왜군이 자랑했던 조총은 겨우 50미터에서 100미터 사거리였다. 맞붙어 접전에 이르기 전에 천자총통의 철환이 불을 뿜어 혼란을 일으켰고 악전고투하면서 300미터 거리에 이르면 지자총통이 쏟아졌고, 더 가까이에 접근하면 현자총통 철환(포탄)세례를 가했다. 이어서 황자총통, 승자총통이 연이어 발사되면 왜군은 더 이상 싸울 의지를 잃어버린다. 겨우 접근해서 부딪치면 왜선은 허무하게 난파되어 침몰해 버린다.

이순신의 승전내막을 소상하게 알고 있는 박정희는 감탄하면서 깨달은 것이 유비무환 교훈이었다. 원균이 가끔 이순신에 힘자랑을 했다.

"이순신 제독, 맨날 훈련이다. 병기연구다 하면서 병사들을 혹사하지 말고 술이나 한 잔 합시다."

원균은 기골이 장대하고 용맹스런 장수다. 툭하면 화살촉 묶음을 부러트리는 괴력을 자랑했다. 박정희 장군은 힘이 아니라 지혜가 있어야 명장이 되는 것을 6.25 한국전쟁에서 배웠다. 낙동강 방어전에서 였다. 김일성은 8월15일안에 부산까지 점령, 전쟁을 끝내버릴 생각이었다.

"낙동강을 돌파하라!"

용맹스럽기로 명성이 붙어있는 김무정군단장에게 명령을 내렸다. 무리하게 대병력을 투입하면, 투입 되는대로 전멸해 버렸다. 박정희는 영천전투에 배치됐었는데 다부동전투, 왜관전투, 안강기계전투와 더불어 치열한 전투였다. 빼앗고 빼앗기는 전투속에서 무수한 생명이 죽어갔다.

"박성철 15사단장, 당신은 김일성 총사령관 동무 목소리가 들리지 않는가, 모든 사단이 총진군하고 있는데 당신만이 한 발짝 움직이지 못하고 있으니 어쩌하면 좋겠는가?"

북한 영웅 김무성 군단장의 질책이었다. 결국 조광렬소장으로 사단장을 바꿨다. 그 바꿈이 독(毒)이 되어 북한군 15사단은 전멸하고 말았다. 이 무서운 전투에서 승리했던 유재흥 8사단장은 승리할 수 있었던 비결을 무엇이었을까?

달라진 한국군을 몰라보고 무조건 진격만을 명령했던 김무성 군단장과 그 명령을 따랐던 조광렬 사단장의 과실로 전투패배와 사단 전멸을 자초하고 말았다. 반면 그들과 맞붙어 전투에 임했던 한국군 8사단 유재흥 사단장은 미8군 사령관을 찾아가 전차 1개 소대 지원부탁을 했고 한국군 1사단 백선엽 사단장, 6사단 김종오 사단장에게 부탁해 2개 대대병력을 지원 받았다. 북한군 김무성 군단장의 성격을 잘 알고 대비했던 것이 적중했던 것이다.

「유비무환(有備無患)」

그 정신이 승패를 갈라 놓았다. 박정희는 그 교훈을 되살려 대비책을 철두철미하게 다져 나갔다. 박정희 중령은 그때 8사단 작전 참모장으로 전투에 참가했었다. 전쟁은 말(言)로 막아지지 않는다는 사실을 그 누구보다 잘 알고 있다.

"제2차 세계대전은 영국의 챔벌린 수상이 일으킨 전쟁이었다."

세계전사가(戰史家)들의 말이다. 히틀러가 세계지도를 펼치고서 전 세계를 나치스의 지배로 만들려는 계획을 짜고 있었다.

미국은 일본이 맡고, 영국은 독일이 맡으면 된다고 판단했다. 당장 전쟁을 일으킬 것처럼 영국에 위협을 가했다. 챔벌린 수상은 말 잘하는 연설가였다.

"세계는 지금 평화를 원하고 있습니다. 이것이 지켜지려면 평화를 사랑해야 합니다."

그럴듯한 말이며 평화가 저절로 이루어지는 것으로 착각했다. 영.독 불가침 조약을 체결했다. 공항트랩에서 전 국민을 향해 선언했다.

"영국 국민들이여, 이제 전쟁위험은 사라졌습니다. 여기 평화보증서가 있습니다. 오늘부터 베게를 높이 베고 편안한 잠을 즐기십시오."

어리석은 지도자는 국민을 어리석게 만든다. 온 영국 국민들이 환영했다. 바로 이때 처칠 상원의원은 장탄식을 했다.

"아, 불행한 일이여. 이를 어찌하면 좋은가? 제2차 세계대전은 일어나고야 말겠구나."

그는 예언하듯 말했다. 그의 판단은 정확했다. 히틀러는 영국의 재무장을 막아놓고서 폴란드를 침입했다. 어리석은 챔벌린은 타협과 외교로 막아보려했다. 그러나 히틀러의 생각은 달랐다. 단숨에 프랑스까지 점령해 놓고서 영국에 대해서 전쟁을 하려고 했다. 챔벌린 수상은 꿈을 꾸고 있었다. 히틀러는 유럽이 손아귀에 들어오자 챔벌린에게 총구를 내밀었다.

"영국은 답을 하라. 예속이냐. 전쟁이냐."

선전포고도 없이 런던 시가지 폭격을 단행했다. 처칠의 예언이 적중했다. 마치 북한이 한국의 햇볕정책으로 받아낸 돈으로 핵개발을 완료시켜 놓고 천안함 격침과 연평도 폭격을 단행했던 것과 너무나 닮아있다.

박정희는 김일성의 속셈을 너무 정확하게 알고 있었기 때문에 숨쉴 사이 없이 이휘소박사에게 대쉬했던 것이다. 두 번째 편지가 박정희 심정을 그대로 나타냈다.

이 편지를 받고 이휘소박사는 어떻게 결론을 내렸던가?

이휘소는 6.25 한국전쟁을 중학교 3학년 때 몸소 체험했었다. 북한 김일성이 얼마나 전쟁에 찌들어 있는 전쟁광이라는 사실을 잘 알고 있었다. 한강 다리가 폭파되어 나룻배를 타고 한강을 건넜던 일, 1.4후퇴때 혹한을 뚫고 피난했던 일, 무수한 죄없는 사람들을 잔혹하게 처형하던 공산주의자들의 광기, KAL기 납치, 1.21 청와대 기습, 프에블러호 납북 등 끝없는 만행에 대해 분노하고 있는 반공주의자다. 더 이상 박정희 대통령을 외면해서는 안된다는 사명감이 그를 사로 잡았다. 그는 자신도 모르게 박정희의 집념에 포로가 됐다.

이휘소 박사는 한국의 천재다. 박정희 역시 불행한 시대에 태어난 시골 천재다. 두 천재가 마음과 마음이 이어진 것이다. 박정희가 필요로 하는 서류를 작성했다. 핵개발 자료, 미사일 개발 자료를 집대성했다.

1977년 5월20일 도쿄대학학술회의에 참석했다. 즉시 청와대 박정희대통령에게 전보를 쳤다.

"5월21일 PM 11시 정각 나리다공항 대기요망"

5월19일에 도쿄에 도착하면서 발송한 전문에 따라 5월21일 나리다공항 KAL기 안내소에 안내원이 여럿 나와 있었다. 이휘소박사가 비행기에 오르자 바로 출발했다. KAL기는 현해탄을

94

건너 김포공항에 도착했다. 헬리콥타가 대기하고 있었다. 헬리콥타로 청와대 헬리포트에 사뿐이 내렸다. 박정희대통령이 나와 기다리고 있었다. 두 손을 잡으며 인사했다.

"고맙소. 이박사."

눈물을 글썽이던 박대통령은 감격하고 있었다. 이휘소박사는 담담했다.

"내가 당연히 해야할 일을 하고 있을 뿐이다."

이러한 생각을 하고 있었다. 그러나 박대통령은 흥분했다.

"이제 됐소. 이 나라는 하나님이 보우하시고 있소. 김일성 악마가 6.25때 처럼 다시 폐허로 만들게 하지는 못할 것이오. 수나라 오랑케가 100만 대군으로 쳐들어 올때, 을지문덕 장군을 내려 주서서 물리쳤고, 당나라 대군이 덮쳤을 땐 양만춘 명장을 내려주서서 보호했습니다. 임진왜란 7년 전쟁 때는 이순신 전신장(戰神將)이 있어서 나라를 보전시켜 주셨는데 이제 이휘소박사께서 있으서서 전쟁은 없습니다. 정말 감사하오."

"각하, 과학자는 군인과 함께 나라를 지키는 수호신이 되야한다고 믿고 있습니다. 요며칠 사이 각하께서 보내주신 서한을 받고서 뜬 눈으로 보냈습니다. 그러면서도 피곤이 느껴지지 않고 있습니다. 비록 이역 만리 떨어져 있지만 마음은 항상 조국 대한민국에 있습니다. 엑스프로젝트가 성공해서 김일성의 침략을 막아 주십시오. 6.25 한국전쟁때 400만 명이 죽었지만, 지금 전쟁이 일어나면 3000만이 죽을 것입니다. 무기의 성능이 30년 사이에 몇 십배 향상되었습니다. 핵폭탄을 체험한 인류는 두 번 다시 경험하려들지 않을 것입니다. 각하의 뜻이 이루어지기를 바랍니다."

"일본은 옥쇄작전, 가미가제공격으로 일본인 전부 죽이려고 했었습니다. 그렇게 전쟁에 미쳐있었던 것을 히로시마, 나까사키 원폭으로 깨어났습니다. 김일성은 전쟁광입니다. 오히려 일본보다 더 잔혹합니다. 저는 6.25때 영천전투에서 직접 체험했습니다. 죽여도 죽여도 몰려 오는 것이었습니다. 김일성과 함께 빨치산 활동을 했던 사단장 박성철, 군단장 김무정은 이성을 잃어버린 자들이었습니다. 인민군 15사단 전부가 죽고서야 전투가 끝이 났었습니다. 그래서 저는 공산당을 증오합니다."

"각하, 꼭 성공하십시오. 저는 일어서겠습니다."

"이 박사, 몸 조심하십시오."

두 사람은 악수를 나누고서 헤어졌다. 헬리콥터에 올라 헤어질때까지 박대통령은 발에 못이 박힌듯 움직이지 않고 손을 흔들었다. 공중으로 수직 상승하고 있었던 이휘소박사 역시 손을 흔들어 댔다. 영원히, 영원히 헤어지고 싶지 않았던 모양이었다. 아마도 두 사람은 자기의 앞날을 예감하고 있었던 모양같았다.

바람과 함께 도쿄에서 사라졌다가, 다시 바람과 함께 나타난 이휘소박사는 도쿄대학술대회를 마치고서 미국으로 돌아왔다. 그때부터 아들 천, 딸 안, 아내 마리안느에게 더 없이 애정을 쏟았다. 여우는 죽음의 순간을 알아 차린다. 자기를 낳아준 땅을 향해 머리를 돌린다. 그렇게 죽는다. 사람도 마찬가지다. 자기의 죽음에 대해서 알고 있다. 그래선지 그 날은 조금쯤 이상했다.

1977년 6월16일.

콜로라도주에 있는 국립과학연구소에 있는 초청강의를 마치고 가족과 함께 식사를 했다. 아내와 함께 앞자리에 앉았고 아들과 딸은 뒷좌석에 앉혔다. 천천히 차가 떠났다. 운전석에 앉아 있던 이휘소박사는 더 없이 차분했다. 시카고 교외를 지나 일리노이주에 진입했다.

아, 이것이 어찌된 일인가?

반대 방향에서 주행하던 트럭이 갑자기 중앙선을 넘어 이휘소박사 가족 일행의 차를 향해 정면에서 속력을 냈다.

운전석에는 흑인이 앉아 차를 몰았다. 그 순간, 이휘소박사는 브레이크를 밟았다.

"꽝"

굉음을 내면서 충돌했다. 트럭은 쏜살같이 도주했다. 승용차 앞이 망가졌고 운전석의 이휘소박사가 피를 흘렸다. 나머지 세 가족은 정신을 잃었다. 그리고 상황 끝이었다.

잠시 후, FBI, CIA에서 훼르미연구소장에게 전화가 걸려 왔다.

"이휘소 교통사고 사망, 상대는 50대 후반의 흑인, 뺑소니 쳤음."

이휘소박사는 이렇게 42세 젊은 나이에 이국 땅에서 운명했다. AP, UPI 세계 통신사들은 급박하게 이휘소박사의 죽음을 알렸다.

청와대 대통령 집무실, 전화벨이 울렸다.

"따르릉, 따르릉."

"각하, 이휘소박사 교통사고로 사망했습니다."

97

"뭐라고? 이휘소박사가?"

충격을 받았다. 엊그제 만났었던 사람이 죽었다니 허무했다. 한국 핵연료개발공단, 한국국방연구소에서 합동으로 제작하는 유도탄개발과 핵개발 상황을 확인하기 위해 박정희 대통령은 매일 아침, 저녁으로 직접 전화하고 일주일에 한두 번은 예고없이 찾아가 종사자들을 격려했던 일에 차질이 발생하게 됐다. 눈물겨운 노력을 집중하고 있었던 참이다.

충격을 크게 받았다.

"핵개발, 모른 척 하고 있으시게. 그건 내가 알아서 다 하고 있다네. 그것만되면 대통령 그만 두고 영남대학에 내려가 학생들하고 있겠어."

온 힘을 핵개발에 쏟아내고 있었던 박대통령이었다. 그 뿌리가 뽑혀버렸으니 낙담할 수밖에 없었다.

"카터식 도덕정치가 이런 것인가."

박정희는 이중성격을 싫어한다. 입으로는 도덕정치를 외치면서 부도덕한 행동을 서슴치 않고 있는 카터는 추악한 인격의 소유자라여겼다. 그러면 그럴수록 두 대통령 사이는 벌어져만 갔다.

역사는 항상 진실이 외면될 때가 있다. 밝혀지는 부분과 밝혀지지 않는 부분이 그것이다. 무려 40년의 세월이 흘렀지만 이휘소박사 죽음의 비밀은 밝혀지지 않고 있다. 또 박정희대통령 역시 고향 후배, 박정희가 가장 존경하는 동네 어른이었던 김형철의 아들 김재규의 총탄에 의해 희생된다. 그것도 궁정동 안가에서 경호원들이 있는 가운데 3발의 총을 맞는다.

그러나 단 한 가지, 역사의 진실은 박정희대통령이 영원한 대한민국, 김일성이 넘보지 못할 대한민국을 위해 불철주야 힘을 쏟았다는 사실은 뚜렷하게 밝혀지고 있어 다행한 일이다. 박정희대통령과 이휘소박사와의 우정(友情)역시 조국 대한민국을 위한 것이었다.

일부 글쓰는 작가들이 역사적 진실을 이용하여 돈벌이에 빠져들고 있는 것은 안타까울 뿐이다. 망자의 원혼이 두렵지 않은지 걱정스럽다. 30만 빨치산의 만행으로 희생자가 시산시해(屍山屍海)인데 그것까지 왜곡 미화하는 뻔뻔스러움이 우리를 슬프게 하고 있다. 이휘소박사 애국혼 역시 마찬가지였다. 그 모든 진실을 국민께서 알았으면 하는 바램이 있을 뿐이다.

6. 소녀여, 꿈을 가지시오

한일합섬 공장.

박정희 대통령이 찾아왔다. 수출 효자 현장을 수시로 찾아보던 중이었다. 여자 직공들이 하얀 제복, 하얀 캡차림이었다. 열다섯에서 스무 살의 어린 고사리 손놀림이 신기하기도 했다. 박정희 뒤로 김한수 회장, 박창환 공장장, 수석비서관이 줄줄이 따랐다. 공장을 방문하는 것은 생산하는 여공들에게 감사의 말을 전하고, 그들에게 자부심을 느끼게 하기 위해서다. 형식상 공장장에게 몇 마디 물어보고 찬사를 던지는 것이 전부다. 그러나 박정희는 그러한 관행을 싫어했다. 방문에 앞서 각종 자료를 점검해서 애로사항과 작업개선사항을 파악한다. 뭔지 도움이 될만한 선물을 준비한다.그러나 이날 그의 눈은 여공의 가녀린 하얀 손에 초점이 맞춰졌다.

"내가 문경초등학교 선생할 때, 학생들의 또래인데 학교에 다니지 않고 직업전선에서 땀을 흘리다니……."

생각하고 마음 쓰는 눈이 보통 사람과는 다르다. 그것이 마음 한 구석에 앙금이 되어졌다. 현장을 돌아보고 회장 사무실에 들러 차를 마시면서 마음 속의 앙금을 털어냈다.

"여공들의 나이는 몇 살쯤 될까요?"

"열여덟에서 스무살입니다."

"한참 학교에서 뛰어놀 나인데 학교는 어떻게 되는가요?"

"초등학교 졸업을 하고서 취업해 공원이 됩니다."

"중학교까지 의무교육이 시행되고 있는데도 가정 형편이 어려워 직업전선에 나오게 된 것이지요."

"농어촌 생활에서 중고등학교 진학이 어렵지요."

"그럼 회사내에서 중고등학교과정을 이수시키는 문제를 검토해 보십시오."

한일합섬 경영진에서는 더 이상 얘기를 꺼내지 못했다. 마산에서 야간 중고등학교가 없다. 또 있다해도 작업을 마치고 학교까지 1,000여 명이 통학하기도 어렵다. 또 학비조달이 불가능했다. 이때 한일합섬 총무담당 이사가 불쑥 답을 내놓았다.

"야간학교를 공장 내에 개설하면 중고등학교 과정을 이수시킬 수 있습니다. 회사 직원들은 모두 대학교를 졸업했습니다. 이들 가운데 중등학교 교사자격증 소지자가 있습니다. 이들에게 야간학교 선생을 시키면 해결됩니다. 학교 시설이 문제인데 그것은 신축하면 됩니다."

마침 그는 고등학교 교사를 지내다가 한일합섬으로 전직했었다. 그래서 평소 여공에 대한 교육서비스를 여러 모로 생각해 왔던 참이었다. 그의 생각으로는 중고등학교 교과과정을 이수시켜서 국가검정시험을 보게하여 자격증을 따내게 할 생각이었다. 그러나 당장 그 문제가 튀어 나왔다.

"각하, 그 문제는 쉬운 것이 아닙니다. 중고등학교 교과과정을 이수하더라도 졸업장을 줄 수 없습니다. 그것은 문교부에서 허가 해야합니다."

"그 문제는 제가 처리하지요. 안되는 일은 되게 만들어야지요."

"각하, 그렇게만 해주시면 당장 사내 학교를 만들겠습니다. 지금도 여공에 대한 인기가 좋습니다. 그러나 중고등학교 공부까지 시켜준다면 그 인기는 더 높아져서 생산성이 높아지고 품질도 좋아질 겁니다."

한국인의 교육열은 강렬하다. 밥은 굶어가면서 자녀교육은 지켜낸다. 문자해득율이 100%에 가깝다. 대학진학율이 80%를 웃돈다. 1류 학교가 있는 곳은 땅값이 오르고 집값이 뛴다. 자녀교육을 위해 기러기 아빠가 수두룩하다.

무엇 때문에 자녀교육에 목을 매는 것일까?

출세를 위해서, 아니면 잘 살기 위해서인가. 아니다. 반드시 그런 것만은 아니다. 사람들 가운데 출세를 기피하고 잘사는 것을 멀리하는 경우도 있다. 그럼에도 자녀교육에는 발벗고 나선다. 그 이유는 간단하다. 욕망이 아닌 본능에 가까운 일이다. 여공들의 야간학교 문제는 그런 본능에 가까운 일이다. 여공들의 야간학교 문제는 그런 본능을 제 자식이 아닌 딴 남의 자녀 여공을 향한 것이다.

"고향 구미에 김형철(김재규 중앙정보부장 부친)씨는 자기 재산을 털어 중학교, 고등학교를 설립하지 않았던가."

어렸을 때, 꿈이 선산의 김형철씨가 되어보는 것이었다. 밥을 먹는 것보다 배움이 더 중요하다고 생각했었기 때문에 선생의 길을 선택했었다. 야간학교를 개설하는 일은 그래서 중요했다.

"각하, 공장에 야간학교 개설은 교육법상 불가능합니다."

문교부장관의 대답이었다. 새로운 길을 개척하는 일보다 기존의 길을 닦아내는 일을 중요시하는 문교부는 그렇게 답할 수 밖에 없다. 그러나 박정희는 달랐다. 길이 없으면 길을 만들어야 하고 불가능하면 가능으로 혁명해야 했다. 토인비는 30년에 걸쳐 대역작『역사의 연구』를 마치면서 결론을 내렸다.

인류 문명은 도전과 응전의 역사라고.

역사의 주인공은 영웅이다. 영웅은 도전해야할 상대가 생겨나면 거침없이 응전(應戰)을 했다. 그에게 저항해 오는 자를 물리쳐 냈다. 히틀러, 도오죠, 무쏘리니는 분명하게 루즈벨트와 처칠의 적이었다. 그들의 무서운 힘으로 세계를 정복해 나아가자 과감하게 대항해서 무찔렀다. 그래서 지구상에 나치스, 군국주의, 팟쇼를 정복했다. 세계는 새롭게 태어났다.

박정희는 무섭게 칼을 빼어들었다. 사자가 먹이감을 향해 매서운 눈초리로 꿰뚫어 보고 있는 듯 했다.

"왜 불가능하다는 겁니까? 법과 규정, 관행이 있다면 즉시 고치세요."

이 한 마디로 불가능이 가능으로 바뀌어버렸다. 50년 동안 지켜오던 중등학교 교육법이 무거운 탈을 벗어버렸다. 한일합섬에서 여자중학교와 여자고등학교가 생겨나자 전국의 방직공장들이 앞을 다투어 공장내 야간학교를 세웠다. 요사이 반도체, 자동차, 선박, LED, 핸드폰이 수출액의 50%를 차지하고 있다. 수출 주력품이고 효자 품목들이다. 어쩌면 이들 효자 품목이 KTX 고속철을 놓게 만들고 4대강 개발을 하게 만들고 있다. 또 온 국민을 먹여살리고 있다. 마찬가지로 60~70년대 수출효자 종목은 섬유류 제품이었다. 수출액의 65%를 차지했다.

박정희는 냉정한 사람이었다.

"수출을 많이 하는데 혜택이 주어져야 하지 않겠는가?"

섬유류 수출하는 일에 종사하는 사람은 뭔가 눈에 띄게 혜택이 돌아가야 한다고 생각하고 있었다. 그것이 공정(公正)이고 정의(正義)라고 생각했다. 여공 10만여 명은 모두 농어촌 산골 벽지 출신들이다. 그들이 여자고등학교 교복을 입고서 고향 나들이를 가면 온마을 사람들이 보게 된다.

"아, 김생원 딸이 여고생이 되었네!"

감동의 눈으로 보게 된다. 부러워하고 선망하게 된다. 그때 여공들이 느끼는 자부심을 돈 몇 푼으로 계산할 수 있다는 말인가.

그것이 국가가 여공들에게 해줄 수 있는 은전이고 혜택이다. 이것을 알지 못하고 법전만 움켜쥐고 있는 문교부장관은 바보다.

"바보야, 바보야, 이 바보야!"

박정희는 항상 두 가지를 생각했다.

싸우면서 건설하고, 일하면서 배우고, 수출하면서 세계를 개척하고, 생산하면서 기술을 축적하는 식이었다. 경제개발 5개년 계획을 세우면서 압축성장을 겨냥하는데 항상 부족한 것이 많았다. 투자자본이 부족했고, 인력이 부족했다. 그런가하면 자원이 부족했고 기술이 부족했다. 그 모든 것을 극복해낸 것이 투잡(two job)이었다. 그것이 오늘의 경영학에서 캔두(can do)가 되었다. 경영학에서 풀리지 않는 것은 캔두경영으로 해결했다.

북경올림픽 야구경기.

준결승 4강전에서 한국과 일본이 대전했다. 일본은 야구역사가 100년이고 한국은 겨우 60년이다. 고등학교 야구 팀수에서 일본은 630개인데 한국은 겨우 37개다. 프로야구팀은 일본이 두 개의 리그로 40개 팀인데 한국은 겨우 1개 리그에 7개 팀이다. 전력상 비교할 수 없다. 야구는 통계게임이다. 전력상 월등하게 우수한 팀이 이긴다. 그러나 일본과 한국은 맞붙어 경기한다. 1회에서 일본은 두 점을 뽑아냈다.

"역시 일본이 강해. 한국은 상대가 안 돼."

관중들은 지레 포기한다. 그러나 선수들은 생각이 다르다.

"우리가 일본에게 질 수 없지. 아직 9회나 남았어. 꼭 이겨낼 거야. 한 번 붙어보자."

한국 선수들은 이를 악물고 눈에 살기를 뿜어냈다. 그러더니 3회에 두 점을 뽑아 2대 2 동점을 만들어낸다. 4회에 가서 4번 타자 이승엽이 타석에 들어선다. 그는 일본인들도 인정해주는 홈런 타자다. 일본 최고의 팀 요미우리의 간판 타자다. 그를 국민타자라고 부른다. 그러나 그는 슬럼프에 빠져 있다. 3할대의 타자가 1할대로 부진하다. 그래도 그는 호랑이다. 호랑이는 죽어도 가죽을 남기는 법이다. 일본 국가 대표투수는 마음속으로 웃었다.

"어이, 이승엽 선배! 당신은 지금 종이 호랑이잖아. 난 한참 신바람 내고 있는 일본 국민투수란 말이야. 일본 국민투수 대 한국 국민타자의 대결, 참 멋있구면. 자, 한 번 쳐봐라, 슛."

한편 타석에 선 이승엽은 벼르고 있었다. 한국인의 핏속에는 일본에 대한 증오심이 불타오르고 있다. 축구가 되었던, 권투가 되었던 일본은 꼭 이겨야 했다. 이승엽도 마찬가지였다.

"흠, 이번에는 꼭 안타를 때려서 2루에 있는 이종옥 선수를 홈으로 불러들이겠다. 자, 던져라. 탁!"

투 스트라익 투 볼에서 다섯 번째 한 중앙으로 들어오는 스트라익 존의 볼을 힘껏 끌어 당겼다. 둔탁한 소리를 내면서 볼은 하늘 높이 치솟았다. 우익수가 펜스 앞에까지 치달렸다가 힘없이 돌아섰다. 그때서야 야구경기 중계를 하던 아나운서가 소리를 쳤다.

"허구연 위원님, 홈런입니다. 홈—런—, 홈런—."

두 점짜리 결승 홈런이었다. 한국을 얕잡아 보고 망언을 서슴치 않았던 일본 호시노 감독은 멍하니 허공에서 눈을 떼어내지 못했다.

"한국이 일본을 이기기는 아직은 어렵지요."

이 발언은 스포츠신문에 대문짝만하게 활자화되면서 한국인 모두를 분노케 했다. 한국인은 누구나 일본만은 꼭 이겨내야 한다는 바램이 바램을 뛰어넘어 확신(確信)이 되어 있는데 호시노의 발언은 곧바로 망언(妄言, 헛된 말)으로 되어버렸었다. 이 말은 호시노의 상식일 수 있다. 또 한국인의 정서를 알아차리고서 계산된 허튼소리일 수 있다. 허튼소리가 보기좋게 어긋나버렸으니 그의 머릿속에서는 한국인들이 광적으로 방방 뛰면서 환호하는 모습이 그려졌을지도 모르는 일이다.

준결승전에서 한국야구는 일본야구를 케이오시켜 버렸다.

박정희식의 캔두 정신이 딱 맞아떨어져 버린 것이다. 상식을 벗어난 일은 이 밖에도 너무 많다. 스케이팅 링크가 미국은 2,007개, 한국은 단 6개인데 올림픽 스케이팅 종목에서 한국은 10여 개의 금메달을 획득한다. 그러나 미국은 잘해야 1~2개가 고작이다. 이렇게 상식을 초월하는 것을 경영학에서 캔두정신으로 이론화 했다.

박정희는 어떻게 캔두정신을 한국인의 일상생활에 접목시켜낼 수 있었던 것일까?

그는 농촌에서 태어나 자라면서 한국의 신바람을 알고 있었다. 농기구라야 호미, 낫, 삽, 곡괭이 그리고 두 발과 두 손이다. 모두가 몸으로 땀흘려 움직여야 되는 일이다. 꼭두새벽부터 캄캄해져 눈앞이 보이지 않을 때까지 허리 굽혀 일해야 한다. 참으로 힘든 일이다. 그 일들을 모두 마음을 합해서 남의 일, 나의 일 가리지 않고 모두 함께 해낸다. 그렇게 일하다가 신바람이 나면 손이 눈에 보이지 않을 정도로 빨리 해낸다.

참으로 신비스런 일이다.

농사일은 사람이 하고 있지만 신바람을 낼 때에는 사람이 아니다. 초인적인 힘이 솟구친다. 신바람이다. 한국 사람만이 가지고 있는 힘이다. 한국인들이 사우디 건설 공사현장에서, 서독 광부가 루르탄광에서, 서독 병원에서, 월남 땅에서 일할 때 엄청난 능력을 발휘해 낸다.

"한국인들은 부지런하고 일을 잘해내더라."

칭찬 소리가 높다. 그저 자기 나라 사람에 비해 억척스럽게 일을 해낸다는 소리다.

왜 그런 소리가 나오는 것일까?

한국 사람들은 다른 나라 사람들이 가지고 있지 못한 신바람을 가지고 있기 때문이다. 그 신바람은 무서운 힘을 가지고 있다. 그래서 외국 사람들이 놀라고 있는 것이다.

또하나 한국인들은 다른 나라 사람들이 모르고 있는 두레가 있다. 마을에서 농사일을 할 때, 모두가 함께 일하게 된다. 그 때 일의 삯을 받지 않고 서로 돕는 방식이다. 오늘 신씨 집, 모를 논에 심는다. 그 때 모두가 나와서 함께 일한다. 그 다음 김씨 집 논에서 모를 심는 날에 또 모두 함께 일한다. 이렇게 마을 사람들이 서로의 일을 함께 해낸다.

두레는 삼국시대부터 시작해서 지금까지 이어져 오고 있는 마음의 틀이다. 무려 2,500여년 지속되어 오고있는 관습이다. 이제 한국인의 핏속에는 두레가 녹아있다. 장례가 있거나 혼례가 있을 때 모두 함께 모인다. 일가친척은 물론이고 직장 동료, 선후배, 이웃집 모두가 함께 자리를 하고 있는 것은 아름다운 풍속이다. 그 아름다운 풍속에는 두레정신이 숨겨져 있다.

한국인의 가슴속에 숨겨져 있는 신바람과 두레정신이 캔두(CAN DO)정신의 원천이다. 캔두정신은 아무렇게나 발현되는 것이 아니다. 지도자가 사심없이 그 백성을 진심으로 사랑할 때 솟구친다.

아쉽게도 우리나라 역사에서 캔두정신을 솟구치게 만들었던 지도자는 그리 많지 않았다.

임진왜란 때 이순신 성웅은 낡은 13척의 함선으로 130척의 왜선과 맞서 싸웠다. 왜선의 수병들은 이미 자기 나라에서 10여년 훈련하였던 정예들이다. 그들은 조총으로 무장하고 있다. 활이나 칼과는 비교가 되지 않는 신무기다. 그런 왜군과 조선해군이 전투를 하는 것은 이미 승패가 예정되어 있었다. 그러나 명량바다에서 이순신 성웅은 대승했다. 왜군 함선 31척을 수장시켰고, 왜군 3,500여 명이 사살되었다. 이순신의 수병은 2명이 전사했고 3명 부상이었다. 후세 역사가들은 이순신 신화라고 예찬한다.

이순신 승전의 비결은 무엇일까?

신바람이었다. 일본 해군 선봉장은 구루시마 미치후사 제독이었다. 당항포해전에서 전사했던 구루시마 미치유키 제독의 동생이었다.

구루시마 형제는 일본 해군에서 유명했던 제독이었다. 그들은 백전백승의 명장이었다. 일본인들은 하나의 일에 자기의 전부를 바치는 것을 자랑으로 삼는 전통이 있다. 그래서 모노즈쿠리가 최고의 가치로 살아있다. 자기가 하는 일에 혼을 담아낸다는 뜻이다. 기술 오타쿠가 가문(家門)의 영광이 되는 것도 일본인의 전통이다. 구루시마 형제는 천하무적의 해전 제독이었다.

"해전의 명장은 구루시마 형제다."

도요토미 히데요시가 칭찬했던 말이다. 그들 형제 앞에서는 감히 겨뤄볼 생각 자체가 없었다. 그러나 이순신에게는 상대가 되지 못했다. 당항포해전에서 형 구루시마 미치유키가 전사했다. 바다 밑으로 수장되어 시체마저 찾아내지 못했다.

"이순신아, 내가 형의 원수를 갚아주겠노라."

동생 구루시마 미치후사는 단단히 벼루고서 명량해전 선봉장으로 나섰다. 빨간 비단 옷을 입고 앞장 서서 진두지휘를 했다. 포연이 자욱한 바다에서 그의 음성은 살기가 있었다.

"저기, 이순신이 보인다. 접근하라. 좀 더 속력을 내라."

맨 선두에 나섰던 이순신 제독 기함 혼자서 130척 왜선과 맞섰다. 13척의 조선 함선은 멀찌감치 뒤쳐져 있었다. 이순신이 선조 명령에 따르지 않는다 해서 투옥되어 있었던 사이에 원균 제독이 칠전량해전에서 대패해 사기가 떨어져 있었다. 일부에서 탈영자가 나오고 있었다. 차장 배설은 주장이 위기에 처하자 도망쳐 탈영해 버렸다. 그는 전쟁 공포증 환자였다. 전쟁 공포증은 무서운 병이었다. 명량해전에 나섰던 13척 전함 승선자 가운데서도 전쟁 공포증에 시달리고 있는 수군이 있었다. 어쩔수 없이 이순신 기함이 혼자서 적의 길목에 나서서 싸우게 되었다.

"병법에 반드시 죽고자하면 살고, 살고자하면 죽는다고 했다. 그리고 한 사람이 길목을 지키면 천 명이라도 두렵게 한다고 했다. 그것은 지금 우리를 두고 한 말이다. 너희 여러 장수들은 살려고 생각 하지 말라. 조금이라도 명령을 어기면 군법으로 다스릴 것이다."

"적이 비록 1,000척 함선이라도 우리 함선과는 맞서 싸우지 못할 것이야. 일체 동요하지 말고 힘을 다해 쏘아라."

"안위 중군장아, 군법에 죽고 싶으냐? 도망친다고 해서 어디가서 살 것 같으냐?"

명량해전 전투중에 이순신 제독이 외쳐댄 말이다. 맨 앞에서 적과 싸우고 있다. 특히 적장 구루시마 미치후사는 형의 원수를 갚기 위해 눈에 쌍심지를 켜고서 입에 칼을 물었다.

"저기 저 놈이 나의 형을 수장시킨 원수 이순신이다. 저 놈의 목을 쳐라."

일본 수군은 벌떼처럼 이순신의 전함을 향해 돌진했다. 개미 떼처럼 까맣게 달려붙어 매달려 있는 그들을 향해 칼을 휘둘러 떨쳐내고, 어떤 수병은 몽둥이로 두둘겨 떨쳐버렸다. 결국 이순신 전함은 구루시아 미치후사의 전함을 바다밑으로 가라앉혀 버렸다.

"저 시체를 건져라."

구루시마 미치후사 시체를 건져냈다. 즉시 목을 쳐 기둥에 매달았다. 일본 수군에게 보여줬다. 그 순간, 일본 수군들은 전의를 잃어버리고 꽁무니를 뺐다. 이 광경을 목격한 12척의 전함이 앞다투어 돌진했다.

이렇게 해서 명량해전 신화가 탄생했다. 신화의 원동력은 이순신 성웅이 일으킨 신바람이었다.

신바람은 어떻게 일으키는 것인가?

박정희와 이순신처럼 나라사랑과 백성사랑이 있어야 한다. 이름 모를 소녀의 비원과 소녀의 부모님 한(恨)을 풀어주는 한일합섬에 신바람을 일으켰다. 추석날 여공들은 여고생 교복을 입고서 고향엘 갔다.

"오, 내 딸아. 일해서 돈 벌러 가더니 여고생이 되었구나."

"아버님, 어머님. 낮에는 공장에서 일하고, 밤에는 공장내 학교에서 공부한답니다."

"세상에 일하면서 공부하는구나."

이들의 감동이 신바람을 나게 만들었고, 섬유류 수출 100억 달러 탑을 세우게 했다. 나라사랑과 백성사랑의 본보기가 되었다.

이순신 성웅은 전라남도 해남과 진도 사이에 있는 명량해협에서 왜군과 일전을 결심했다. 13척의 초라한 전력으로 200척이 훨씬 넘은 일본의 대군단을 이겨내기 위해서는 한산도대첩 때처럼 넓은 바다에서 학익진으로 전투하지 못한다. 이순신 제독이 선조왕명을 어겼다하여 감옥에 갇혀있던중이라 그가 없는 사이 일본은 승승장구했다.

"이제 조선수군은 몇 척 남지 않았다. 모두 바다 밑으로 수장시켜버리고 한강으로 상륙하자."

도도다가토라는 기염을 토했다. 조선 수군이 나타나기만 하면 벌떼처럼 달려들고 있었다.

이순신 제독은 승리를 확신했다.

"전장의 선택권은 나에게 있도다."

지형상 유리한 곳이 명량해였다.

해남과 진도 사이 좁은 해협에서 싸우기로 결심했다. 대선단이 몰려와도 좁은 해협을 통과해야 한다. 이때 차례차례 섬멸해버릴 작정이었다. 또 해남땅과 진도땅에는 청용산과 망금산이 솟아있다. 연전연패하고 있는 조선해군이었는데 이순신 제독이 돌아왔다. 복귀후 첫해전 명량전투에서 패배하면 백성들은 그 길로 피난을 떠날 심산이었다. 그러자면 전투장면을 직접 봐야 한다. 이순신 제독은 백성의 마음을 읽고 있었다. 그들에게 통쾌한 승전보를 직접 보여주고 싶었다. 그래야 지긋지긋한 왜군들의 약탈, 방화, 강간에서 벗어날 수 있을 것이다.

이순신 제독은 나라사랑과 백성사랑을 위해서 목숨 걸고 명량에서 싸웠다. 그의 승리는 천우신조(天佑神助, 하늘과 신령의 도움)였다.

박정희는 이순신 제독을 더 없이 존경하고 좋아했다. 대통령이 되자 곧바로 아산의 이순신 생가를 찾았다. 구국의 영웅 생가가 너무

112

초라했다. 직접 도화지에 뎃생을 했다. 사당(祠堂)의 위치, 규모, 건축양식까지 세세하게 그렸다. 기념관 역시 마찬가지였고, 묘역도 그렸다. 전 국민이 직접 와서 참배하고 그 분의 생각과 행적, 유품을 관람할 수 있게 했다. 지금의 이순신 현충원은 박정희가 직접 생각하고 구상해서 축조된 것이다. 광화문에 이순신 동상을 세워놓은 것도 마찬가지였다. 당대 최고의 작가 서울대학교 미대 교수 김세중으로 하여금 제작하게 했다. 박정희는 이순신의 동상을 보고서도 그의 나라사랑과 백성사랑을 느끼고 있었다.

시골 소녀 공원들에게 꿈을 심어주고, 내일을 향해 뛰어갈 수 있도록 했던 것이 이순신의 명량해전에서처럼 나라사랑과 백성사랑이었다.

그가 이승을 떠나간지도 33년이 훌쩍 넘었다. 그럼에도 백성들이 그를 잊지 못한다.

왜 그럴까?

그의 나라사랑과 백성사랑의 체온이 느껴지고 있기 때문이다.

사람은 생명이 유한해서 때가 되면 떠난다. 그러나 행적과 역사는 사라지지 않는다. 인류가 살아남아 있는 한 잊혀지지 않는다. 박정희의 국민사랑, 그의 조국근대화와 민족중흥의 신념은 잊혀지지 않을 것이다.

7. 무덤에 침을 뱉어라

　"땅!"

　한 발의 총성과 함께 일본군 소좌가 말에서 떨어졌다. 이 총성 한 발을 신호로 일제히 사격이 시작되었다. 백운동 골짜기를 행진하던 일본군 19사단이 북로정서 김좌진부대 소속 이범석 대대의 기습을 받은 것이다. 기관총과 박격포 공격이 계속되었다.

　이것은 1920년 10월에 벌어졌던 청산리전투 개시 모습을 그려놓은 글이다. 이 전투에서 일본군 19사단과 21사단은 3,300명이 죽었다. 2개 중대의 독립군이 1만여 명의 일본 정규군을 상대로 벌였던 전투였다. 이번 전투에서 독립군은 100여 명의 사상자를 냈을 뿐이다.

　대전과를 거둔 청산리전투에서 어떻게 독립군이 승리할 수 있었던 것일까?

유리한 지형지물을 선점했고, 기습을 감행했다. 또 병기를 블라디보 스톡에서 충분하게 공급받았다. 자체 사관학교를 설치하고서 600여 명에게 교육과 훈련을 시켜 전투력을 높였다. 또 일본군에 대해서 정 보를 정확하게 파악해 움직임을 파악하고 있었다.

청산리전투에서 독립군이 대승을 거두면서 이청천 장군이 이끌고 있는 서로군정서가 활동을 요녕성에서 시작했다. 또 상해임시정부, 이 회영, 이시영 형제가 신흥무관학교를 개설해 장교 양성에 나섰다. 또 러시아 연해주에서 독립운동을 벌리는 애국지사가 용틀임을 했 고 김좌진 장군도 훗날 연해주로 주거지를 옮겼다.

독립군의 계보는 이렇게 애국 청년들과 함께 형성되었다. 또 이 시 기에 실존 인물은 없이 이름만 존재하는 독립군 투사가 있었다.

"어젯밤 하늘에서 벼락을 칠 때, 벼락을 타고 하늘에서 내려와 일본 군을 혼내주었던 독립군 대장이 있었다고 하더구먼."

"누군데?"

"백두산에 살고 있다는 김일성 장군이라고 하더구먼."

또 이런 얘기가 사람들 사이에서 오르내리고 있었다.

"하얀 수염을 달고서 손을 들어 부르니까 멍석이 하늘에서 내려와 깔리더란 말이야. 그 멍석에 오르니까 공중으로 날아가더라는 말이야. 이 산 꼭대기 저 산 꼭대기를 자유자재로 날아다니는 것이었어."

"그게 누구야?"

"김일성 장군이라고 하더구먼."

도교(道敎)에서 나오는 축지법이나 중국 소설에 나오는 손오공 이야 기가 조합되어 신화를 만들어내고 있었다.

나라를 빼앗기고서 허탈한 기분을 전환시켜 보기도 하고, 부족해진 감동을 채워 넣기 위해서 신비스런 초능력을 마치 눈으로 보았던 것처럼 얘기를 만들어 내고 있었다.

1945년 8월 15일.

해방이 되자 북한에는 소련군이 주둔 했다. 이때 33세 젊은 청년 장교 김일성이 나타났다.

"저는 백두산에서 항일 빨치산 활동을 하던 애국자입니다."

그러자 북한 사람들은 헷갈려 했다. 신화 얘기로 떠돌던 독립운동가 김일성은 하얀 수염을 달고 있었던 할아버지였는데 새파랗게 어린 청년이 독립운동가 김일성이라니 어리둥절해 하는 것은 당연했다. 이때 김일성은 거침없이 역사 위조에 나선다. 박정희는 그것부터 김일성을 불량한 양심을 가진인물로 치부했다.

박정희는 일본 육군사관학교를 졸업하고 관둥군에 배치를 받았다. 5군단 예하 보명 8단(연대) 연대장 작전담당 부관으로 1년 1개월 근무했다. 이 부대는 모택동 공산당군 11, 12, 13단을 토벌하기 위한 보병부대였다. 연대장은 중국인 단제영 대령이었다. 이 자리에 있을때 독립운동을 하면서 무장투쟁하는 인물들과 이들의 활동내용을 알고 있었다.

"김일성이 항일 게릴라 활동을 했던 반일 혁명투사이다."

이 말에 대해서 역사를 조작한 것이라 생각하고 있었다. 그것이 이 민족에게 불행이 되고 있음을 냉철하게 보고 있다. 역사를 조작하는 사람은 만사를 자기 배짱대로 한다.

일본의 도조오 히데키는 미국 침략을 계획했다. 먼저 하와이 해군기지를 기습 공격해 해군력을 무력화시킬 계획이었다. 진주만 미국 해군기지 기습을 하기 위해 진주만과 지형이 비슷한 지시마열도 히도카브

만에서 해군 공중 폭격기의 연습을 달포 넘게 했다. 완벽하게 기습훈련을 마치고 개전 1개월전에 집합대기하고 있었다. 그러면서도 워싱턴에 주재하고 있는 노무라 주미대사는 헐 미국 국무장관과 협상을 하고 있었다. 개전통고 없이 1941년 12월 8일 새벽 진주만 기습을 감행했다.

히틀러는 챔빌린 영국수상과 불가침조약을 체결하여 영국을 움직이지 못하게 만들어놓고 폴랜드 침공작전을 개시했다.

김일성은 1950년 6월 25일 일요일 새벽 야음을 타고 기습침공했다.

독재자들은 기만과 기습을 자행한다. 역사조작을 밥먹듯 한다. 1941년 12월 8일 일본 해군이 진주만 기습공격을 한 후에야 노무라 대사가 국무장관 헐에서 개전통고서를 건네자 비명처럼 뱉어냈던 한 마디.

"이 보다 더 부끄러움을 모르고 허위와 왜곡으로 가득찬 문서를 본 일이 없다."

역사를 왜곡하고 현실을 뒤틀어 놓으면서도 양심에 가책을 느낄 줄 모르는 것이다. 그것은 비극이다. 한 사람의 비극이 전 국민의 고통으로 변하게 된다. 우리는 역사에서 무수하게 보아왔다.

허위와 조작 그리고 왜곡에 대한 천벌은 어떻게 되는 것일까?

반드시 역사의 심판을 받게 된다.

히틀러는 권총으로 스스로 자살했다.

도오조 히데키는 전범재판에서 교수형에 처해졌다. 스탈린과 김일성은 심장마비로 세상을 떠났다. 무수한 사람을 죽였던 모택동도 저세상 사람이 되었다. 이들 모두의 죄는 모험주의에서 출발한다. 엉뚱한 생각으로 전쟁을 일으키는가 하면 괜한 음모로 인재를 죽여버리는 만행을 저질렀던 죄에대해서는 하늘의 벌을 받게 되는 것이다. 인간폭탄을 고안했던 일본 해군의 오오니시 중장은 미국 함대에게 공포의 대상이었다. 전투기에 폭탄을 탑재시켜 함정에 부딪쳐 공격하는 방법이다. 공격을 당했던 미해군은 두려움의 대상이었다.

공포를 느끼는 사람은 어찌 미군뿐이겠는가?

가미가제 비행기를 조종하는 조종사도 인간이다. 비행기가 함정에 부딪는 순간 자기도 죽는다. 18세 미야자키는 소년 조종사였다. 조종석에 오르면서 술 한 잔을 마셨다. 탑승하기 전에 천황을 향해 의식을 지낸다. 삶의 마지막을 증오심으로 마감하는 것이다.

"이 술잔은 히로히토 천황께서 하사 하셨다. 우리는 황민으로써 천황의 뜻에 감사해야 한다. 우리가 맞이하는 최후의 순간을 천황께 감사해야 한다."

술잔을 높이들어 만세를 외친다. 그 순간이 지나면 인간으로 돌아간다. 그는 전날 어머니에게 편지를 남겼다.

"어머니, 저는 꿈이 많습니다. 그러나 글을 쓰는 이 순간이 마지막입니다. 어머니에게 부탁해요. 저를 살려주세요. 저는 살고 싶습니다. 꼭 살려주세요."

그 소년은 그 편지가 마지막이었다. 그의 시체는 250킬로그램 폭탄에 의해서 산산조각이 되어 흔적조차 남기지 못했다. 인간으로서 안타까운 일이다. 그렇게 죽어간 사람이 2,576명이었다.

"일본은 항복합니다."

그 한 마디로 전쟁은 끝이 났다. 그렇게 죽어간 2,576명의 가미가제 특공대 소년의 죽음이 무엇을 가져온 것일까?

증오심은 또다른 증오심을 낳게 된다. 히로시마와 나가사키 두 도시에 낙하된 원자폭탄은 사실상 철없는 가미가제 특공대가 만들어냈던 것이다. 일본 본토 공격을 향해 속도전을 벌이고 있던 연합군은 일본군의 옥쇄작전과 가미가제 공격으로 희생자가 너무 많았다.

태평양 전쟁기록 마지막 부분은 이렇게 쓰여져 있다.

"이 무렵 가데나 비행장(오키나와에 건설되어 있는 비행장 부근의 초원에는 수많은 미국 장병의 시체가 나란히 뉘어 있었다. 가미가제 자살기의 공격으로 함정에서 내던져진 해군 장병의 시체가 파도에 밀려 해안에 다다른 것이다. 그것은 오키나와 전투에서 미 해군이 지불한 대가의 일부분이었다.

게다가 지상군 사령관 버크너 중장을 잃었다.

그는 1945년 6월 18일 소탕작전을 시찰하기 위해 전선에 나와 있었다. 동굴(일본군 지휘소)에서 그다지 멀지 않는 관측소에 서서 화염방사기 공격을 바라보고 있었다. 바로 그때 박격포탄 한 발이 뒤쪽에서 폭발했다. 바위 조각이 날아와 뒤통수를 강타했다. 그 순간 즉사했다. 그로부터 사흘뒤 22일 일본군 방어 사령관 우시지마(32군은 24사단, 64사단, 84사단으로 정예부대) 중장은 마부니 고지의 동굴속에서 저녁 식사를 하고 있었다. 굴 밖 산꼭대기는 이미 미군이 점령하고 있었다.

우시지마 중장은 저녁 식사를 마치자 참모장 쵸오를 비롯한 전 막료들과 최후의 술잔을 들고 있었다. 누군가가 기미가요를 부르기 시작하자 전원이 뒤따랐다.

새벽 4시, 우시지마와 쵸오는 두 줄로 나란히 서서 눈물을 떨구고 있는 부하들 사이를 지나 동굴밖으로 나갔다. 그곳 낭떨어지엔 흰 천을 깔아놓은 자결장이 마련되어 있었다. 우시지마가 먼저 흰 천 위에 앉자 쵸오도 뒤따랐다. 머리 숙인 우시지마에게 한 장교가 일본도로

후려쳤다. 목이 잘라졌다. 뒤이어 쵸오도 마찬가지였다. 태평양전쟁 최후 전투는 이렇게 끝이 났다.

자살공격대, 가미가제 공격으로 오키나와 전투에서 12,000여 명의 미군이 전사했다. 이날 백악관에서 비서실장 윌리엄 그린 장군은 트루먼 대통령에게 보고하는 자리였다.

"일본 본토공격에 미군병사 몇 명이 희생되겠는가?"

"100만 명이 무자비한 일본군의 옥쇄작전으로 희생될 것입니다."

"나는 일본군의 야만행위로 우리 미군 병사의 희생을 더 이상 보고만 있을 수 없소. 즉시 원자폭탄 공격을 결행하시오."

히로시마, 나가사키 두 도시에 대한 원자폭탄은 이렇게 투하되었다. 천벌이었다.

전쟁이 일본의 항복으로 끝이 나자 가미가제를 창안해서 총지휘했던 오오니시 중장은 1급 전범이 되었다. 그러자 그는 그의 안방에서 흰 천을 깔아 놓고 친구 우다케가 보는 앞에서 배를 갈랐다. 그 순간 창자가 끊어지고 동맥이 파열되었다. 붉은 피가 치솟았다. 잠시 사이에 흰 천은 붉게 물들여졌다. 그러나 그의 생명은 끊어지지 않았다. 오후 1시에 벌어졌던 자결이 오후 5시가 되었다. 그의 얼굴은 이글어졌다. 갈라진 배에서 말하지 못할 쓰라림과 고통이 이어졌다.

"친구야, 아프지. 이럴바에 극약으로 죽으면 어떻겠는가?"

"아닐세. 난 너무 많은 사람을 죽였네. 지금 이 순간 가미가제 소년 조종사 얼굴이 눈 앞에 선하네. 그들의 죽음으로 나는 죄를 많이 졌네. 이런 고통이야 당연하지."

그의 고통은 오래오래 계속되었다. 그의 최후는 고통으로 얼룩져 있었다. 찌그러진 얼굴을 보면서 인생을 어떻게 살아야하는 것인지를 그

120

의 친구 우다케는 보았다. 그때부터 친구 오오니시가 어떻게 세상을 살아왔던 것인지를 연구했다.

10년 후, 그는 무릎을 쳤다.

"가미가제는 인간이 아니라 야수의 짓이었구나."

그는 곧바로 머리 깎고 산으로 들어가 승려가 되었다. 친구 오오니시는 죽었지만 그가 뿌려놓은 씨앗은 사라지지 않았다. 반세기가 훌쩍 지난 지금 오사마 빈라덴이 지구촌 곳곳에서 자살폭탄 테러를 쉴 사이 없이 계속하고 있다.

자살폭탄 테러 출발점은 어디일까?

악은 반드시 씨앗이 되고 그 씨앗은 언젠가 싹이 튼다. 그것은 역사의 죄가 된다. 역사에 죄를 범하면 100년 지나고 1,000년이 지나도 지워지지 않는다. 그래서 무서운 것이다. 김일성은 1950년 6월 25일 씻으려야 씻을 수 없는 죄를 범했다. 100년 후에도 1,000년 후에도 후손들은 그의 죄를 잊지 않고 기억한다. 마치 이완용, 박제순, 이근택, 이지용, 권중현 을사5적을 두고두고 꾸짖듯 7,000만 국민들은 기억할 것이다.

박정희는 수석비서관들에게 이런 말을 했다.

"국민들이 나에게 욕을 하고 있는 것을 잘 알고 있다. 내가 당장 권력을 내어던지고 물러나면 된다. 그러나 나는 그렇게 할 수 없다. 역사적 과업은 완수해야 한다. 훗날 내가 해놓은 일에서 잘못이 있다면 내 무덤에 침을 뱉어라. 나는 달게 받을 것이다."

역사의 무서움을 잘 알고 있다는 뜻이다. 그는 말 한 마디, 결심 하나에도 신중했다. 삶 자체가 그랬다.

"나의 밥상에 반찬 다섯 가지 이상 올려서는 안 된다."

담백한 입에 부담을 주지 않기 위해서였을 것이다. 어렵게 살고 있을 국민들에게 할 수 있는 최선의 양심은 생활 실천이라 여겼다.

검이불누(儉而不陋, 검소하지만 누추하지 않고), 화이불치(華而不侈, 화려하지만 사치스럽지 않고).

대구 사범학교에서 존경했던 김용하(金容河, 전 대우그룹 김우중 회장 부친) 선생님의 가르침을 지키는 일이었다.

언사에 있어서도 마찬가지였다.

몇 년 전에 출판됐던 『소설 박정희』에서 이런 글이 나온다. 장녀 박근혜(현 국회의원)가 고등학교 3학년때 일이다. 대학진학을 놓고 부모들은 뜨거운 관심을 가지게 된다.

어느 대학, 무슨 학과를 지망할 것이냐를 놓고 얘기를 나누는 장면이었다.

"근혜야, 넌 어느 대학에 지원할 작정이냐?"

"네, 전 서강대학교에 지원하려고 합니다."

"그래 무슨 학과를 선택했느냐?"

"전자공학과를 지원하고 싶습니다."

"그래 앞으로 그 분야가 유망하지."

이 글을 놓고서 처조카(육영수 언니의 딸, 이화여대 영문학과 출신으로 비서를 지냄) 홍정숙이 지적했다.

"아마 그 부분은 취재가 불가능해서 픽션으로 그려냈을 것입니다. 그러나 그 부분은 사실과 크게 다릅니다."

"그럼 아버지와 딸 사이에 대화가 일체 없었다는 말입니까?"

"아닙니다. 실제로 그런 말씀이 있을 수 있습니다. 그 어른께서도 역시 인간이니까요. 그러나 그런 식으로는 대화하시지 않으셨을 것입니다. 아닙니다. 분명히 아니하셨습니다. 예를 들자면, 딸을 부르실 때에도 야, 너, 이런 투의 말씀은 하지 않으십니다. 부인 육영수 여사님과 대화하실 때에도 반드시 양존하십니다. 임자, 그렇습니다, 그러하신가 식이지요."

이 얘기는 소설 박정희(소설가 주치호저)에 나오는 대목이다. 그 글을 읽으면서 내가 체험했던 경험이 떠오른다.

필자가 대학 입학할 즈음에 있었던 일이다. 대학 입학시험에 합격하자 주변에서 축하해주는 사람이 많았다. 고등학교 선배가 이런 얘기를 했다.

"우리 마을에 대학교를 졸업하신 대선배가 계신데. 한 번 만나볼려는가?"

인구 3만 명의 소도시에서 선배라고 해서 호기심이 들어 선배를 따라 방문했다. 80세 가까이 되시는 하얀 백발 노인이었다.

"난 법과를 졸업했지. 헌데 기왕 왔으니 저자한테도 인사를 드리도록 하시지요."

"선배님, 영광입니다. 당연히 인사올려야지요."

"임자, 뭘 하고 계시오? 이리 오시오."

"네."

앞에 나타난 사람은 허리가 꼬부라진 백발 할머니였다. 그 할머니가 대학 선배의 부인이었다.

"임자, 인사받으시오. 귀한 손님이 오셨소. 나의 대학 후배가 인사차 오셨소."

"아이고, 반가워요. 차편도 불편하실텐데 먼 길을 오셨습니다."

선배님의 손자가 이미 대학을 졸업하고 고등학교 교사로 있었다. 나로서는 손자뻘 되는 대학교 후배였던 것이다. 그럼에도 깍듯이 존대말이었고 부인에게 백수(白壽)를 바라보는 나이임에도 존대말을 쓰고 있었다. 소위 경상도 양반 사회에서의 말씨였던 것이다. 박정희가 바로 경상도 양반 사회의 말씨를 쓰고 있었던 것으로 직감했다.

제2 경제수석비서관으로 오랫동안 봉직했던 오원철 저서 『한국형 경제건설』 시리즈 7편을 읽다보면 호칭에서 임자가 수시로 등장한다.

언어는 인격의 표현이다.

말이 인격을 말해준다. 인격은 사람 됨됨이다. 사람 됨됨이가 제대로 되어 있다면 김일성처럼 역사 날조를 하지 않는다. 테러로 자기의 목적을 달성하려하지 않는다.

박정희는 예의 바르고 말씨 고운 사람을 즐겨 중용했다. 평소 누나처럼 존경하고, 가까이 했던 정치인 박순천 여사 그리고 한국의 간디로 추앙을 받았던 곽상훈 국회의장을 형님처럼 존대하며 지냈다. 시인 구상은 두주불사하며 친형처럼 가까이 지냈다. 정의, 의리, 질박함, 청렴함과 같은 깨끗한 물속에서 40년을 형과 아우로 지냈다. 바른 말과 옳은 생각으로 일생을 살아왔던 구상 시인이 베네딕트 수도원에서 『나자렛 예수』를 쓰고 있을 때, 친구 박정희 사망 소식을 듣고서 진혼축(鎭魂祝)을 영혼앞에 올려 놓았다. 가톨릭 신앙인답게 아름다운 시였고 5년 동안 영혼의 안식을 기원하면서 미사를 올렸다.

국민으로서는 열여덟 해나 받든 지도자요 / 개인으로는 서른 해나 된 오랜 친구 / 하나님! 하찮은 저의 축원이오니 / 인류의 속죄양(贖罪

羊), 예수의 이름으로 비오니 / 그의 영혼이 당신 안에 고이 쉬게 하소서, 이 세상에서 그가 지니고 떨쳤던 / 그 장한 의기(義氣)와 행동력(行動力)과 질박(質朴)한 인간성과 / 이 나라 이 겨레에 그가 남긴 바 / 그 크고 많은 공덕(功德)의 자취를 헤아리시고 / 하나님, 그지없이 자비로우신 하나님 / 설령 그가 당신 뜻에 어긋난 잘못이 있었거나 / 그 스스로 깨닫지 못한 허물이 있었더라도 / 그가 앞장서 애쓰며 흘린 땀과 / 그가 마침내 무참히 흘린 피를 굽어보사 / 그의 영혼이 당신 안에 길이 살게하소서.

구상 시인은 박정희보다 두 살 아래다. 1952년 6·25 전쟁이 한창이던 어느날 정훈신문 〈승리신문〉 편집책임자 구상 시인, 육군본부 작전국장 이용문 준장, 참모장 박정희 대령 셋이서 술추렴을 했다.

"이 사람, 의인이오. 잘 지내시오."

기개있고 쾌남아 이용문, 두주불사 청초거사 구상, 매섭고 의협심의 사나이 박정희, 세 사람은 인간의 세계를 떠나 천상의 세계에서 술잔을 주고받았다. 그렇게 30여년 친구로 사귄 사이라서 구상 시인의 진혼축 시어(詩語)는 마치 초등학교 어린이의 담백함과 독실한 크리스천의 진솔함이 풀풀하다.

박정희는 사람을 사귀면서 개인의 잇속이나 명리를 떠난다. 구상처럼 천진무구(天眞無垢, 아무런 흠이 없이 천진함)한 사람이거나 이순신처럼 국가를 위기에서 구한 사람, 사심이 없는 사람이면 아무나 사귄다.

김종오 대장과 최덕 장군은 대조를 이룬다. 이런 인간관계에서 박정희의 개성이 어떤 것인가를 잘 보여준다.

125

5·16 군사혁명이 성공되어 군의 지휘체계가 크게 헝클어져 있었다. 군을 떠나 혁명주체로 활동하는 사람, 군에 남아서 군을 흔들림없이 지휘해야할 사람으로 나뉘어졌다. 이러한 입지가 군개편인사에서 확연하게 드러나게 되었다. 군인사 초점은 육군참모총장에 누가 발탁되느냐에 따라 군의 지형이 결정되도록 되어 있었다. 장고와 고심을 해서 육군 참모총장에 김종오 중장이 대장으로 승진되면서 발탁이 되었다. 육군은 육군사관학교 출신, 일본 육군사관학교출신, 만주군관학교 출신이 주류를 이루고 있었다. 김종오 중장은 일본군 학도병 소위 출신이다.

　의외의 인사였다.

　혁명주체 소장파에서 반대를 하고 나섰다. 선봉장에 포병단장으로 혁혁한 공로를 세웠던 문재준 대령이었다. 그는 5·16 군사혁명 직후 헌병사령관으로 보직이 되어 중앙정보부와 맞서 있었다.

　"각하, 이번 인사는 재고해 주셔야 하겠습니다."

　"무슨 소린가?"

　"김종오 장군은 하자가 많습니다. 첫째 축첩, 둘째 부정축재, 셋째 편파인사를 자행한 사람입니다. 각하 우리가 목숨 걸고 혁명한 것은 이런 인물을 축출하자는 것이었습니다. 그럼에도 그를 참모총장으로 발탁한 것은 중앙정보부의 횡포라 생각됩니다. 너무 억울합니다."

　"뭣이 억울하다는 것인가?"

　"우리가 목숨 걸고 혁명해서 이런 사람을 참모총장에 앉히다니요."

　그 말이 떨어지는 순간, 박정희는 버럭 화를 내면서 탁자를 뒤엎어 버렸다.

　"뭐라고? 혁명은 너 혼자 했다는 것이야."

경호원과 비서관들이 우르르 달려나와 뒤엎어진 탁자를 바로 놓고 문재준 대령을 밖으로 내보냈다. 허리에 권총을 차고서 기세 당당했던 문 대령은 기세에 눌려 물러나고 말았다. 새로운 인사를 할 때, 김종오 중장을 참모총장으로 지명을 했던 것은 국가재건최고회의 박정희 부의장이었다.

박정희와 김종오는 친교가 있거나 잘 아는 사이가 아니었다. 1950년 8월 유엔군과 북한군이 낙동강 전선에서 일진일퇴 촌각을 다툴 때였다. 낙동강 전선에서 밀려나게 되면 부산까지 밀려나게 될 위기의 순간이었다. 박정희는 영천지구에서 8사단 작전참모로 북한군 3사단과 대치하고 있었다. 한국군은 다부동, 안강, 영천에서 치열한 전투를 벌이고 있었다.

바로 이 때 불퇴전의 전투력을 보여 나라를 위기에서 구한 것이 1사단 백선엽 장군, 8사단 유재흥 장군, 6사단 김종오 장군이었다. 백선엽 장군은 만주군관학교 출신이었고, 유재흥 장군은 일본 육군사관학교 출신이었다. 김종오 장군은 학도병 출신이었다. 이때 박정희는 불퇴전의 맹장들의 용맹성과 지략이 나라를 구했다고 생각했다.

"출신이 어디였던 군세게 싸워서 나라를 지켜낸 용장이야말로 이순신 성웅의 후예들이다. 이들에게 국가와 국민은 감사할 줄 알아야 한다."

박정희의 신념과 소신은 뚜렷했다. 학도병 출신이라해서 6·25 전쟁영웅을 제대로 평가해 주지않는다면 누가 나라를 위해 목숨을 바치겠는가.

역사상 가장 무능했던 군주로 선조를 박정희는 지목한다. 왜군이 동래성에 상륙한지 20일만에 한양을 점령당했고, 밤낮으로 도망쳐 중국 국경 의주로까지 후퇴했었던 선조가 이순신의 백전백승, 권율의 선전, 고경명, 휴정 곽재우의 활약으로 겨우 영토를 수호할 수 있었다. 그럼에도 불구하고 이순신을 투옥하고 고문을 가했던 무능은 역사가 심판하고 있다. 마찬가지로 6·25전쟁영웅들에 대해 국가가 소홀했던 것은 무능이라 보고 있었다.

박정희는 전쟁 중에도 역사책을 탐독했다. 1952년 전쟁이 한창 치열했던 때에 『월남흥망사』를 탐독했을 정도였다.

"참새가 어찌 대붕(大鵬, 하루에 9만리를 나는 큰 새)의 뜻을 알 수 있겠는가?"

박정희는 삼국지를 읽지 않았다.

조조의 교활한 처신이 상당부분 차지하고 있어 그의 모략, 배신, 권모술수가 생리에 맞지 않아 읽을 수 없다고 생각했다. 박정희의 정치철학이 어떠한 경우에도 사람을 죽이지 않는 일이다. 그의 집권기간 중에 엽기적인 저해사건이 여러 차례 있었다. 김형욱 실종사건, 김대중 동경납치 사건이 바로 그런 것이다.

"아마도 박정희가 시켰을 것이야."

이렇게 생각한다. 그러나 조조가 무수한 사람을 살해하는 장면이 보기 싫어 아예 삼국지를 읽지 않는 그의 품성으로 미루어보면 모두가 잘못된 추측이다. 사건의 전모가 모두 밝혀지고 있지만 박정희가 관련된 것은 없었다.

왜 그럴까?

정치를 하면서 사람을 죽이는 행위는 어리석은 일로 판단하고 있다. 그는 일본 역사 공부를 많이 했다. 일본 역사의 하이라이트는 1865년 유신(維新)이다. 미개국에서 단 한 번의 개혁으로 일류 선진국으로 변신을 해냈다. 그 변신은 수수께끼였다. 그러나 단 하나 뚜렷한 족적은 있다. 유신의 주역들이 모두 테러로 마감되었다.

나라의 100년 대계를 세우면 그들의 충심과 열정은 남아 발전을 지속된다는 신념이다. 풍전등화와 같았던 일본에 미국의 흑선이 나타나 쇄국이냐 개국이냐를 놓고 왈가왈부 팽팽했던 때에 혜성처럼 나타났던 시골무사 사카모토 료마, 열정과 기백의 사나이 사이고 다카모리, 논리와 지혜로 개방을 주장했던 가스라 고고료, 나라를 위해서는 양보를 외면했던 오쿠보 도시미치.

모두가 오늘의 일본으로 대변신을 가져온 선구자들이었다. 그들이 있었기에 새역사가 쓰여졌다. 그들은 일본을 위하는 일이라면 목숨도 초개같이 버렸다. 그들은 모두 자객의 칼날에 쓰러졌다. 지금 일본은 세계 제일의 경제대국이 되었다. 천국에 가장 가까이 와 있는 나라로 믿고 있다.

누가 이렇게 일본을 변화시켜냈던 것일까?

바로 유신지사의 힘이었다. 그러나 그들은 죽었다.

150여 년이 지난 지금, 오늘의 일본을 만든 사람은 가해를 가했던 자가 아니라 가해를 받았던 사람이다. 역사는 그렇게 기록하고 있다. 이 귀중한 역사를 볼 때, 어떠한 경우에도 정치를 놓고서 가해를 해서는 안 된다. 가해자는 어김없이 역사의 죄인이 된다.

"성공하면 충신, 실패하면 역적."

박정희는 항상 이 말을 입에 달고 살았다. 술잔이 몇 순배 돌아 거나하게 취기가 오르면 입버릇처럼 되뇌인다. 그것도 일본말로 쏟아낸다.

"가데바(관군), 마케레바(적군)."

나라를 지키는 일에 대해서 욕을 얻어 먹는 일쯤에 두려워해서는 안 된다는 뜻이다. 일본의 명치유신 지사들은 욕 먹는 일은 물론이고 목숨까지 흔쾌하게 받아 들였다. 그런 자세로 김일성과 대적하는 일에 임했다. 그것이 제2의 6·25를 막아내는 길이라 믿고 있었다.

지금 50여 년의 세월이 흘렀다.

박정희의 길이 옳았는가, 아니면 김일성의 길이 옳았는가.

역사에는 피도 눈물도 없이 냉혹하다. 역사의 속성을 잘 알고 있는 박정희이기에 자신있게 던졌던 한 마디가 지금 살아있는 역사가 되었다.

"내게 잘못이 있다면 내 무덤에 침을 뱉어라."

누가 그의 무덤에 침을 뱉고 있을 수 있을까.

8. 강펀치와 강펀치 사이에서

"넌, 돈많은 재벌을 조심해야 돼."

"무슨 소린가?"

"인도네시아에서 떼돈 벌었다는 놈과 짝짜꿍이 되어 잘 놀고 있구면."

"야, 말 조심해. 그 분 연세가 어떻게 되시는데 놈이라니, 이 녀석 제정신이 아니구면."

그렇게 한 마디 떨어지자 마자 박종규 경호실장은 벌떡 일어나 김형욱 중앙정보부장에게 주먹을 날렸다. 그 순간, 김형욱은 뒤로 벌러덩 눕고 말았다.

"임자들, 이게 뭐하는 짓거리야."

박정희 대통령은 자리에서 일어나 방문을 열고 밖으로 나가버렸다.

씨근덕거리며 분이 풀리지 않아 앙앙울울하던 박종규 경호실장이 뒤따라 나가버렸다. 코피를 흘리면서 인사불성이된 김형욱을 이후락 비서실장이 경호원을 불러 병원으로 이송시켰다.

이때 이미 제3공화국에 빨간 조명등이 켜지고 비상벨이 울리기 시작했다.

제2차 오일쇼크를 당하면서 박정희 대통령은 밤잠을 설치고 있었다. 이제 겨우 허리를 펼려하는데 천재지변 보다 더한 오일쇼크를 당한 것이다. 중소기업 도산이 시작되고 대기업들도 비명을 지르고 수출전선에도 먹구름이 끼여가고 있었다.

"가격은 고하간에 원유물량을 확보하라."

최규하 외무부장관이 중동순방에 나서고 산유국에 대해 그룹회사까지 연줄을 이용해서 교섭을 하고 있었다. 마침 박종규 경호실장과 최계월 남방개발 회장이 동향 선후배 사이어서 가깝게 지내고 있었다. 박종규 경호실장까지 원유 확보작전에 나섰다.

"박실장, 내가 나서 보겠소."

최계월 회장은 산유국 인도네시아에 탄탄한 경제기반을 가지고 있었다. 산림개발을 하면서 목재를 생산수출하고, 그 자리에 식목과 농지를 만들었다. 그러면서 중고등학교를 만들어 개교시켰다. 무려 200여 개 학교를 만들다보니 그 가운데 상당 수 학교가 1류 고등학교가 되었다. 그 학교 학생들은 남방개발(KODECO)에 취업을 시켰다. 인도네시아 청소년들은 KODECO 취업이 인생목표가 되었다. 그 학교 입시 경쟁률이 인도네시아 국내 최고를 기록했다. 그렇게 되자 국민 모두가 KODECO 회장 최계월에 대해 존경심을 가지게 되었다. 자연스럽게 수하르토 대통령의 경제멘토가 되었다. 수시로 만나 우의를 나누었다.

"각하, 부탁이 있습니다."

"무엇이던지 좋습니다."

"방금 일본으로 출항시킨 원유를 한국으로 돌려주십시오."

"국가 신용과 관련되는 문젠데 난처하군요. 어제 미쓰미시 사장이 와서 약속했던 원유요. 헌데 하루 사이에 한국으로 보내다니 곤란합니다."

"일본은 경제대국입니다. 며칠 늦는다해서 문제가 생기지 않지요. 그러나 한국은 당장 석유파동이 납니다. 경제대국에서 후진국을 도와 주는 것은 또다른 원조가 됩니다."

"그렇겠지요."

"그럼 한국으로 돌리는 것이지요."

"최회장 부탁을 거절할 수 없습니다."

"감사합니다."

이렇게 30만 톤의 원유가 일본행에서 한국행으로 돌려졌다. 이 사실을 보고 받은 박정희 대통령은 최계월 회장에 대해 상세하게 물어왔다.

"임자, 대단한 일을 했구먼. 최계월 회장에 대해 감사를 표시해야하겠구먼."

"일본 와세다 정규출신입니다. 독서량이 매월 10권이 넘구요. 대단한 지혜를 가진 분입니다."

"아하 그렇구먼."

"나이가 각하와 동갑입니다. 고향은 창원이구요. 부친이 유명한 최한의원이십니다."

"아, 그 신의(神醫)로 명성이 자자한 바로 그 어른의 자제분이시구면."

최계월 회장의 아버지는 경상도에서 명성이 자자한 화타였다. 최한의원은 경상도 뿐이 아니라 제주도, 전라도, 함경도에까지 알려져 환자가 찾아왔다. 또 한학에 밝아 한학자로도 널리 인구에 회자(膾炙, 전하여 널리 알려짐) 되었던 분이셨다. 박정희 대통령은 한학에 밝은 사람에 대해서 관심이 많았다.

5·16 혁명 직후, 전라북도 도지사와 MBC 사장을 지냈던 이환의가 있다. 그는 지방 신문사 정치부 기자였다. 그는 기사 중에 정약용의 목민심서를 인용했다.

"계행재로(啓行在路)에는 역유장화간묵(亦唯莊和簡黙)하여 사불능언자(似不能言者)하나니라."

수령이 부임길을 떠날 때에는 행차에 필요한 수행인원이나 재정 등은 되도록 줄여 민폐를 끼치는 일이 없도록 하고 수행하는 아전들에게는 관대하게 대해야 한다.

박정희는 목민심서를 즐겼다. 눈에 익은 글이 나오자 크게 감명을 받았다. 지방초도 순시때 수행에 나선 이 기자와 마주치게 되었다. 이야기를 나누다보니 몸가짐, 언행이 보통 기자와 달랐다. 그의 부친이 유학자이시고 한학의 대가라는 사실을 알게 되었다. 지방신문 정치부 기자를 전라북도 도지사로 전격 기용했다. 그는 목민심서 그대로 지방 행정을 해냈다. 다시 MBC 사장으로 발탁했다.

"MBC를 중후한 언론기관으로 육성하시오."

단 한 마디 권고를 했다. 박정희가 예상했던 그대로 MBC를 규모있는 방송기관으로 키워냈다. 그는 박정희 집권 18년 동안 묵묵히 일하는 박정희 일꾼이 되었다.

코데코 최계월 회장 역시 박종규가 연결 고리가 되어 유전사업에 진출했다. 목재사업을 하던 사람이 바다 한 가운데서 석유를 캐내는 사업은 녹녹치 않았다. 시멘트 사업, 합판 사업, 교육사업, 토지개량 사업까지 끝없이 넓혀 일약 대그룹 재벌이 되었다.

박정희는 한학과 유학을 그렇게 좋아했다. 국가의 위기를 해결하기 위해 소리없이 헌신하는 일꾼을 좋아했던 박정희는 좋은 일꾼을 찾아 냈다해서 술 한 잔 함께 하려는 판에 박종규의 케이오 펀치가 작열했던 것이다. 케이오를 당했던 김형욱 중앙정보부장도 힘이라면 누구에게 지기 싫어하는 강펀치의 소유자였다. 매사 불도저처럼 밀어제치는 황해도 사나이였다. 육군사관학교 8기생으로 졸업한 후, 계속 최전방 소대장으로 복무, 6·25 3년 전쟁 동안 무수한 전투를 치렀다. 사람은 환경에 따라 성격이 변하게 된다. 삶과 죽음이 순간 순간 오가는 상황은 사람의 성격을 포악하게 만든다. 철원 대성산 앞 고지에서의 일이었다. 안개가 자욱한 아침 7시, 개인용 참호에 앉은체, 항고통을 들고서 식사를 하고 있었다. 식사중에 순찰에 나섰다. 김성중 상사가 항고통에서 밥을 푹 떠서 입에 가득 물고 있었다. 그는 용맹스런 병사였다. 낙동강 전투가 한창일 때 고지의 기관총이 멈추지 않았다. 병사들이 계속 희생이 되었다. 그 모습을 멀건히 쳐다보고 있던 김 상사는 뻣뻣하게 머리를 쳐들고서 혼자서 진격했다. 적의 참호에 수류탄을 던졌다. 꽝 폭음과 함께 기관총 사격이 중단되었다. 고지에 올라서보니 쇠사슬로 기관총 방아쇠와 손이 묶여있었다. 일본군들이 흔하게 악용했던 옥쇄작전을 벌이고 있었다. 김상사는 그렇게 용맹스런 군인이었다. 순찰을 돌아, 다시 와 보니 김 상사의 목에 기관포탄을 맞았다. 목이 끊어져 버렸다. 참호는 김 상사가 흘린 피로 젖어 있다.

황당했다.

조금 전, 그러니까 20분 전에 아침 밥을 맛있게 먹고 있으면서 인사를 했던 용맹스런 용사의 머리가 달아나버린 것이다.

"밥 맛있게 들어요."

"감사합니다. 즐거운 하루가 되십시오."

그것이 마지막 인사가 되었다. 전우의 시체를 넘고 또 넘으면서 그에게 남아있는 것은 행동력과 야성 뿐이었다. 그의 활달한 행동력과 야성이 5·16 군사혁명에 귀중한 원동력이 되었다. 육군본부작전국 작전과장으로 있으면서 김종필 정보국 행정과장과 함께 투 톱이었다.

최전방의 군인 장교들이 온통 썩어 있었다. 사계청소를 한다면서 베어낸 나무를 토막내서 숯을 구워 팔고, 후생사업한다면서 군용차량으로 돈벌이를 했다. 휘발유를 빼돌려 팔아먹고, 쌀을 빼돌려 자기 집 식량으로 해버리는 통에 사병들이 허기져야 했다. 사병들을 노예처럼 자기 살림살이에 부렸다.

육군에서 가장 청렴하다고 알려져 있는 수도방위사령관 윤필용 소장의 무용담은 당시의 군대 사회가 얼마나 부패에 찌들어 있었던지를 웅변해 주고 있다.

회식이나 술좌석에 앉기만 하면 윤필용은 자랑겸 무용담으로 늘어놓는 얘기가 있다.

"내가 전방 일선 사단장으로 있을 때 일이야. 매일 휘발유를 조금씩 빼돌려 모아두지. 그 휘발유가 10드럼 통쯤 되면 도깨비 시장에 내다가 팔아 돈을 챙겨내지. 그 돈으로 서울에 나와 집을 살 수 있지. 그러나 나는 황소 서너 마리를 사지. 연병장에 큰 솥가마 10여 개를 걸고서 소를 잡아 끓이지. 전 장병과 한 자리에서 쇠고기 파티를 하는 거야."

장병의 사기를 높여 주기 위한 이벤트였다고 자랑한다. 홍길동이 부자집, 권력자집을 털어 강도짓하는 것을 뒤로하고 훔쳐낸 돈을 가난한 사람에게 나눠주는 일을 자랑스럽게 얘기하는 것과 무엇이 다른가.

국가 재산 휘발유를 훔쳐내어 도깨비 시장(블랙 마켓)에 내다 파는 일은 분명 도둑질이다. 그 돈을 선하게 쓰면 된다는 사고방식은 분명 문제다. 그럼에도 죄의식을 전혀 느끼지 못하고 자랑으로 생각하는 부패의 무의식화는 부정부패가 얼마나 창궐했었던 것인지 짐작이 가는 대목이다.

그렇게 부패했던 군대사회에서 독야청청 청백했던 김형욱은 별난 인물이었다. 그에게 군의 부정부패를 청산하고 정군운동(整軍運動)을 하자는 말에 앞뒤와 물불을 가리지 않고 나섰다. 육군 본부에 근무하고 있던 소장과 장교의 주축이었던 육사 8기생들이 여럿 있었다. 그들 가운데서 김형욱 중령의 행동력과 열정은 단연 돋보였다. 길재호, 옥창호, 신윤창, 석정선, 최준명, 오상균 등 쟁쟁했던 육군 엘리트들이 군의 정화라는 목표 하나만 보고서 혁명대열에 끼어들었다.

"참모총장 송요찬 중장은 물러나라."

군은 상명하복(上命下服) 명령사회이고 계급사회다. 대장과 중령은 하늘과 땅 만큼 머나먼 사이다.

"이 놈들, 쏴버려라!"

호랑이 송(타이거 송) 별명처럼 송요찬 중장은 카리스마가 있었다.

자유당 말기 육군참모총장으로 3·15 부정선거 때 군의 공개투표를 독려하고 명령했었다. 또 전국 각 군부대를 방문하여 독려하고 지시했었다. 박정희 소장이 부산 항만사령관으로 있을 때, 직접 내려와서 선거운동을 했었다. 부산지역 유지, 언론인들에게 회식잔치를 벌리고서 송요찬 중장이 한 마디 했다.

"존경하는 부산지역 유지 선생님들, 빛나는 조국의 발전과 안정을 위해 수고하시는 여러분의 노고에 머리 숙여 감사드립니다. 이번 3월 15일 거행되는 대통령과 부통령 선거투표에서 여러분께서 앞장 서서 자유당 후보 이승만 박사님과 이기붕 선생님을 지지하여 주십사하고 부탁드리고 싶습니다."

타이거 송의 발언이 계속되자 박정희는 몸을 뒤로돌아 앉았다. 바로 송의 앞자리에 있었다.

"개자식, 개 같은 소리하고 있구면"

타이거 송은 분명, 그 소리를 들었다. 얼굴이 붉어졌다. 그러나 박정희는 표정변화 없이 태연자약했다. 이것이 주홍글씨로 타이거 송의 이마에 각인되었다. 그것은 군이 해서는 안될 부정선거였다. 공직자가 선거운동을 하고 있는 것이다. 이것은 불법선거운동이고 부정(不正)에 속하는 일이었다. 타이거 송은 분명히 박정희 욕설을 듣고서도 못들은 척 했다. 그것이 원죄가 되어 김형욱 등 육사 8기 소장파 장교들이 육군참모총장 송요찬 중장 집무실 앞에서 시위를 벌였다.

"3·15 부정선거 원흉 송요찬 물러가라!"

있어서도 안 되고 있을 수도 없는 일이 벌어졌다. 김형욱의 저돌적인 행동력과 불같은 열정을 보여주는 사건이었다. 헌병대가 나서서 데모 참가자 전원 연행했다.

그 후, 또 한 차례 집단 시위가 있었다. 최영희 합참의장이 소장파 장교들의 정군운동을 강력 저지했다. 그러자 송요찬과 함께 3·15 부정선거에 나서서 박정희 부산항만사령관을 무력화시키기 위해 부산지구 계엄령 사령관으로 나섰던 인물이었다.

"합참의장 최영희 대장 물러가라."

육사 8기생들의 집단시위가 벌어졌다. 역시 주동자는 김형욱이었다. 김형욱 중령은 대령진급에서 탈락되었다. 자신의 계급진급은 아예 생각조차 하지 않았다. 원래 성격이 하나의 일에 집착하면 자기의 모두를 바쳤다. 박정희는 김형욱의 그런 저돌적인 행동력과 불같은 열정을 좋아했다.

또 한 사람 박종규는 사격 솜씨가 탁월하고 힘이 장사였다. 일본에서 중학교를 졸업하고 귀국해 군에 입대했다. 육군본부 작전본부에 근무했었다. 군사혁명이 본격화되자 박정희 경호를 맡게 했다.

태능선수촌에서 있었던 일이다.

역도선수들은 팔의 힘이 남다르게 쎄다. 자기 몸무게 3배 이상을 들어 올리는 힘이 있었다. 어깨가 벌어져 힘이 헤라클레스처럼 강하게 보였다.

"나하고 팔씨름 해볼까?"

주변 사람 모두 깜짝 놀랐다. 호리호리한 체격, 가날파 보이는 팔뚝의 박종규가 견뎌낼 것 같아 보이지 않았다. 그러나 도전하고 있으니 재미삼아 팔씨름을 하게 되었다. 두 사람은 얼굴이 달아오를 정도로 힘을 쏟았다.

박종규 승이었다.

선천적으로 힘이 있었다. 군에 있으면서 팔의 힘은 천하무적이었다. 김형욱은 박종규의 주먹을 잘 알고 있었다. 그럼에도 달려들었다. 그것이 김형욱의 성품이었다. 부딪쳐봐도 안되는 줄 알면서도 도전한 것이다.

김형욱은 재벌혐오증이 있었다. 이해관계가 없지만 싫어했다. 그러나 박정희는 재벌이 국가의 중추라는 것을 잘 알고 있었다. 국민을 편안하게 먹여살리는 일꾼이 재벌이다. 재벌은 돈을 벌어 들이기 위해 수단과 방법을 가리지 않는다. 그 점이 마음에 들지 않았다. 재벌은 감시의 대상이고 부정을 막아내야하는 괴물이라 생각했다.

5 · 16 군사혁명 후, 박정희는 대학교수를 초대했다. 매일 저녁 3시간씩 강의를 받았다. 주로 경제학과 경제정책이었다. 4년에 걸쳐 배웠던 경제학, 경영학, 재정학, 경제정책을 1개월에 압축해서 배우고 있었다. 후진국이 경제개발을 하는데 제일 먼저 부딪쳐오는 것이 자본금이었다. 그 돈은 저축을 통해 축적된 자본과 해외에서 차관으로 끌어오는 자본이 있었다.

시급하게 민생고(民生苦, 배고픔)를 해결하기 위해서 사회간접자본(도로, 상하수도, 전력생산, 에너지원 확보, 댐, 항만 등)이 있어야 했다.

"아, 자본이 있어야 하는데…."

밥을 먹으면서도 자본, 커피잔을 들고서도 자본, 술좌석에서도 자본…. 자본 타령이 끝없이 이어졌다. 생각은 짧고, 행동력은 왕성했던 김형욱이 일어섰다.

"자본이라면 돈을 말하는 것이 아닌가. 돈하면 재벌이지. 권력과 손을 잡고서 앞뒤 가리지 않고 돈을 모았던 사람이 재벌이야. 미국 잉여농산물은 배고픈 백성에게 나눠줘야하는 것이 아닌가. 밀, 밀가루, 설탕, 옥수수 모두를 챙겨서 몇 십배 이문을 남겨 먹는 재벌 놈들 그냥 놔둬서는 안되지."

생각을 여기까지만 하고서 군을 시켜 재벌들을 잡아들였다. 정보가 빠른 삼성그룹의 이병철은 일본행 비행기에 올랐다. 정보에 둔감했던 재벌들이 줄줄이 연행되었다.

"재벌 당신들, 내가 누군지 아시겠소? 당신들의 저승사자요. 지금 각하께서는 불철주야 경제개발을 놓고서 각고의 땀을 흘리시고 있소. 헌데 자본이 없어 꼼짝도 못하시고 있소. 당신들 부정축재 한 돈을 좀 내놔야 하겠소. 종이를 나눠 주겠으니 양심껏 부정축재한 돈을 적으시오. 조사하면 다 나오게될 것이오. 여기서 화끈하게 쓰시오. 그럼 모두 풀어주겠소."

이때 부산의 한국생사그룹을 이끌었던 김지태가 부산MBC를 헌금하겠다고 했고 너도나도 헌금할 돈을 써놓았다. 상당한 금액이 모아졌다. 김형욱은 회심의 미소를 지었다.

"박정희 장군님 마음을 기쁘게 해드릴 일이군. 모처럼 얼굴의 주름살을 펴지게 생겼소."

박정희에게 달려갔다. 나라를 재건하는데 절대 필요한 자본 보따리를 손에 쥐고 있는 마음이었다. 대성산 전투 하면서 적의 깃발을 빼앗아 손에 쥐었을 때 흥분을 다시 느꼈다.

"각하, 이제 마음을 푹 놓으십시오."

"무슨 일이신가?"

"각하께서 오매불망(寤寐不忘, 자나 깨나 잊지 못함) 바라시던 자본을 한뭉치 가져왔습니다."

141

"임자, 이것이 뭐이요?"

자초지종을 얘기했다. 당황하면서도 두근거리는 마음으로 고려대학교 홍성유 교수에게 의견을 구했다. 시꺼먼 피부를 가지고 입이 천근만근같이 무거운 노교수는 금세 울근불근 험악한 표정으로 변했다.

"당장 재벌들에게 사과하십시오. 그분들은 나라 경제의 키를 쥐고 있는 전사들입니다. 공장을 짓고, 기계를 설치해서 사람을 고용하는 일을 할 사람들입니다. 그들이 돈을 벌고, 신바람이 나야 나라 경제가 돌아가게 됩니다. 그들은 이익을 좇아 지옥에까지 달려가는 사람입니다. 윤리적으로 다소 비열한 면이 있지만 그들은 애국자입니다. 앞으로 이들에게 채찍질을 하시면서 전진을 하셔야 경제가 발전하기도 하고 도약하기도 합니다. 공산주의 국가들은 모두 멸망하게 될 것입니다. 왜 그런지 아십니까? 그들 나라에는 재벌이 없기 때문입니다. 국가가 그들을 대신할 수 없습니다. 그들의 사기가 높고, 그들의 이익이 많아야 선진국이 됩니다."

박정희는 그 자리에서 경제를 알 것 같이 느꼈다. 이제 지휘봉을 잡고 앞장서서 휘몰아쳐야할 상대를 알았다.

"돌진 앞으로!"

말을 타고 광야를 달려가는 모습이 눈앞에 펼쳐질 것만 같았다. 박정희와 김형욱은 손발이 척척 맞았다. 그를 김종필 후임으로 중앙정보장에 앉혀놓은 것도 그의 일에 대한 뜨거운 열정과 저돌적인 행동력 때문이었다. 그 사이에 끼어들었던 것이 박종규였다. 박정희는 용인(用人) 비법이 있었다. 포스트(자리)에 반드시 두 인재가 경쟁하도록 만들었다.

권력의 추(錘)를 한 자리에 고정시켜 놓지 않고 이리저리 옮겨 놓기

도 했다. 청와대 비서실장, 중앙정보부장, 총리—세 자리가 그 역할을
했다. 박종규의 케이오 펀치 한 방이 김형욱의 중앙정보부에서 이후락
비서실장쪽으로 권력의 추가 옮겨졌다. 절묘한 용인술이었다.

유방이 항우를 꺾어내어 한나라를 개국했다.

유방은 황건적 출신이었다. 항우는 천하제일의 장수였다. 또
그의 수하에 뛰어난 장수들이 많았다. 무(武)와 지략을 겸비했
고 막강한 국력과 병력을 갖추고 있었다. 그럼에도 항우는 유방
에 의해서 꺼꾸러졌다.

무엇이 그와 같은 이변을 일으켰는가?

유방의 용인술이었다. 한신과 소하, 장량에게 권력의 추를 이리로,
저리로 움직였다.

"목숨을 걸고 항우를 꺾으면 권력의 추는 나에게 오게될 것이야."

유방은 그렇게 암시를 했다. 장수들은 추(錘)를 잡기 위해 초인적인
지혜를 짜냈다. 사면초가(四面楚歌)의 병법, 계명구도(鷄鳴狗盜) 작전
등 여러 전법이 총동원되어 승리할 수 있었다.

한 나라를 건설할 때, 개국 유공자들이 모두 한 자리가 주어지게 될
것으로 기대를 했다.

"나에게 무엇이 주어지게 될까?"

의당 그렇게 될 것으로 기대하고 있는데 유방이 돈 보따리를 들고
서 나타났다. 그의 입에서는 기상천외의 말이 튀어나왔다.

"그 동안 수고 많이 하셨오. 이제 한나라를 건설해야 하겠소. 지금
까지 여러분이 쌓으신 공로 덕분이오. 이제 한나라 건설은 또
다른 인물에게 맡기고 여러분은 지방의 영토를 한 곳씩 하사할
것이니 그리 아시오. 자, 여기 여러분을 위해 마련한 돈이니 받

으시오."

돈 한 뭉치씩 안겨주었다. 이 돈 받고서 물러나라는 뜻이었다. 그 말이 나오기 전에 장량은 먼저 말했다.

"황제 폐하, 저는 고향으로 내려가 농사를 지을까 합니다. 그 동안 못다 읽은 책을 읽고, 여러 가지 구상중에 있는 책을 써볼까 합니다."

그러나 한신, 소하 등 나머지 장수들은 억울하다면서 이의를 제기했다.

"황제 폐하, 그것은 너무 지나치신 처사이옵니다. 한나라 건국을 위해 저는 목숨을 걸고서 싸웠습니다. 제가 이 따위 돈뭉치를 바라고서 목숨을 걸었던 것이 아니었습니다. 그에 합당한 벼슬을 허락하여 주십시오."

"폐하, 저도 똑같은 생각을 하고 있습니다. 마음을 달리 써주시옵소서."

"저도 그런 생각이옵니다."

지혜 뭉치 장량은 이미 유방의 마음을 읽어내고 있었다. 개국공신의 공을 털어버렸다. 그러나 한신, 소하는 울울앙앙 분노를 폭발시켰다. 그러나 유방은 옛정분을 잘라 팽개쳐버리고 새로운 인재를 발탁, 600년 왕국을 건설해 냈다. 유방의 권력 추는 한나라 운용에 필요한 인재들쪽으로 옮겨졌다.

박정희의 용인술은 유방처럼 실용 우선이었다. 아무리 유능한 인재라 하더라도 자만하고 오만하면 국가에 헌신할 수 없다. 그럴 땐 가차없이 권력의 추를 옮겨 놓는다. 김형욱은 단순한 사고의 소유자였다. 최전방 전투부대에서 7년 동안 지내면서 머리가 굳어져버렸다. 저돌적인 행동력이 필요한 일은 그 누구보다 잘했지만 지혜가 필요한 전략,

전술에는 허약했다. 조용히 물러나 책을 읽고 공부를 하여 머리 개조를 했더라면 또 한번 국가를 위해 일해 볼 기회가 왔을 것이다. 그러나 그는 카인 콤플렉스(Cain complex)로 고통을 받고 있었다. 중앙정보부는 정권유지를 위한 권력기관이다. 권력은 외부의 적에 의해서 무너지는 것이 아니다. 내부의 분열로 무너지게 된다. 영원할 것만 같았던 로마 제국도 내부권력 암투로 무너져 버렸다. 수나라 30만 대군을 무찔러냈던 고구려는 난공불락의 군사강국이었다. 1차, 2차 침공을 벌였다가 참패하고서 수나라는 무너져버렸다. 수나라 뒤를 잇은 당나라 역시 안시성 싸움에서 참패를 당했다. 그렇게 강한 나라, 고구려가 연개소문의 아들 형제의 싸움으로 멸망해 버렸다. 중앙정보부는 외적보다 권력내부의 권력 다툼을 예방하기 위해 구석구석 확대경을 들여대고 살핀다. 그 방법은 미행, 내사, 도청 등 갖가지 방법이 동원된다. 김형욱은 과민하여 자기의 목을 향해 칼날을 세우고 있다고 판단했다.

"중앙정보부의 칼날에 다치느니 스스로 튀자"

엉뚱한 발상이었다. 지레 겁을 먹고 미국으로 도피했다. 그것은 비극이었다. 이것은 제3공화국, 김형욱이 목숨 걸고 만든 나라에 비상벨이 울리는 일이 되고 말았다. 국운 창조를 해내기 위해 바쳐졌던 젊음이 모두 소진되고 나라에는 석양빛이 비쳐오고 있었다. 박종규의 케이오펀치가 불러온 비극이었다. 살이 살을 먹고, 동지가 동지를 죽이고자 했던 카인콤플렉스의 아픔은 그렇게 저려오고 있었던 것이다.

9. 하나의 빛이 되고저

박정희의 꿈은 무엇이었을까?

가끔 입버릇처럼 뱉어내는 말이 있다. 말은 씨가 되어 현실이 된다. 월남이 패망할 즈음, 월남인들은 남녀노소, 직위 고하를 막론하고 모두 슬픈 노래를 불렀다. 가슴이 울컥해지고 어둠이 깔려져 내리는 노래, 그것은 월남 패망을 예고해 주고 있었다. 그렇게 말(言)에는 생명력이 있다.

지금부터 20년전 묘운산에 있는 약수터는 많은 사람이 모여드는 공원이었다. 여명이 밝아올 즈음, 남녀노소 많은 사람들이 몰려든다. 시원한 공기를 마시면서 운동도하고 약수를 받아가기 위해서다. 그 많은 사람 가운데 40대 사나이가 구슬프게 창 한 곡조를 읊는다. 노래를 마치고서 마지막 말 한 마디.

"인생은 순간, 꼬르르 꽥."

섬찍하다. 죽음을 대하는 순간 급사할 때 뱉어내는 말이다. 찬란한 아침, 상쾌한 공기를 마시면서 듣기 싫은 소리다. 그러나 그 사나이는 그 '꽥'을 10여 차례 읊고 난 다음에야 하산한다. 그랬던 그가 어느날 보이지 않았다. 모두가 궁금해했다. 음산한 사나이, 죽음을 불러내던 사나이가 사라졌으니 시원섭섭했다.

"꽥 사나이가 사라져버렸네."

"어, 그 소식 모르시는가 봐요."

"무슨 일이 있었습니까?"

"물론이죠. 그래서 그가 자취를 감춰버린 겁니다."

"동네 뉴스에는 둔감하신 모양이십니다."

"정확한 말씀이십니다."

"그가 심장마비로 죽었습니다."

그 말을 듣는 순간, 모두가 시원 섭섭함을 느꼈다. 듣기 싫은 소리, 듣지 않게 되어 시원하고, 그의 구성진 창소리를 듣지 못하게 되어 섭섭했다. 사람은 누구나 자기 중심으로 살아가는 것을 좋아한다.

그러나 한 가지 분명한 것은 슬픈 곡조의 노래를 좋아하면 반드시 슬픈 일이 생겨나고, 반대로 즐거운 노래를 부르면 즐거운 일이 찾아온다. 그래서 말은 씨가 되어지는 것이다.

"성공하면 충신, 실패하면 역적."

이 말이 풍겨주는 이미지는 뭣일까.

꼭 성공시켜 놓고야 말겠다는 강인한 의지가 담겨 있는 말로 느껴진다. 사나이의 의지는 무서운 힘을 가지고 있다. 한니발이 눈에 덮여 있는 알프스산을 넘어 이탈리아를 정복하고자 이를 악물고 나서자 그의 병사들은 거뜬히 넘어섰다. 모택동이 동부 장시성을 출발, 서부 산시성 옌안까지 1만 2,500킬로미터를 후퇴할 때 꼭 성공할 수 있다고 확신했다. 18개 산맥을 넘고 24개 강을 건너야하는 아주 어려운 길이었다. 출발할 때 10만 명 대군이 목표지점 옌안에 이르렀을 때, 겨우 8,000여 명이 살아남았다. 이것이 일구어낸 불굴의 신화 대장정이다. 모택동이 뱉어냈던 것은 딱, 한 마디 '꼭 해낼 것이야' 였다. 그것이 역사가 되고 전설이 됐다.

박정희는 보릿고개를 없애고 밥을 배불리 먹을 수 있는 나라를 만들어 보겠다는 의지가 결국 이루어졌다. 5,000년의 숙제를 풀어낸 것이다. 그 숙제를 풀어내면서 '하면 된다' 는 캔두정신이 탄생했다.

캔두(CAN DO)정신의 본질은 무엇이었을까?

그것은 빛이었다.

그 빛은 한민족이 추구하고자 했던 최고의 가치였다. 바로 태양빛이다. 태양빛은 화사함과 같은 허영심을 일시에 무너트려낸다. 마치 밤에 찬란하던 조명의 불빛들이 밝은 태양이 떠오르면 모두 사라져 버린다. 대단한 힘이다.

한니발이 알프스를 넘어가고, 모택동이 3,000리 길을 가고, 박정희가 보릿고개를 정복해 낸 것은 모두 빛을 찾아내기 위해서였다.

빛의 원조는 태양이다.

태양은 빛과 따뜻함을 주어 생물의 성장을 얻어낸다. 생장과 씨앗을 싹 튀우게 하면서 생명력을 가져왔다. 번식은 영원불멸의 힘이 있다. 빛은 그렇게 영원무궁하게 만든다. 이 땅에 빛을 만들어 자자손손 영원무궁토록 살아가게 하기 위해서는 국토확장이 필요했다. 그 뜻을 받들어 현대건설 정주영회장은 서산간척사업을 벌렸다. 박정희는 계화간척사업을 벌여 농지 3,000정보를 만들었다. 좁은 국토를 탓할 것이 아니라 국민 스스로 국토를 늘리는 일에 관심을 가지게끔 만들었다.

박정희 의지는 그가 사망한지 10여 년 만에 새만금 간척사업이 착수되었다. 그가 경부고속도로, 호남고속도로, 남해고속도로를 만들어 놓자, 그 뒤를 이어 중앙고속도로, 서해안고속도로 등 수십 개의 고속도로가 뚫려 고속도로 강대국이 되었던 것처럼 그는 이 땅에 빛을 심어 놓았다.

"지명은 그 땅의 향후 용도가 점쳐져 있습니다. 온양(溫陽)은 온천(溫泉)이 생겨날 땅이고 청주 비하리(飛下里)는 비행기가 내려오는 땅을 의미했는데 그곳에 공군 비행장이 생겨났습니다. 계화도(界火島)는 둑을 쌓아 논밭이 되는 땅을 뜻하고 있으니 간척사업을 해서 논밭으로 활용될 운명을 지닌 땅입니다. 또 그렇게 만들게 되면 그 땅이 하나의 횃불이 되어 전국 방방곡곡 간척사업의 모범이 될 것입니다."

"간척사업을 시작하라. 국토이용도를 높여서 식량생산을 늘려야 보릿고개를 없앨 수 있겠다. 개화도 간척으로 15만 5,000석의 쌀이 증산되어 3만 세대에게 보릿고개를 없앤다니 그 이상 좋은 일이 어디 있겠는가?'

박정희는 밤낮으로 보릿고개 없애는 것만 생각하고 있었다. 멀지 않은 훗날, 전국의 해안 간척사업이 봇물 터지듯 할 것이다. 처음 시작은 미국에서 원조 받은 밀가루와 설탕으로 공사를 시작했으나 둑을 쌓아 3,000정보의 논을 농민들에게 분양하여 공사비를 충당하고도 남는 장사가 되었다. 이것이 효시가 되어 정주영의 서산 간척사업장은 3,000만 평의 논이 만들어졌다. 개화도 간척의 20배의 땅이 바다가 논이 되었다. 바다를 막아서 육지를 만들어낸 네덜란드는 꽃의 천국이 되었다. 화훼산업을 일으켜 생산한 꽃이 매일 비행기로 수출한다. 바다 수면이 육지보다 높아 사실상 간척으로 만든 땅에서 살아가고 있는 나라다. 하늘이 그 나라와 그 국민에게 시련을 주었고 그 시련을 극복하기 위해 그 나라와 그 국민은 바다와 싸우고 있는 것이다. 그 나라에 유학을 다녀온 대학교수로부터 네덜란드에 관해서 이야기를 들어보았다.

"우리나라와 엇비슷하게 강대국의 침략을 받았던 나라입니다. 영국, 프랑스, 독일의 잇단 지배를 받았으나 1945년에 히틀러로부터 해방이 된 나라입니다. 우리나라 독립운동과 깊은 연관이 있습니다. 고종의 밀서를 가지고 이준열사가 만국평화 회의에 참석했다가 뜻을 이루지 못하자, 자결을 했던 헤이그가 수도입니다. 섬유가 주업이고 조선, 철강, 기계, 전자, 화훼가 발달되어 있습니다. 국토의 45%가 바다수면 밑에 있어 제방과 풍차로 영토를 유지하고 있는 나라입니다."

"우리나라 보다 지형상으로 어려운 나라임에도 공업이 발달했고 농업도 고도화된 나라로구먼. 우리나라도 국민들이 깨어 있으면 잘 살 수 있겠구먼."

박정희는 간척사업을 국토개조사업으로 인식하고 있었다. 미국이 1930년 테네시계곡 개발을 국가에서 직접 시행하면서 미국은 새로운 나라가 되었다. 뉴딜정책(New Deal Policy)은 기존과 다른 정책이라는 뜻이다. 잠자던 미국이 새로운 나라가 되었던 것은 테네시계곡을 개발하면서 시작되었다. 루즈벨트 대통령은 미국 역사상 처음으로 3선 대통령이 되었다. 국토개조는 그런 위력을 지녔다. 1960년대 일본은 다나카 의원이 일본열도 개조론을 발표, 온 국민이 열열하게 지지했다. 그것으로 다나카 는 수상이 되었고 일본의 국력을 배가시켜 놓았다. 박정희의 국 토개조는 보릿고개를 없애는 방법으로 시작해 새만금간척의 터 전을 닦아 놓았다. 보릿고개를 없애기 위해서 시작했던 간척사 업이 국력(國力)을 키우는 방법으로 굳어진 것이다.

부안—군산 사이 33킬로미터 둑을 만들어 2억만 평의 땅을 만들어 내는 새만금이 1991년 11월 28일 착공되어 19년만에 2010년 준공이 되었다. 대한민국 지도를 바꾸어 놓는 대역사였다. 새만금이 준공되면 서 대한민국은 어제의 대한민국이 아니다. 새로운 힘을 가진 새로운 나라로 거듭나게 되었다.

호사다마(好事多魔)이었을까?

이 거대한 사업을 하면서 엉뚱한 일을 당하기도 했다. 민족의 대동 맥 경부고속도를 축조할 때도 정신 나간 정치인 김대중은 줄기차게 반 대했었다. 국회에서 무려 4시간 동안 반대발언을 해서 장시간 발언기 록을 세우기도 했다.

"기차도 있고, 국도도 있습니다. 하늘에는 비행기가 김포—부산간에 30분마다 날고 있고 인천—부산간 선박이 운행되고 있습니다. 그럼에 도 불구하고 백두대간을 허물어 가면서 고속도로를 만든다니 어처구 니 없고 황당한 일입니다. 그런 도로를 만들어 놓으면 누가 그 도로를 이용하겠습니까? 돈 많은 유한 계급의 탕남탕여들이 외제 승용차를 타 고서 뱃놀이나 떠나는 도로가 될 것입니다. 그들을 위해서 거대한 예 산을 들여도 되겠습니까?"

"옳소. 나는 고속도로 건설에 반대합니다."

웃지못할 코미디였다. 경부고속도로가 아니었더라면 100억 달러 수출이 불가능 했을 것이다. 경부고속도로로 해서 국력이 10배 신장되었고 1조 달러 수출대국이 되는 국가가 되었다. 자손만대에 이르기까지 국가발전의 상징으로 남아있게 된 거국적인 일이었다.

이러한 대역사(大役事)를 반대한 사람은 나라를 팔아 자기의 일생 영화를 추구했던 대역적 이완용과 무엇이 다르겠는가.

국운개척의 대역사 새만금공사를 반대하는 세계 최초의 시위가 2003년 3월 28일 벌어졌다.

새만금 출발지 부안 대항리에서 군산까지 3보 걷고 한 차례 큰 절하는 3보 1배 의식이었다. 독특한 형식이라서 금세 전국민의 시선을 끌었다. 그 반향은 전 세계로 알려졌다.

"새만금 공사가 무엇이기에 저렇게 저항하는 것일까?"

이 물음에 대한 답변은 간단했다. 답변이 간단하면 쉽게 이해되는 것이 아니다. 더 많은 의문부호가 생겨난다. 사람의 심리는 참으로 오묘하다. 대중심리는 더 오묘하고 복잡하다.

"자연환경이 파괴된다. 그 파괴를 막아야 한다."

국토개조는 자연을 파괴하여 그 용도를 높이는 작업이다. 자연파괴를 반대하는 것은 원시 그대로 살아가자는 것이다.

수경 스님, 문규현 신부, 김경일 원불교 교무, 이휘운 목사….

이 분들이 진짜 자연환경을 생각해서 고통스런 3보 1배를 하고 있는 것일까?

자연환경 보호를 명분으로 국가가 국력신장되고 국운이 융성해지는 것을 방해하기 위한 것이 아니던가?

정부가 기획하는 일은 무엇이던지 반대를 해댄다. FTA도 반대, 4대강도 반대, KTX도 반대, 새만금도 반대. 그럼 무엇이 당신들의 입맛에 댕기는 것인가?

이들 가운데 몇몇은 집안 전체가 친북좌파다. 심지어 6·25 한국전쟁 중에 남로당 활동을 했고 지리산 빨치산에 가담하여 전원이 몰사했다.

당사자는 어떻게 살아 있는가?

온 집안식구가 모두 지리산 입산할 때, 나이가 너무 어려 입산을 하지 못했다. 친척집에 맡겨져 요행히 살아남았다. 성장하면서 부모의 한, 형제자매의 한이 응어리져서 나라가 왕창 망해져버리는 것을 바라게 되었던 것인지도 모른다.

김대중 시대, 현직 장관까지 새만금반대 3보 1배 행사에 참석했다. 참으로 가슴 아픈 일이다. 이 나라가 적화되면 장관하던 사람이 좌파 친북세계력이라 하더라도 일단 정치수용소에 가야한다. 6·25 한국전쟁 때를 기억해보면 공산주의자들은 어쩔수 없는 살인마 세력들이다. 남한 남로당을 관리했던 박헌영, 이승엽 모두 처형되었다. 필요할 때 이용한 후 용도폐기시켜 버리는 것이 공산주의자들이다. 레닌은 차르 황제로부터 항복을 받았다. 순순히 레닌의 요구를 전부 들어주었다.

"황제 폐하, 저희 노동자, 농민에게 모든 것을 하사하여 주셨음에 감사합니다. 그 은혜, 노동자와 농민들은 영원히 잊지 않을 것입니다."

"그 말씀, 오래오래 기억하겠습니다."

"황제 폐하와 가족들은 별장궁에서 편안하게 그리고 행복하게 지내시도록 하겠습니다."

"그렇게 배려하여 주시니 감사합니다.

그날 밤, 레닌은 특공대를 시켜 차르 황제 일가족 29명 전원 사살해 버렸다. 그 시체들은 참혹했다. 다섯 살 소녀까지 칼을 휘둘러 살해했다. 그 끔찍한 처형을 한 후, 별장 뒤뜰에 구덩이를 파, 한 곳에 묻어 버렸다.

그토록 잔혹한 행위를 왜 했을까?

제국주의자들은 아무리 세뇌하고 교육을 시켜도 그 잔재를 털어낼 수 없다면서 처형해 버렸던 것이다. 공산주의가 그렇게 무서운 존재라는 것을 모르고 대통령부터 일개 승려, 신부, 목사에 이르기까지 국토개발을 반대한다. 그들의 저의는 대한민국의 몰락을 바래서다. 자기가 사는 나라가 부강해지는 것을 싫어하는 마음씨는 결코 축복을 받지 못한다.

대한민국의 국운은 상승기에 있다.

한때 적대관계에 있던 러시아 메드베데프 대통령은 이명박 대통령과 정상회담을 갖고 경제협력과 에너지 공동개발에 합의했다. 양국이 공영공발(共營共發)을 하자는 것이다. 30여 년 전만해도 적대국이었다. 외교에서는 영원한 적도 없고 영원한 우방도 없다. 그와 같은 현상은 중국도 마찬가지다 이러한 시대에 국토개발을 해서 국민 모두 잘 살게 되면 어제의 적이 오늘의 동반자가 된다.

오늘의 새만금에 대해 박정희라면 어떻게 했을까?

새만금에 공업단지, 관광단지, 첨단기술 개발단지, 과학연구단지, 신재생에너지단지, 생태환경단지, 친환경 도시를 건설하는데 20조원이 소요된다. 토지를 분양하여 충당하고 나머지는 해외자본을 유치한다는 계획을 세워놓고서 새만금특별법을 공포해놓고 있다. 그럼에도 지지부진하다. 준공했을 때의 기대감은 뜨거웠다. 그 뜨거움이 싸늘하게 냉각되어지고 있다. 미국발 금융위기, 세계경제의 둔화, 북한의 핵개발로 인해 부동산붐이 냉각되어 버렸다.

좋은 시절이 모두 흘러가 버렸다.

좌파 친북세력들이 준동하여 10여 년 공기가 지연되어 버렸다. 어쩌면 대한민국의 국운을 바꿔놓은 대행운이 자칫 애물단지가 되어버린 느낌이다.

부동산 투기와 엇비슷한 정책은 버려야 한다. 이미 세계는 부동산 버블이 꺼져 버렸다. 일본은 20년 전에 부동산 버블이 꺼지면서 20억 엔 아파트가 2억 엔으로 대폭락해 버렸다. 이러한 현상은 미국, 중국, 한국에서 시작되었다. 이러한 변화의 시기에 부동산 투기가 끼어들지 못한다.

한국이 주도적으로 세계지도를 바꾸어놓아야 한다. 일본은 국내경기가 장기간 침체되어 역동성이 사라졌고 무기력증에 빠져 있다. 중국은 미국, 유럽제국과 환율 전쟁을 벌이면서 미래의 동력을 잃어가고 있다. 또 중국과 일본은 센가쿠열도를 놓고 영토분쟁에 휘말려 있다. 중국에서는 일본 상품 불매운동을 벌이면서 감정적인 충돌까지 일으키고 있다. 극동의 안정과 평화를 위해 일본과 중국은 분쟁을 벌려서는 두 나라 모두에게 불행한 상처를 도지게 할 뿐이다. 그러면 그럴수록 가까워져야 한다. 그렇게 하기 위해서는 한국의 역할이 중요하다.

일본, 중국, 한국 3국이 손을 잡고 함께 번영을 구가해야 한다. 그러자면 공동의 터가 있어야 한다. 마침 한국의 새만금만큼이 꿈과 같은 터가 될 수 있다. 부산과 고베 사이에 해저 터널을 뚫어 거리를 좁히고 중국이 그 잔치에 동참하면 다시 한국과 중국에 지하 터널이 생겨나게 되고 3국이 동반자로 형제국이 될 수 있다.

지금 세계는 대결이 아니라 상생이 패러다임으로 추구되고 있다. 춘추전국시대에는 항우처럼 힘이 있는 자가 왕으로 추대받고, 조조처럼 권모술수가 능한 사람의 시대였다. 그러나 이제 세계는 변화되었다. 국민에게 선정을 베푸는 지도자라야 존경을 받는다. 부(富) 창출이 최고의 가치가 되고 자유경쟁이 문제해결의 상식이 되었다. 강대국보다는 작지만 강한 나라가 우대받는 세상이 되었다. 착각하면 천길 만길 낭떠러지로 추락해 버린다.

북한을 보라.

세계는 자유 경쟁을 향해 밤낮으로 경쟁하고 있다. 북한은 핵과 미사일을 가지고 미국과 대결하려 한다. 착각이다. 무력시위를 하고, 남한에 대해 핵, 미사일 공갈을 쳐서 돈을 뜯어낼 생각을 하다니 참으로 어처구니없는 일이다. 정신나간 김대중 전대통령은 김정일의 비밀계좌에 5억 달러를 쥐가면서 만나, 평화를 얘기하고 있었으니 착각도 유분수다. 뒷돈을 댔던 현대건설 그룹 정몽헌 회장은 사무실 12층에서 투신자살을 했다. 김대중 전대통령은 노벨평화상 탐욕이 세상에 알려져 더할 수 없는 불행과 불명예를 자초하고 말았다. 김정일의 착각으로 그와 그의 나라, 그의 백성을 어떻게 되었는가?

식량부족으로 2,000년대 300여만 명이 굶어죽고, 요사이 매년 50여만 명이 굶어죽고 있다. 어린 아이들은 키가 남한 어린이 보다 10여 센티미터 작고 영양실조에 걸려 있다. 매년 150여 만 톤이 부족해서 빌어지고 있는 일이다. 땔감이 없어 산에 나무를 잘라 온통 민둥산이다. 전력이 부족해서 제한 송전을 한다. 밤에 압록강과 두만강을 건너 중국땅으로 건너 밤중에 곡식, 채소, 과일 서리를 한다. 국경 중국인들

156

이 이를 막아내기 위해 전기 철조망을 설치하고 야간 경비를 선다. 한 명 도둑을 열 명 경비로 이겨내지 못하는 법이다. 거리마다 꽃제비(부랑아)들이 널려 있다. 광대뼈가 들어난 사람들이 산야를 헤맨다. 들과 산에 풀뿌리마저 없어졌다. 창문의 유리창이 깨져도 창유리가 없어 밖과 방안이 열려있다. 삭풍(겨울철의 북풍)이 뼛속을 시리게 한다. 병원에서 전깃불이 없어 대낮에 태양빛을 거울에 반사시켜 수술을 한다. 마취약이 없어 맨살에 칼을 대고 의료용 수술후 살을 꿰어맬 실이 없어 무명실로 수술 환자의 살을 꿰맨다. 페니실린과 같은 항생제가 없어 살릴 수 있는 환자가 죽어나간다. 한 마디로 인간 생지옥이다.

북한 사람 삶환경이 이러한데도 김정일 국방위원장은 미사일 발사와 핵실험을 해댄다. 핵개발을 안하겠다고 유엔과 미국을 번번히 속여 경제 원조를 받았다. 한 번 속지 두 번 속지 않는 것이 세상의 진리다. 여러 차례 뻔뻔스레 속여대서 이젠 김정일의 말이라면 콩으로 메주를 쑨다해도 믿지 않는다. 그러면 그럴수록 북한 주민들만 고통스럽다. 남한의 친북 좌파들은 동포애를 가진 사람이 아니다. 남한 빨치산의 후예들이거나 주체사상 추종자들이다. 기회만 되면 정권을 뒤집어 북한 지배를 받기원하는 사람들이다. 남한 국민들은 바보가 아니다. 친북 좌파 정치인들의 위장술에 속아 왔다. 김대중, 노무현 10년에 속내를 훤하게 꿰뚫었다.

무슨 무슨 사회단체들, 모래알처럼 많다. 그들에게 국민세금으로 돈을 퍼준다. 그 많은 돈을 사회단체 운영을 하면서 쓴 것처럼 돈세탁을 해서 비자금을 만든다. 북한 정권에 알리면, 그들은 블랙홀처럼 남한 사회단체의 비자금을 빨아들이는 이벤트를 벌인다.

10만 명의 연기자가 동원된다는 '아리랑' 공연 관람료로 둔갑을 시켜낸다. 남한의 달러가 소리없이 북한 정권 호주머니로 대이동을 한다.

일본의 문선명 종교 신앙자들이 20여 년 전에 벌였던 달러 이동시키는 노하우를 지금 남한의 친북 좌파들이 재연시켜냈다. 그 달러를 벌어들이기 위해 선량한 남한의 근로자들이 뼈를 깎아내는 고통을 쏟았다. 은행잎, 바다지렁이, 머리칼까지 수출해 가면서 벌어들였던 돈이다. 김대중, 노무현 추종자들은 무심했다. 그들의 행태를 두 눈으로 확인했다. 그네들에게 표를 찍어 또다시 정권을 넘겨줄 바보는 없다. 앞으로 영원히 그들은 정권을 잡아내지 못할 것이다. 그럴듯한 화장술로 위장을 했던 그네들의 속셈을 너무 잘 알고 있다.

이 모든 것이 김일성, 김정일, 김정은의 착각에서 벌어진 일이다. 정치 지도자의 착각은 비극이다. 한 사람의 착각으로 수 천만 명의 백성이 고통을 받는다. 우리는 이러한 교훈을 뼈에 박아 놓았다. 흥선대원군 이하응의 착각으로 선진국의 과학문명을 외면했다. 또 고종의 무능함과 어리석음으로 일본에게 나라를 빼앗겼다. 그들의 착각으로 국민들은 일제 36년 노예살이를 했고, 38선 분단으로 65년간 고통을 받고 있다. 그들의 한번 착각이 7,000만 백성에게 100년간 고통을 주고 있다. 그 고통을 끝내줄 땅이 바로 새만금 2억 평의 땅이다.

징조는 이미 지명에서 전해져 내려오고 있다.

새만금의 출발지 부안(扶安)은 남자 사내 녀석이 여자(아내)를 집안에 모셔 들여 부유함을 창출해낼 땅이라는 한자 풀이다. 이미 수천 년

158

전에 이 땅에서 그렇게 평화와 부유함을 만들어낼 땅이라는 의미의 지명이다. 새만금의 종착지 군산(群山)은 많은 사람들이 구름떼처럼 모여 찾아오는 땅이라 했다. 새만금은 한국 사람만이 살아갈 땅이 아니라 세계 사람 모두가 함께 살아가야할 땅이라는 이름이다.

부안과 군산 사이에 점점이 솟아있는 작은 섬들이 널려있다. 섬의 이름들이 야릇 기이하다.

신시도(新侍島)는 새롭게 떠오를 효자라는 뜻이고, 선인도(仙人島)는 착한 사람들이 모여 살게 되는 곳을 뜻하고, 무녀도(巫女島)는 하늘의 부름을 받은 사람들의 땅이라는 의미이며, 비안도(飛雁島)와 비웅도(飛雄島)는 결정적으로 이곳이 온 백성에게 약속의 땅임을 알려주고 있다. 기러기는 길조 가운데 길조다. 새로운 소식을 전해주고 한번 결혼하면 평생을 함께 한다. 전한 때(BC. 100년경) 무제(武帝)의 사신으로 흉노에게 갔다가 억류되어 19년만에 돌아온 충신 소무(蘇武)라는 선비가 있다. 그가 명주에 편지를 써서 기러기 발에 묶어 무제에게 자신이 살아있음을 알려주었다는 고사에 기러기가 메신저 역할을 한다는 이미지가 각인되었다. 그러한 기러기의 섬이 있고, 그 기러기가 하늘로 날아가는 섬도 있다. 이렇게 두 지역 사이에 있는 작은 섬들의 지명에서 이 땅 새만금이 나라에 보탬이 되고 나라의 국력을 신장시킨다는 메시지가 담겨있다.

섬의 지명들이 예시하고 있는 것처럼 새만금은 거국적으로 해외지향형으로 개발해내면 남북통일도 되고, 중국의 홍콩, 마카오처럼 한국의 관문이 되는 곳이다. 김일성과 박정희가 목숨을 걸어놓고 경쟁을 벌일 때 김일성은 자립갱생(自立更生), 박정희는 수출제일주의를 선택했다. 김일성은 신의주, 나진, 선봉을 폐쇄적이고 옹졸하게 개방 흉내를 냈다가 실패했다.

박정희는 어떻게 했던가?

세계를 향해 질주해대고 있는 일본을 흉내내면서 뒤쫓아 갔다. 그저 입으로만 해외개방이고 만사를 관료들의 손에 맡겨 놓으면 새만금은 하지무세월(夏至無歲月, 길고 긴 여름)이 될 것이다. 일은 사람이 한다. 무능하고 사업감각이 무뎌터진 퇴직 관료에게 국운을 결정할 대사업을 맡겨 놓으면 새만금은 헌만금이 되어 잡초만 무성해지게 될 것이다. 이 땅의 개척에 선봉장격인 전라북도 사람들도 생각을 바꿔야 한다. 친북 좌파 정당을 온 국민이 버렸는데 왜 국민이 버렸는지 그 뜻을 깊이 바로 새겨봐야 한다. 3보 1배 저항에 장관까지 참여했던 정당에서 이 거대한 화두를 헤쳐나갈 것으로 바라는 것은 감나무 밑에서 감이 떨어지기를 기다리는 꼴이 될 것이고 한국판 나진 선봉이 될 것이다.

국가가 왜적의 침략을 받아 군가운명이 촌각을 다투고 있을 때 3면 바다의 수문장을 이순신에서 원균으로 바꿔 버렸다. 그러자 칠전량해전에서 조선수군은 전멸했고 수문장 원균도 전사했다. 울며 겨자먹기식으로 선조왕은 감옥에 가둬놨던 이순신을 백의종군시켰다. 그러자 낡은 전함 13척으로 130척의 왜군 전함과 명랑 바다에서 싸워 대첩을 얻어냈다.

역사는 교훈을 준다.

전라북도 사람들은 죽어도 원균을 선택한다. 그러면 새만금도 지지부진해지고 나라도 짜부러진다.

경부고속도로 건설 때를 되새겨 보라.

밤을 새워 횃불 밝혀 일하고 있는데 경부고속도로가 지역균형을 깨

160

뜨린다며 반대했던 사람을 따랐으면 나라 운명이 어떻게 되었을까?

한번쯤 생각해 보는 지혜를 가져야 한다. 정신나간 좌파 세력을 교육감으로 선출하자 익산 남성고등학교 자립학교 지정을 취소했다. 10년 후, 20년 후 전라북도는 어떻게 될까?

인재 없는 지역은 낙후될 수 밖에 없다. 스티브 잡스 없는 애플사는 몰락했다. 그가 다시 돌아와 IBM을 추월했다. 세계 최고의 기업이 되었다.

세계를 향하여 도약의 발판이 되어줄 새만금의 전라북도여 깊이 생각하라. 깊이 생각하라. 그래야 산다.

10. 박정희의 위기 해법

　박정희는 집권하고서 비상벨이 네 차례 울려댔다.

　그때마다 그 위기를 기회로 만들어 냈다. 하늘은 인간에게 세 번 기회를 주고 있다. 한국인은 하늘의 뜻으로 세 번 실수, 실패, 위기, 도전을 허용해 준다. 세 번이 갖는 의미는 하늘, 땅, 사람이 우주를 형성하는 것으로 생각했다. 한 번은 하늘이, 또 한 번은 땅이, 마지막 한 번은 사람이 기회를 준다고 여겼다. 그래서 하늘은 사람에게 세 번의 기회를 주는 것으로 알았다.

　위기에 부딪치면 두려움을 느끼지 않았다. 사람은 누구나 벽에 부닥치면 두려움이 본능적으로 스며든다. 두려움이 느껴지면 자기 능력이 반감된다. 축구경기를 할 때 유럽팀을 만나면 유럽의 현란한 개인기에 주눅들어 제대로 싸워보지 못하고 손을 들어버린다.

왜 그럴까?

두려움에 빠지면 능력이 반감되어 버리기 때문이다. 그럼에도 두려움을 모르고 자기 능력을 제대로 발휘하는 사람은 독특하거나 선천적으로 담력이 있는 사람이다. 북한을 40년 넘게 통치를 했던 김일성은 카터를 맞아 담소를 하면서 이런 얘기를 했다.

'나는 위기를 당하면 아주 침착하게 나 자신을 관찰합니다. 그런 다음 위기를 하나하나 뜯어보면 하늘이 뻥 뚫려져 있음을 알게 됩니다. 황소가 들어갈 만한 구멍이 보입니다."

김일성은 6·25 한국전쟁 때, 죽음의 고비를 넘겼다. 국군과 유엔군이 그렇게 신속하게 평양입성을 하게 될지 몰랐었던 모양이다. 국군이 평양에 진입하고서 곧바로 김일성궁으로 진격했다. 집무실에 들어갔을 때, 커피잔에서 하얀 김이 모락모락 피어오르고 있었다.

"샅샅이 뒤져봐라. 김일성은 멀리 도망치지 못했다!'

아무리 찾아봐도 김일성은 없었다. 지하 도피로를 통하여 도망쳤다. 국군은 간발의 차로 놓쳤다. 전쟁은 10월 18일 끝이 날 뻔했다. 그는 압록강을 넘어 중국으로 도망쳤고, 모택동에게 전쟁전에 약속했던 100만 대군의 지원을 요청했다.

그해 5월 심양에서 소련 스탈린, 중국 모택동, 북한 김일성이 만나 한국전쟁에 관한 정상회담을 했었다. 이 자리에서 소련은 탱크 1,200대, 전투기와 폭격기 1000대, 박격포 15,000문, 소총과 기관총 30만 정, 탄약과 수류탄 10만 톤을 공급하고, 중국은 100만 대군을 지원하기로 했었다.

모택동의 100만 대군이 압록강을 넘어 한국전쟁에 참여했다. 전멸위기의 김일성이 살아나게 되었다. 1시간 정도만 늦었어도 포로가 되었을 목숨이 다시 살아난 것이다.

박정희는 한국전쟁에서 환생했다.

남로당에 관여했던 것이 여순반란사건으로 불거져 군법재판에서 사형언도를 받았었다. 오전에 사형언도, 오후에 무기징역으로, 다음날 사면되어 기적적으로 살아났다. 육군본부 정보국 문관으로 근무하던 중에 6·25 한국전쟁이 발발했다. 이틀 후 수원으로 육군본부가 이전되면서 복직이 되었다. 그로부터 3개월 후, 영천전투 때 공을 세워 중령으로 진급되었다.

8사단 작전참모였다.

그는 역사책을 많이 읽었다. 그 중에서도 초등학교 4학년 때 읽게 된 성웅 이순신의 난중일기였다. 읽고 또 읽어 완전히 달통했다. 가장 인상적인 것이 한산대첩에서 학익진(鶴翼陣)이었다. 학의 날개 모양으로 편대를 지어 적의 주력을 한 가운데로 끌어들인다. 그런 다음 양쪽 날개에 있던 화포가 집중포격을 가해 완전 섬멸해 버리는 전법이었다. 그 신묘함에 매력을 느끼고 있던 박정희 중령은 영천 전투때 진지구성을 이순신의 학익진을 응용했다. 진지를 말발굽처럼 만들어 놓았다. 북한군은 무조건 중앙돌파를 해온다. 북한군의 전법이다. 북한군은 만주군관학교 출신, 중국 팔로군 출신이 주축이 되어 있다. 이들은 하나같이 중앙돌파를 한다. 이들은 학익진에 허약하다. 중앙으로 돌격한 공격주력은 양쪽 날개 부분의 공격을 받으면 혼란에 빠져 무너져버린다.

영천은 지형적으로 군사 요충지였다.

종심으로 부산이 있고 대구, 마산, 포항 등지의 중심이다. 여기가 돌파되면 부산 점령이 쉽게 된다. 북한군 15사단(사단장 박성철 소장)은 결사적으로 중앙돌파를 시도했다. 그 때마다 박정희의 학익진에 걸려 실패했다.

북한군 2군단장 김무정 중장은 박성철 15사단장에게 한없는 분노를 쏟아냈다.

"사단장 동무, 12사단은 안강을 돌파하고 경주를 점령했는데 아직도 영천을 돌파하지 못하는 이유가 뭐요?"

"이상한 일입니다. 어느날 갑자기 한국군 8사단이 강력해져 돌파할 수 없습니다."

"당신 그것이 말이라고 하고 있소. 당장 조성철 소장과 교대하시오."

"아, 군단장 동무, 이거 너무하는 것 아닙니까?"

전투 중에 사단장을 바꾸는 것은 이변에 속하는 일이다. 군단장 김무정은 모택동군이 산시성에서 옌안으로 1만 2,500킬로미터 후퇴할 때, 한국인으로서는 유일하게 참전하여 살아남았던 맹장이었다. 그도 박성철 소장과 함께 김일성의 분노를 받고 군단장에서 직위 해제되었고 일등병으로 강등되었다.

이순신의 학익진의 위력이었다.

박정희는 위기에 부딪치면 오히려 침착해지고 냉정한 이성과 판단으로 대응하는 것이다.

그가 부딪친 첫 번째 위기는 석유파동 때였다.

울산공단, 인천공단, 여천공단이 문을 열고 활기차게 수출신장이 되어가던 때에 석유파동의 태풍이 몰아쳤다. 배럴당 3~4달러하던 것이 20달러로 훌쩍 뛰더니 30달러에 육박했다.

물가는 뛰고 외화는 바닥이 났다. 7%선에서 오르고 내리던 물가가 당장 25% 선으로 수직 상승했다. 그 영향은 일파만파였다. 월급 생활자들이 적자 살림살이라며 아우성이었다. 오일값 폭등으로 원자재가 모두 천정부지로 뛰었다. 원료 확보를 하지 못했던 중소기업은 조업중단을 했고 실업자가 거리를 메웠다. 그보다 더 심각했던 것은 수출이었다. 수출은 수입하는 국가의 경제상황이 결정적으로 중요하다. 수입국의 경제상황이 나빠지게 되면 당장 수입을 중단하게 된다. 재고가 창고에 쌓여지게 되면 자금 압박을 받게 된다. 자금 부족은 수입중단으로 이어진다.

경제에서 수출의 비중이 큰 나라는 당장 국가부도 위기에 직면하게 된다. 경기가 나빠지면 민심이 흉흉해지게 된다.

"쿠오바디스 도미노!"

사람의 힘으로 어찌할 수 없는 일이라 모두 생각했다. 그러나 박정희는 냉정하게 하나씩 처리해 나갔다.

첫째, 석유소비를 줄이는 일이었다. 공장에서 소비하는 에너지는 그대로 유지하고 가정과 사무실, 차량 운행에서 소비되는 에너지를 절감해 감소시키는 계획을 마련하고 그 실천에 나섰다.

"국민 여러분, 저는 천재지변처럼 어느날 갑자기 불어 닥친 석유파동에 대해서 함께 생각하고 함께 대처해 나가고자 합니다. 집집마다 전등 하나 끄기, 승용차 타지 않기, 석유와 휘발유 대신 다른 연료쓰기, 내복입기, 실내전등 끄기, 수돗물 아껴쓰기 등 모두가 석유 파동이 수습될 때까지 함께 노력합시다. 저도 실천하겠습니다."

국민들에게 호소했다. 그러자 기적같은 일이 벌어졌다. 석탄과 같은 대체 에너지 수입이 늘어나고 유류 소비량이 급감했다.

"하늘은 스스로 돕는 자를 돕는다 했소. 국민들이 이렇게 협조하면 반드시 석유파동은 극복될 수 있다고 믿습니다."

국민들의 협조는 감동적이었다. 모두가 잘 살아보겠다고 힘을 합하고 의지를 가져보는 것은 정부를 신뢰하기 때문이었다. 개미 한 마리가 자기 몸보다 10배나 무거운 매미를 낚아, 개미굴까지 운반한다. 그 때 동료 개미 수백 마리가 달라 붙는다. 발을 맞춰 운반한다. 기적같은 일이 벌어진다. 그 덩치 큰 매미가 가볍게 움직인다.

국가가 석유파동이라고 하는 어려움을 당해서 국민 모두가 영차, 영차 힘을 냈다. 그 위기는 한국에 하나의 기회를 가져다주었다. 서독광부, 간호원 파견, 사우디아라비아 건설 노무자 송출, 쿠웨이트, 이란 아랍 에미레이트로 한국의 젊은이들이 뛰어갔다. 한때 그 숫자가 10만여 명에 이르렀다. 석유파동으로 추가 지출되는 달러 보다 해외에서 벌어들이는 달러가 더 많아졌다.

또 하나 원자력 발전소 건설에 나섰다. 반대를 위한 반대꾼들이 나서서 목청을 높여댔지만 어느 누구도 쳐다보거나 그들의 목소리에 귀를 기울이는 사람이 없었다. 허공에 떠도는 메아리가 되었다. 미국 GE나 웨스팅하우스와 같이 선진기술 국가에서 건설하던 원자력 발전소 기술을 한국의 엔지니어링 기술자들이 익혔다. 이 기술을 발전시키고 응용해서 세계 제일의 한국형 원자력 발전소 모델을 만들어 냈다. 우리에게 원자력 발전 기술을 가르쳐 주었던 국가들을 앞섰다.

세계 제1이 되었다.

한국이 원자력발전소 건설 기술력이 이렇게 발전하게된 것은 바로 오일쇼크가 가져다준 선물이었다. 그 때의 고통을 극복하기 위해서 추위에서 떨어야 했으며 전기등을 꺼야했고 자가용 운행을 멈추고 대중교통을 이용해야 했었다.

고난과 고통을 기회로 만들어낼 수 있는 국가와 국민은 선진국이 될 수 있고 1등 국민의 영광을 차지할 수 있음을 보여준 사례가 되었다.

두 번째 위기는 김일성의 무력도발과 미군철수였다.

김일성은 음흉한 꼼수를 부리는 테러지향형의 인물이다. 소련군 정보병과 장교였고 청년시절 게릴라활동을 했던 인물이어서 숙청, 살인, 테러를 자행하고서 죄의식을 느낄 줄 모르는 인물이었다. 부인 육영수여사가 그의 사주를 받은 문세광의 저격으로 사망했다. 박정희 목을 따기 위해 북한 민족보위성 정찰국 직속 124군부대 31명이 5년여 특수훈련을 받고 청와대를 급습했다. 기관단총 31정, TT권총 31정, 실탄 9,900발, 대전차 수류탄 248발, 방어용 수류탄 248발, 단도 31개를 휴대했다. 서울 청와대 입구 청운동 종로 경찰서 초소까지 침투했다.

1968년 1월 21일 김신조 일당이 청와대 급습에 이어 23일에는 미함정 프에블로호 납치, 1969년 4월 15일 EC-121형 미국 정찰기 피격으로 31명 사망, 1968년 10월 30일, 11월 1일 무장공비 120명 울진·삼척지구 침투, 1969년 12월 11일 승객 47명이 탑승한 KNA 여객기 납북, 1970년 6월 22일 동작동 국군묘지 현충문에 북한 공작원 3명이 크레모아 지뢰로 폭파, 아마도 박정희를 겨냥한 테러로 추정됨. 1974년 11월 중서부전선 고랑포에서 북한의 남침용 땅굴 발견, 1975년 3월 중부전선 철원 동북방 13킬로미터 지점에서 땅굴발견, 1976년 8월 18일 판문점 공동경비 구역에서 미군 대위 보니파스, 중사 바레트가 북한군의 도끼에 의해 살해….

김일성의 무력도발이 쉴사이 없이 자행되었다.

"김일성 환갑잔치는 서울에서!"

북한 전역에서 집회를 갖고서 공공연하게 제2의 6·25 한국전쟁 열기를 뜨겁게 달구어 가고 있었다. 박정희는 밤낮으로 수출증대와 새마을운동, 보릿고개 극복을 위해 동분서주하고 있었다.

"대통령의 직무 중에 가장 우선해야하는 중대사는 무엇이란 말인가?"

물론 국방이다. 만사(萬事)를 모두 성공시켜 놓아도 외적의 침략을 막아내지 못하면 모두 허사(虛事)가 된다. 이렇게 중요한 사명으로 또다른 고민을 하고 있는데 정작 대한민국 국가보위 뿌리인 미국이 무서운 기세로 박정희 어깨를 짓누르고 있었다.

닉슨독트린이 1970년 2월 18일 발표되었다.

"미국은 아시아 및 극동에 있어서 ① 우방군이 핵공격이 아닌 형태의 공격을 당할 경우, 군사장비와 경제적 지원만 제공하며, ② 당사국은 미 지상군 병력의 지원을 기대하지 말고, 1차적으로 방위 책임을 져야 한다."

한 마디로 모든 화살이 박정희를 향하고 있었다. 발표문에 아시아 및 극동으로 표시한 것은 모두 외교 수사일 뿐이고 사실은 한국 주둔 미군이라는 뜻이었다. 닉슨은 몇 차례 도전해서 대통령이 되었지만 재선을 노리다가 워터게이트 사건으로 손과 발이 묶여 있었다. 항상 어두운 표정의 닉슨은 정치와 외교를 모두 어렵게 처리하다가 어두운 종말을 고했던 정치인이 되고 말았다.

워터게이트 사건은 어둠의 정치를 보여주는 사건이었다. 그의 지시를 받고서 민주당 본부가 있는 워싱턴의 워터게이트 빌딩 6층에 침입하여 도청장치를 설치하던 중에 발각되어 미수에 그쳤다. 일간 신문 1면 기사.

"닉슨 대통령, 워터게이트 사건 지시하다."

밥 우드워드 기자의 기사였다. 닉슨 대통령은 모르는 일이라 했었다. 그러나 밥 기자가 찾아낸 닉슨의 사건지시 녹음테이프가 직접 청취되었다. 어두운 표정의 닉슨이 거짓말을 한 것이다. 이것으로 탄핵이 되자 대통령직을 사임했다.

그렇게 어두웠던 닉슨이 박정희를 어둠의 골짜기로 몰아넣었다. 경제에 몰두했던 박정희는 국방에 소홀했다. 군의 장비가 6·25 전쟁 때와 다름이 없었다. 개인 화기 30%가 제2차 세계대전 때 사용했던 M-1이었다. 고장이 나면 부품이 없어 고쳐지지 않았다. 8연발 소총인데 연발이 되지 않았다. 박격포, 대포 등 중화기는 많이 부족했다. 더욱 심각했던 것은 탄환이 부족했다. 전쟁이 반발하면 북한군의 탱크를 저지할 지뢰가 거의 없었다. 대전차용 수류탄은 턱도 없이 부족했다. 한국의 이러한 사정을 알고 있는 김일성은 시도 때도 없이 도발을 일삼았다. 그들은 소총, 탱크, 박격포, 대포, 미사일까지 생산해 내고 있었다. 심지어 중소형 전투함을 생산해 실전 배치하고 있었다. 그럼에도 테러만 했지 전쟁을 일으키지 못하고 있는 것은 주한미군 때문이었다.

1970년 7월 5일 월남참전국회의가 열렸다. 이 자리에서 로저스 미 국무부장관이 최규하 외무부장관에게 전했다.

"주한 미군 2만 명을 감축하겠소."

박정희는 주저 앉아버리고 싶어졌다. 청천벽력이었다. 바로 이때 적이라면 입에 칼을 물고있던 야당 국회의원들이 벌떡 일어났다.

"미국 철수 결사 반대!"

유신헌법에 반대하며 국회불참중에 있던 야당국회의원들이 궐기하고 나섰다. 그들은 박정희가 역사에 남을 위업을 달성하는데 동반자가 되어 주었다. 그들의 애국심은 대단했다. 지금처럼 친북 좌파에 가까운 국회의원은 한 명도 없었다. 지금 같이 이석기, 김재연, 임수경 류의 국회의원이 있었더라면 사실상 제2의 6·25 한국전쟁이 재발했을지도 모르는 일이었다.

국회는 여야당이 단합하여 결의안을 채택했다.

(1) 북한의 남침 야욕을 유발하는 여하한 명분의 미군철군에 반대한다.

(2) 1966년 월남파병때 미국이 약속한 한국군 장비의 현대화 및 방위산업 육성에 대한 지원을 감군에 앞서 구체화하고 실행해야 한다.

언론계에서도 결의문을 채택했다.

(1) 선보장(先保障) 후감군(後減軍)

(2) 주한미군 철수 결사 반대

국회의원도 6·25 한국전쟁 체험세대였고, 언론인도 마찬가지였다. 김일성의 잔혹함을 체험했던 세대는 모두 박정희 편이 되어주었다. 그것은 결코 우연이 아니었고 하늘과 땅 그리고 백성 모두의 도움이었다.

허약해서 강자의 도움 없이는 바로 서지 못했던 한국인은 '선보장(先保障)'이라는 말이 온 국민이 믿어온 담보가 되어주었다.

소련의 스탈린은 용의주도했고 교활했다. 독일과 한국에 소련군을 진주시키면서 전 세계를 적화시키려고 했다. 북한을 시켜 남한을 정복시키면 일본 정복은 어렵지 않다고 생각했다. 일본내의 공산주의자와 한국인 조총련을 앞세워 일본을 적화시킬 수 있다고 판단했다. 미국의 트루먼은 그렇게 큰 꿈이 없었다. 스탈린이 3000명 넘는 장교를 군사고문단으로 파견하여 북한군을 훈련시키고 무장화시켰다. 중국의 팔로군내 조선인을 중심으로 북한군을 만들고, 소련군 군사고문단 3,000명이 북한군에 대한 군사교육을 시켜 단시간에 50만 대군을 만들어 냈다.

"소련 주둔군을 북한 땅에서 철수시키겠으니 남한 땅에서도 미국 주둔군을 철수시키시오."

트루먼은 쉽게 받아들였다. 그러나 입법원 의장으로 있던 김규식은 반대했다. 대한민국이 탄생했으니 국방을 책임맡은 국방경비대를 창설시켜 무장을 해주고서 미국 주둔군이 떠나야 한다는 것이었다.

독립운동가이면서 베이징대학교 영문학 교수를 지냈던 김규식에게 어떤 예감이 들었던 모양이다.

"선보장, 후철군."

그의 주장은 받아들여지지 않았다. 트루먼의 고직식함이 6·25 한국전쟁을 일으켰던 셈이다. 한국의 앞날에 험준한 사막길을 보았던 김규식은 6·25 한국전쟁 때, 북한군에 납치되어 북한으로 끌려가 만포진에서 그 해를 못넘기고 운명했다.

김규식도 '아, 선보장'을 한(恨)으로 여겼고 순박했던 트루먼도 '아, 선보장'을 했었더라면 이런 비극을 당하지 않았을 것이라 후회했다.

"선보장하라!"

미국인이 가장 후회하는 말이다. 이 선보장이라는 말에 감동을 받고 순수하게 수용하는 나라는 미국밖에 없다. 어떠한 경우에도 실패를 반복하지 않으려는 지혜를 지녔기 때문이다.

신문마다 '선보장 후철수'를 대문짝만한 큰 활자로 대서특필해 주었다. 박정희 철학으로 온 국민이 똘똘 뭉쳐졌다. 이를 바탕으로 중화학공업으로 경제정책을 대전환을 시켜냈고 방위산업을 성공시켜 세계 제11위국으로 우뚝 설 수 있게 되었다.

여기서도 위기가 대성공의 기회로 만들어진 것이다. 여기서 국민들도 하나의 교훈을 얻어야 한다. 국가방위에 관한 문제에 관해서는 국론을 통일시켜야 한다는 것이다. 국방문제에 대해서 딴 소리를 내는 인사는 정치판에 발을 붙이지 못하게 해야 한다.

제2차 세계대전의 승전국 미국과 영국을 보라.

개천초 일본과 독일은 대단한 군사력으로 하늘과 바다, 육지에서 연전연승을 했다. 심지어 독일군 롬멜 전차군단의 캐터필러 소리에도 놀라 총과 박격포를 버리고 줄행랑을 쳐댔다. 일본군 전함을 보면 우선 살아남기 위해서 도망쳐댔다. 그랬던 국민과 군대가 어떻게 강적들을 몰살시켜 가면서 승리를 쟁취할 수 있었던 것일까?

루즈벨트 대통령의 단 한 마디, "진주만을 기억합시다!"에 온 국민이 하나가 되어 총을 잡고 정쟁터로 나갔다.

"저는 여러분에게 줄 수 있는 것은 땀과 눈물 그리고 피밖에 없습니다."

처칠의 이 말에 온 국민이 두 손을 불끈 쥐고 일어섰던 것이 꿀보다 더 달콤한 승리를 가져다 주었던 것이다.

박정희의 의연함, 박정희의 치밀함, 국민의 절대적인 지지, 정치인의 초당적인 지지가 기적과 같은 대역전의 드라마를 연출할 수 있었다.

국민이여, 그 날을 잊지 말고 기억하라. 천안함을 침몰시켜 놓고서도 쌀 50만 톤, 비료 30만 톤을 달라는 뻔뻔스러움을 잊지 말아야 김정일의 노예가 되지 않을 것이다.

적화통일이 되면 어떻게 될까?

친북 좌파들부터 간첩이라면서 처형장으로 끌어갈 것이고 나머지 만백성이 연일 장례식장에서 눈물을 흘려야 할 것이다. 집과 땅을 가진 자는 집과 땅을 가졌다해서 처형할 것이고, 집과 땅이 없는 빈민은 게으르다고 처형할 것이다.

창랑호를 기억하는가?

KNA(전 KAL기) 58년 2월 15일 부산—서울 왕복 민항기다. 간첩 기덕영의 포섭 세뇌로 납치 가담자 김형숙, 김택호, 김순기, 최관호가 평택 상공에서 기장을 위협 평양 순안비행장으로 납치 했다. 국제여론이 비등하고 비판이 거세지자 납북 34일만에 송환시켰다. 납치범 5명과 그 가족 3명 등 8명은 남겨 놓았다. 처음에는 의거자학교에 입학시켜 교육을 시키는 등 우대를 했다. 그러나 남한에서 무한대 자유를 즐겼던 사람이라서 세뇌가 자기들의 뜻대로 진행되어지지 않자, 전원 간첩혐의 누명을 씌워 처형하고야 말았다.

그것이 공산당사회에서 벌어지고 있는 살육 방식이다. 남로당 창당자 박헌영, 남부군 총사령관으로 역할했던 이승엽 전 서울시장, 남침때 2군단장 김무정 중장, 15사단장 조성철 소장 등 무수한 인사들이 처형되어졌다.

박정희와 김일성은 무엇이 다를까?

한 사람은 역사를 이해하고 있고 또 한 사람은 역사를 모르고 있다. 역사 공부를 한 사람은 사람을 살상하거나 죽이지 않는다. 그러나 역사공부를 하지않은 사람은 무수한 사람을 죽이는 살상을 한다.

박정희는 일본 역사를 공부했다. 특히 명치유신(明治維新)에서 깊은 감동을 받았었다. 진정한 변화는 나라를 바꾸어 놓는다는 교훈을 배웠다. 일본은 미개했다. 중국은 춘추전국시대 주요 3국 오(吳), 위(魏), 촉(蜀) 삼국이 밤낮으로 싸워댔다. 무수한 영웅들이 죽어갔다. 나관중의 삼국지는 삼국이 문화창조를 하지 않고 살상을 200년 동안 저질러댄 역사다. 그후 2,000년이 지났으나 일본은 살육과 도륙을 하고 있었다. 힘이 있는 장수들 끼리 싸워 무수한 사람을 죽여 놓았다. 그랬던 일본이 명치유신 30여년 사이에 전혀 다른 나라가 되었다. 서구 과학문영을 받아들여 짧은 시간에 미개국 일본을 현대국가로 변모시켜 놓았다. 칼잡이들의 나라가 세계지배를 꿈꾸는 과학문명의 국가가 된 것이다.

누가 그런 위업을 만들어 냈을까?

국가 개혁을 주창했던 명치유신의 지사(志士)가 있었다. 그들은 시대를 앞서갔던 영웅 중의 영웅이었다. 사카모토 료마, 사이고 다카모리, 가스라 고고료, 오쿠보 도시미치 네 사람이다.

"일본은 개방해야 한다. 칼의 힘을 버리고 선진 문명국가에서 과학과 기술을 배워 와야 한다. 국내에서 싸움질하지 말고 세계를 향해 도전해야 한다. 중국대륙을 지배하기 위하여 중국 대륙으로 가는 길목에 있는 나라 조선을 쳐야 한다."

소위 정한론(征韓論)을 외쳐댔던 인물들이었다. 이를 반대했던 존왕파(尊王派)들이 유신지사들을 칼로 베어댔다.

사카모토 료마는 이토 가시타로, 오쿠보 도시미치는 시미다 이치로, 사이고 다카모리와 가스라 고고료는 각각 자결했다.

일본인들은 일본 역사를 어떻게 평가하고 있는 것일까?

살인자 이토 가시타로, 시미다 이치로는 일본인이 증오해야하는 역사 죄인으로 두고두고 비판하고있다. 반대파들과의 싸움에서 패배했던 명치유신 지사 사이고 다카모리와 가스라 고고료를 죽음으로 몰아갔던 존왕파에 대해서 이완용 처럼 부관참시 보다 더한 비판을 하고 있다.

여기서 배워야할 교훈은 무얼까?

경쟁은 하되 살인을 해서는 안 된다는 것이다. 이러한 역사를 알고 있는 박정희는 혁명은 하되 사람을 죽여서는 안 된다는 철학을 가지게 되었다. 로마흥망사, 월남흥망사, 조선흥망사, 고구려와 백제 그리고 신라 망국사 등을 즐겨 읽었던 박정희는 역사책 독서마니아(狂)였다. 시인 구상, 소설가 선우휘와 절친한 친구로 지냈다.

왜 이들과 친구가 되었을까?

글과 술을 즐기면서 역사를 보는 눈이 이들 문인들과 같았던 때문이었다.

이들 주당(酒黨)들과 호형호제하면서 말을 터놓고 술을 즐겼던 박정희의 인간면모가 어땠던 것인지 나타난다. 이들과 술을 마시다가 불쑥 말한다.

"선우 아우여, 임자의 역사의식을 가지고 공보부장관해 보시면 어떨까?"

"나는 소설가요. 소설가가 장관노릇해도 될까요?"

"뜻을 가졌으면 뜻을 펴야지요."

"글쎄 생각해 보겠습니다."

박정희 1917년생, 구상 1919년생, 선우휘 1922년생이어서 살아온 시대가 같았다. 지식인들이 해방정국을 거치고 6·25 한국전쟁, 자유당 정권을 거치면서 우리에게 필요한 것이 무엇인지 공감하고 있었다. 소설가 선우휘는 시대를 읽고 있었던 선각자 풍이었다. 장관직 제안을 받고서 번민했다. 시대를 고발해야할 소설가가 정치권력의 핵심의 자리에 서있어야 하는 것인지 생각을 해보았다.

며칠 후, 선우휘는 박정희와 만나 전해 줬다.

"나, 그냥 소설가로 남을래."

이렇게 순수한 인간관계를 즐겼던 박정희는 시인지망생이었다. 1916년생 박목월 시인과도 각별했다.

"박형,내가 쓴 글인데 한 번 봐줘요."

새마을 노래 가사였다. 가사를 쓰고 곡을 붙여 많은 사람이 불렀다.

"아주 담백해서 좋소. 시는 쓰는 사람의 마음을 나타내 주는 거울이오. 이렇게만 되면 얼마나 좋을까?"

"그렇게 만들어 보겠소."

박정희는 청록파 시인 박목월의 시를 좋아했다. 이렇게 역사와 시를 좋아했던 박정희는 사람 죽이는 일을 무척 싫어했다. 집권 18년, 군인 20년 동안 사람 죽이는 일을 외면했다. 가끔 실종자에 대해서 루머가 떠돌았다.

"김형욱, 파리에서 납치해서 외교 파우치에 넣어 청와대로 데려왔다더라. 청와대 지하에서 박정희가 권총으로 직접 쏴 죽였다더라."

그럴듯하게 꾸며낸 루머는 박정희를 모르는 거짓말꾼이 지어낸 소설이다. 불행하게도 박정희는 거짓말꾼의 시대에서 살았다. 선천적으로 거짓말을 잘하는 정치인의 시대였다. 거짓말을 하면 양심에 부끄러움이 느껴지게 된다. 거짓말의 달인은 거짓말을 하고서도 양심의 가책을 느끼지 않는다. 그래서 쉽게 거짓말을 한다. 오죽했으면 조선일보,

동아일보가 거짓말 특집을 발행해 냈을까.

1930년대 말, 히틀러라는 괴물이 등장했다. 혜성처럼 떠오른 히틀러는 마구 거짓말을 쏟아냈다. 그의 입이 되었던 독일 문학박사 괴벨스는 거짓말의 본질을 이렇게 말했다.

"정치는 거짓말이다. 거짓말을 하면 모두가 의심을 한다. 그러나 일관되게 거짓말을 계속하면, 거짓말을 현실로 받아들이게 되고, 더 확신을 가지고 거짓말을 계속 이어가면 결국 진실로 믿게 된다. 그러니 거짓말에 대해서 두려움을 가질 필요가 없다.

김형욱의 사살설도 그런 것이다.

청와대는 열린 공간이다. 비서관을 비롯해서 사무원, 경호원, 출입 언론인, 각종 물자 납품업자, 조경과 시설물에 관한 정비, 점검, 보수원 등 많은 사람들이 출입한다. 그렇게 열린 공관에서 권총으로 살인을 한다? 대통령의 동선(動線, 움직이는 장소)에는 수행원이 많게 된다. 이렇게 거짓말을 지어낸 장본인이 직접 대통령직에 올라섰었으니 자기가 만들어낸 거짓말이 얼마나 황당한 것이었던 것인지 스스로 느꼈을 것이다.

박정희는 전한 시대 왕밀이 했던 말을 철저하게 믿고 있는 사람이다.

"세상사 4지(四知)가 있다네. 하늘이 보고 듣고 있으며, 그 다음에는 땅이 있지. 그리고 당신과 내가 있다네."

세상에 거짓말은 있을 수 없는 일이다. 그런데도 거짓말을 하는 사람은 바보 중의 바보인 것이다.

소설가 토마스 만은 거짓말의 달인에 대해서 이렇게 정의를 내렸다.

"신(神)은 전지전능하고 완벽하다. 그럼에도 신에게까지 거짓말을 하려고 대드는 거짓말의 달인이 있다."

이 말의 참뜻은 무엇인가?

거짓말의 달인은 신으로부터 저주를 받게 된다는 것이다. 참으로 어리석은 일이다.

또 하나의 끔찍한 루머가 있다.

김대중을 일본 제국호텔에서 납치, 입, 귀, 눈을 테이프로 봉해 자루 속에 넣어 한국으로 데려왔다. 소위 김대중 도쿄 납치사건이다.

"박정희의 지시로 행해진 일이다."

대통령의 입은 공개되어 있다. 그의 말은 이조실록처럼 한 마디 한 마디 모두 기록이 되어진다. 그런 입으로 납치지령을 내리는 통치자가 지구상에 있을까?

현실적으로 불가능한 일이다.

그럼에도 왜 이런 거짓말이 국민들 사이에서 떠돌아다니게 되었을까?

군중은 웅변가의 손안에서 켜지는 피아노다. 세기적인 대 영웅 율리우스 카이사르 죽음을 놓고 벌어졌던 키케로와 브루투스의 논쟁에 따라 춤을 추었던 군중을 보면 말(웅변)에는 마력이 있음을 알아볼 수 있다. 지구상의 최대 제국 로마 원로원 계단에서 카이사르가 삼두정치 반대파 공화정파에 의해서 가슴에 칼을 맞고 쓰러졌다. 이 소식이 전해지자 로마 시민들이 원로원 광장에 모여 애도하였다. 그 거대한 권력의 정점 삼두정치 최정상에 있던 절대권력자 카이사르 가슴에 삼두정치 독재를 반대하던 공화정파 카시우스의 칼이 깊숙이 꽂혀버렸다. 지구 3분의 1을 지배하던 로마의 태양이 석양을 향해 기울어져 가고 있었다.

"나는 왔노라, 싸웠노라, 이겼노라."

카이사르 아버지가 정복해서 로마제국의 영토로 만들었던 폰투스 왕국을 되찾아냈던 전투를 승리해내고 올렸던 승전보의 글이었다. 그는 명장이었을 뿐만아니라 명문장가였다. 영원한 걸작 『갈리아전기』 저자이었으며 율리우스력을 채용하여 역사를 바꾸어 놓았던 정치가였다. 그러한 영웅의 죽음을 놓고 당대의 웅변가 키케로와 브루투스 사이에 설전이 벌어졌다.

"로마시민이여, 나는 한 시대를 마감해버린 카이사르 장군의 죽음을 보면서 황당함과 슬픔을 느끼고 있습니다. 위대한 대장군이었으며, 팍스 로마나를 만들어 냈던 율리우스 카이사르의 죽음은 바로 위대한 제국 로마의 죽음이외다. 어떻게 그러한 대영웅을 죽이려 마음 먹었을까요?

그것은 역사의 반역이며, 국민에 대한 배신이며, 로마를 향한 칼질이었습니다. 자기의 정치권력에 눈이 어두워 엉뚱하게도 율리우스 카이사르의 가슴에 칼을 꽂고야 말았습니다.

용기있는 국민이라면 그리고 지혜가 있는 로마시민이라면 이와같은 역사의 반역에 대해서 수수방관할 수 없는 일입니다.

이제 암살의 참극을 주도했던 자들을 모두 광장으로 끌어내 처단할 차례가 되었습니다.

브루투스, 그는 카이사르의 사랑과 신뢰를 한 몸에 듬뿍 받아 성장한 사람입니다. 역사의 반역자 폼베이우스 일당으로 활약하다가 카이사르 장군의 용서를 받아 갈리아피살키나 총독이 되었습니다. 그러한 은혜를 버리고 암살자의 무리에 끼어든 브루투스는 범죄자이며 역사의 반역자입니다. 우리가 율리우스 카이사르를 대신해서 복수의 칼을 들어야 합니다. 자, 모두 일어섭시다. "

"옳소, 옳아!"

원로원 광장에 모여선 군중들은 키케로의 웅변에 감동했다. 너도나도 한 마음이 되어 분노했다. 영웅을 잃어버리고서 허전해 했던 마음에 불을 지펴냈다. 광장에 모여 있던 군중들은 브루투스를 처형하라고 외쳐댔다. 그를 당장 잡아오라는 외침마저 있었다. 브루투스는 일촉즉발의 위기였다.

이 순간 브루투스가 원로원 광장 계단에 나타났다. 그는 담담한 표정이었다. 와자지껄하던 군중의 흥분이 가라앉지 않고 있었다. 군중심리는 파도와 같은 것이었다. 바다 바람과 함께 밀려드는 바다물결은 높고, 그 어떤 힘으로도 가라 앉혀 놓지 못한다. 한번 덮쳐오면 그 다음에는 잔잔한 물결로 되돌아 간다. 키케로의 선동으로 흥분해 있던 군중들은 처형의 대상자 브루투스 등장으로 분위기가 바뀌었다.

'바람에 흔들리는 갈대여!'

셰익스피어의 말처럼 군중의 마음은 갈대처럼 흔들리고 있었다. 브루투스의 말은 그런 힘을 가지고 있었다.

"사랑하는 로마시민 여러분!

저는 카이사르 암살자 편에 섰습니다. 왜 그랬을까요?

내가 카이사르를 미워서가 아니라 로마를 더 사랑하고 있기 때문이었습니다."

뜨겁게 달아 올라있던 율리우스 카이사르에 대한 로마시민들의 애도 그리고 그의 죽음에 대한 향수가 브루투스의 한 마디로 뚝 숨을 죽였다. 키케로와 쌍벽을 이루고 있던 말(言)의 달인이어서 그의 말에는 힘이 있었다. 그러한 로마시민의 마음을 읽어낸 브루투스는 그 순간 기회가 왔음을 직감으로 알아냈다. 잔잔한 호수에 낚시를 드리우면 찌가 움직인다. 찌의 움직임을 보고서 호수물밑 깊숙한 곳에서 물고기들의 움직임을 알아낸다. 마찬가지다 노련한 웅변가는 군중 한 사람, 한 사람의 마음을 읽어낸다. 그리고 그 기회를 놓치지 않는다.

"지구상에서 가장 큰 힘을 가지고 있는 나라, 인류 문명(文明)이 생겨난 이후 더 이상 나타나지 않았던 최고의 문명이 꽃이 피고 있는 나라, 법과 제도가 완벽하게 갖추어져 온 백성이 행복을 약속받고 있는 나라, 태양이 떠오르면 그 태양이 지지 않는 나라, 바로 우리가 지금 발을 딛고 서 있는 나라입니다. 이렇게 문명된 나라에서 독선과 아집, 오만과 편견으로 공화정부를 뒤엎고서 혼자서 막대한 권력을 잡으려고 폼페이우스 장군을 이집트까지 쫓아가 그의 가슴에 칼을 꽂았던 사람이 누굽니까? 위대한 로마 건설은 어느 한 사람에 의해서 건설되지도 않았고, 또 하루 아침에 만들어진 것도 아닙니다. 로마건설의 한 기둥이 되었던 폼페이우스 장군은 의문스런 죽음을 당했습니다. 이렇게 우리를 못살게 하면서 오직 혼자서 모든 것을 차지하려는 사람이 있습니다. 그가 누구입니까?"

그의 말이 나오자 여기저기에서 결의에 찬 목소리가 천둥처럼 들려오기 시작했다.

"영원한 집정관 카이사르, 역적 카이사르, 독재자 카이사르!"

"위대한 로마시민 여러분! 이 소리를 듣고 있으십니까?"

"듣고 있소. 똑똑히 들려오고 있습니다."

"나는 카이사르를 존경하고 있습니다. 나는 그의 은혜로 죽음의 골짜기에서 구제되었습니다. 또 갈리아피살카나 총독으로 대영전을 했던 사람입니다. 그래서 나는 카이사르와 깊은 인연이 있고, 그 인연 때문에 카이사르를 존경합니다. 그리고 그를 한없이 존경하고 있습니다."

광장에 구름떼처럼 모인 로마시민들은 숨을 죽이고 있었다. 대명천지 대역적으로 몰아가던 카이사르를 향한 독설이 갑자기 역회전되어 그를 높이 치켜세우고 있으니 이 무슨 소린가해서 숨을 죽이고 있었다.

"그러나 나는 카이사르 보다 로마를 더 사랑하고 여러분을 더 생각하고 있습니다. 나의 마음은 원로원 의원들에게도 마찬가지이고 여러분을 향해서도 똑 같습니다. 아마 여러분도 나와 마찬가지이실 것입니다."

"옳소, 옳소. 옳소."

여기저기에서 손뼉을 치면서 두 손을 높이 들어 환영 응답을 해왔다.

이것은 기원전 44년에 실재했던 역사 한 토막이다.

키케로가 로마시민 앞에 나서서 카이사르 살해 음모에 가담했던 범죄자 일당을 처형하자는 말에 동의하면서 환호했었다. 그들 앞에서 범죄자 브루투스가 나타나 반박하자 로마시민 수천 명은 전혀 딴 사람으로 돌변해 버렸다.

무엇이 이렇게 로마시민을 돌변하게 만들고 있었던 것일까?

국민은 그 시대의 정치지도자 손안에 잡혀있는 피아노가 되어 있다. 피아노는 연주자의 연주에 따라 천 가지, 만 가지 소리를 낸다. 그처럼 정치지도자가 참되고 정직하면 국민은 참되고 정직하고, 음흉하고 거짓말을 하면 국민들은 음흉하고 거짓말을 하게 된다. 그 모든 진실은 세월이 지나 역사가 되면 밝혀지게 된다.

그렇게 밝혀진 진실이 무슨 의미를 가지게 되는 것일까?

김대중을 도쿄 호텔에서 납치했던 것은 중앙정보부 요원이었고 그는 김대중의 국가 반역 행위에 분노하고서 일으켰던 범죄였다.

"김대중은 한민통 공동의장 취임식 겸 기자회견을 위해 미국에서 도쿄로 왔었습니다."

"한민통이 뭐요?"

"김일성 지령으로 움직이는 한민족평화통일위원회의 약칭입니다. 공동의장으로 한국측 대표 김대중, 조총련측 대표 조동호입니다."

"중앙정보부에서는 왜 정치인 특하나 미국으로 망명 나가 있는 사람을 납치 했는가?"

"김일성의 자금이 흘러와서 두 사람이 나눠 가진다는 정보를 입수하고, 젊은 혈기라서 상부의 명령없이 저질렀다고 합니다."

"아무리 그렇다고 해도 법에 따라 처리할 일이지 국가가 그런 행위를 해서 어떻게 하자는 것이오. 중앙정보부가 한 일은 국가가 한 일이오. 즉시 법에 따라 처벌하시오."

"각하, 제가 책임을 지고 물러나겠습니다."

박정희 대통령과 이후락 중앙정보부장이 나누었던 대화록이다. 훗날 밝혀진 일이지만 김대중과 조동호는 당시 김일성으로부터 20만 달러를 받았던 것으로 밝혀졌다. 김대중이 김정일 비밀계좌로 5억 달러를 송금했던 것은 그 때의 자금수수에 대한 보상이었지 않았을까.

김대중의 돈거래는 복잡다단하다.

대통령 선거 때의 일이다. 야당이 분열되면 여당의 승리가 확실해진다. 김대중은 돈이 없어 대통령 출마를 포기할 움직임이 있었다. 이때 중앙정보부는 거액의 수표 뭉치를 김대중에게 선거구민으로 위장해서 헌금을 했다.

"분명히 중앙정보부 돈이야."

김대중은 즉시 돈의 주인을 알아본다. 중앙정보부는 돈의 흐름을 찾으려고 수표 추적을 한다.

"언제나 그 돈이 나타나게 될까?"

김대중은 중앙정보부 보다 한 수 위에 있다. 그 수표를 침대 밑에 두고 일체 사용하지 않는다. 10년 쯤 지나서 중앙정보부가 수표 추적을 중단할 때 한 매씩 빼내어 쓴다. 그렇게 철저한 김대중은 한민통 자금수수를 감추기 위해서 역선전을 한다.

"도쿄 납치는 박정희 지시에 의한 것이다."

국민의 증오심을 폭발시켜 한민통으로부터 받은 달러를 위장하기 위해 루머를 퍼뜨린다. 거짓말은 그렇게 만들어진다. 그러나 세월이 지나면 그 거짓말은 모두 밝혀진다.

조총련 김병직 부위원장과 김일성의 대화록이 발표되었다. 사건 발생후 30년이 지나서였다.

"정치자금이 필요하다해서 20만 달러를 보냈는데 하마터면 박정희한테 잡힐 뻔했지. 헌데 조동호 동무는 영감이 있는 분이야. 상주가 고향이고 고학으로 와세다 법과를 나온 인재야. 그에게는 웅변술도 뛰어나고 박헌영 동무처럼 조직력도 대단한 인물이야. 헌데 직감력이 귀신같아. 김대중에게 돈을 줄려다가 기분이 좋지 않아 다음날로 미뤘다는 거야. 바로 눈치를 챈 중앙정보부 사람들이 납치를 했던 거야. 만약 그날 줬더라면 꼼짝없이 탄로날 뻔했었지."

돈이라고 하면 지옥까지도 찾아갈 사람임이 조동호와 돈거래에서도 나타났다. 재일 교포사회에서 베트콩으로 소문이 자자했었고 그가 김일성의 돈으로 정치한다고 소문이 있는 그의 돈을 받다니 그에 대한 소문이 납치사건으로 입증이 되었다.

중앙정보부는 왜 납치했을까?

베트콩과 조동호와 김대중이 한민통 공동대표가 된다는 정보를 입수했고, 김대중이 일본에 온다는 정보를 입수했다. 재일교포 사회에서는 양다리 걸치기 인사가 많았다. 낮에는 민단에 얼굴을 내밀고 밤에는 조총련에서 활동을 했다. 중앙정보부의 자금을 받아쓰기 위해 정보제공을 했다.

"한민통 조동호에게 김일성의 큰 돈이 제공됐다더라."

여기서 공로를 세워 승진해 보려는 전직 해병대 대령 출신 중앙정보부원은 기발한 생각을 했다.

"납치해 보자. 김일성 달러(미화)가 발견되면 두 마리 토끼를 잡아낼 수 있으리라."

군대에서 잔뼈가 굵어지다보니 생각이 짧았다. 김대중의 호주머니에 달러가 있는지를 확인해보지 않고서 덜컹 일을 저지르고 말았다. 납치 현장에는 양일동, 김경인 두 명의 전직 국회의원이 있었다. 양일동은 군산, 옥구 출신 거물 정치인이 일본 망명을 하고 있었고, 김경인은 김대중의 목포상고 동창생이고 고향 하의도 이웃집 먼 친척이었다. 양일동 동생은 재벌급 부자 경제인이었고 형 양일동의 경제 후원자였다. 동생 후원으로 충족하게 돈을 쓰고 있었다. 또 재일교포 사회에서 경제력이 있는 지인들이 따랐다. 두 전직 국회의원은 납치사건 직후, 미국 대사관에 신고를

186

했다.

"현해탄을 수색해 주시오. 김대중이 납치되었소. 중앙정보부 요원의 소행인 것 같소."

미국 대사관에 CIA 요원이 중앙정보부의 쾌속선을 파악하고 있었다. 즉시 바다로 갔다. 배가 보이지 않았다. 마치 007 첩보작전처럼 CIA 요원은 헬리콥터로 현해탄을 추적했다.

"혹시 현해탄에 김대중을 던져버리려 하는 것이 아닐까?"

즉시 방송을 하기 시작했다.

"정선하라! 우리는 당신들을 공격할 수 있는 무기가 있다!"

중앙정보부 운송 선박에서 소동이 벌어졌다.

"김 대령님, 미국 CIA 요원에게 발각이 되었습니다. 어떻게 하시려고 합니까?"

"울산 바다 비밀 상륙지점으로 가라!"

김대중 도쿄 납치 사건은 이렇게된 사건이었다. 김대중은 이때 이미 박정희의 인간성을 알아차렸다.

"총을 잡고 혁명을 했던 박정희가 왜 삼국지를 읽지 않고 있을까? 조조는 무수한 사람을 죽였다. 그래서 사람 죽이기를 싫어하고 있는 것이구나."

마음은 이렇게 판단하면서도 그의 입에서는 엉뚱한 대답이 나오고 있었다.

"목포—광주 국도에서 나를 죽여버릴 작정으로 중앙정보부가 고의적인 교통사고를 발생시켰다. 도쿄—울산간의 바다에서 나를 현해탄에 빠뜨려 죽이려고 했다. 하늘이 도와 미국 CIA가 헬리콥터를 띄워서 나를 살렸다."

007 작전 같은 이야기는 입소문을 타고 김대중을 신격화했다. 그 점을 노렸던 픽션은 인구에 회자(膾炙)되게 되었다. 위기를 당하면 그 위기에서 기회를 만들어내는 지도자가 있고, 위기를 당하면 그 위기를 거짓말로 만들어내는 지도자가 있다.

신(神)은 누구에게 축복을 내려줄까.

11. 대명(大命)을 위한 선택

역사는 가정을 원하지 않는다.

사마천이 목숨을 걸고 기나긴 세월 역사와 싸웠다. 오재로부터 출발하여 무제에 이르는 2,600년을 52만 6,500자(字)로 사기(史記)를 완성시켜 냈다. 그러면서 한 마디 했다.

"허무하다. 사기에 매달렸던 40년 세월에서 얻은 교훈은 단 한 마디 변화(變化)이구나."

역사는 잠시도 쉬지 않고 변화하고 움직이고 있다는 것이다.

아놀드 토인비는 『역사의 연구』를 12권으로 저술해내면서 최고의 역사연구가가 되었다. 그 대작에서 남겨놓은 말은 아주 간단했다.

"역사는 도전과 응전일 뿐이야."

21기 문화가 생성 → 성장 → 발전 →쇠멸을 거쳤다. 그러한 과정은 결국 역사를 발전시켜내고 있는 것이었다. 2,000년의 역사를 이렇게 몇 마디로 요약해 냈다.

집권 18년, 군생활 20년을 보낸 박정희는 무슨 말을 남겼을까?

"사나이는 국가에 무엇을 남기느냐에 승패가 달려 있다."

그가 이 땅에서 보릿고개를 없애고, 경제개발을 시키기 위해 무수한 비판과 저항에 부딪쳐 왔다. 인생 70세는 극히 드물다고 했다. 그 70세를 향하고 있었다. 밤낮으로 국가경제선진화라고 하는 화두에 묻혀 힘이 소진되어 갔다.

"이제 그만 둘 때가 가까워 오지 않았나?"

"아니야, 아직 멀었어."

"과욕이야."

"알고 있지. 과욕은 죽음을 가져온다고 했다지?"

"이 만큼 이 나라 역사를 바꿔놓은 사람이 누가 있다던가."

"아니야. 보릿고개는 없애 놓았지만 선진국은 만들어놓지 못했어."

"도대체 선진국이라는게 뭐야!"

"유신(維新)이야."

평생지기(平生知己) 구상(具常) 시인과 술잔을 기울이면서 나누었던 이야기다. 구상 시인의 본명은 구상준(具常浚)이다. 아버지가 이름을 지어줄 때, 사주팔자를 봤다.

"역마살이 있소이다."

생김새는 만사태평하고 마음이 유리알 같아 안심은 되는데 이것저것, 이리저리 떠돌아다니면 인생이 곤궁할 것이라 생각했다. 천하 문재(文才) 김립(김삿갓의 본명)이 전국을 떠돌아다니다가 고향에서 천리 떨어져 있는 전라도 능주 길바닥에서 숨졌다. 그것이 두렵고 싫어서 이름을 구상준(具常浚)이라 작명했다. 한 곳에 오래 오래 머물러 있으라는 의미였다. 그러나 시인으로 문단에 등단하면서 구상(具常)이 되었다. 항상 그 자리에 머물라는 뜻이 퇴색되어 버렸다.

어쩔 수 없는 운명이었다.

박정희는 친구 구상의 그런 점이 좋았다. 그래서 그와 만나면 마음을 툭터놓고 얘기를 나눴다. 세상 사람들은 그의 꿈은 좋아했지만 그가 직접 나라를 유신(維新)시키는 것은 좋아하지 않았다. 그것을 구상 시인은 알았다. 그는 여느 시인과는 달랐다. 사회를 고발하고 비평하는 시를 썼다. 그러려면 국민의 마음을 읽어내야 한다. 친구 박정희에게 술 마신 김에 속마음을 털어놓았다. 친구 박정희의 마음은 60세를 훌쩍 넘긴 노인이 아니라 30대 청춘이었다.

"내 무덤에 침을 뱉어라."

시인 구상도 구사하기 힘든 시어(詩語)를 쏟아냈다. 박정희는 역사의식을 가지고 있었다. 그 의식속에 일본의 현대화를 추구했던 유신총아 사카모토 료마, 사이고 다카모리, 가스라 고고료, 오쿠보 도시미치를 좋아했다. 세종대왕, 이순신만큼이나 그들의 애국심과 열정을 외경했다. 그들은 모두 시해되었거나 자기 칼로 배를 갈라 자결했다.

"생명애착은 본능이다. 그렇게 고귀한 생명이기는 해도 나라를 위한 것이라면 무엇이 아까운가."

박정희의 사생관이다. 그가 초등학교 교사에서 군인을 선택한 것도 죽음을 두려워하지 않아서였고, 5·16 군사혁명을 지휘하면서도 그랬다. 김일성의 끝없는 테러가 모두 자기의 목숨을 겨냥하고 있음에도 전혀 물러서지 않았다. 유신(維新)이라는 대명은 그렇게 아이러니했다. 사(死)의 찬미에서처럼 누구나 부딪치게 되는 것인데 두려워해야

될 일이 아니라 여겼다.

사람은 의지의 생성물이라 했다던가.

그의 최후는 고통 속에서도 평안했다. 그가 남긴 마지막 말에서 그의 의식세계를 알아볼 수 있다.

"죽음은 결코 고통이 아니라 신의 결정일 뿐이다."

이 말 이상 사(死)의 찬미가 없다. 유신에 대한 의지는 그 만큼 강열했다. 김재규는 야수의 마음이었다. 그의 권총은 박정희의 심장을 향해 방아쇠가 당겨졌다.

"탕, 탕."

거대했던 제3공화국이 역사속으로 사라지게 만든 총성이었다. 김재규는 가슴에 총을 맞고 선혈이 낭자한 주군(主君)을 향해 또다시 총구를 댔다. 머리를 향했다. 그의 입에서 야수의 울부짖음이 터졌다.

"각하, 차지철 같은 버러지를 털어버리시오. 탕."

박정희는 고개를 떨구었다. 생명의 마지막 소리가 신음으로 뱉어졌다. 떨구어진 머리를 여인네가 받쳐들고서 외쳐댄다.

"각하, 괜찮으세요?"

"음, 난 괜찮아. 임자나 조심하시오."

그것이 이 세상에서 마지막으로 쏟아낸 말이었다. 역시 그는 평안한 마음이었다 마치 사카모도 료가마가 이토 가시타로의 칼에 찔리고서 소녀 후지미의 팔에 안겨 죽음을 맞이했다.

"나는 괜찮아."

오쿠보 도시미치, 가스라 고고료, 사이고 다카모리 유신총아 모두가 그랬다. 박정희는 왜 유신에 대한 반대 목소리가 천둥처럼 커졌는데 강행하고 있었을까?

개성 강한 역사 의식 때문이었다. 그는 '조국근대화와 민족중흥'의 마력에 빠져 있었다. 어떻게 하면 조국근대화와 민족중흥이 성취되는 것인지 노하우를 익힐만 한데 3김씨들이 늑대처럼 고개를 내어민다. 중앙정보부에서 매월 한 차례씩 국내 정치상황에 대해 비공개로 보고해준다. 보고 중에 정치인들의 비리와 그들의 의식세계를 들려준다.

"모두 도적떼들이야!"

혼자말처럼 중얼댄다. 이 말을 할 땐 일본말로 한다.

"민나 도로보데스! 민나 도로보데스!"

김영삼은 만사를 가신(家臣)들이 한다. 부잣집 아들로 태어나 호사스럽게 성장해서인지 돈을 모른다. 돈을 몰라서 부패하지 않은 것이 천만다행이었다. 그러나 세상 어려운 것을 모르고 흥청망청이다. 김종필은 짧은 세월에 거대한 부(富)를 쌓았다. 제주도에 10만 평 과수원이 있는가하면 서산에 거대한 농토가 있었다. 조카 사위여서 집안 내력을 알고 있는 터였다. 육군 중령으로 예편했던 처지에 어떻게 그런 재산을 모았단 말인가.

불현듯 조창대 중령의 서빙고 호화저택이 떠올랐다. 혁명동지 가운데서 가장 믿음직스러웠던 청백리였다. 1군사령부 작전참모로 있을 때, 그의 집을 찾았던 일이 있었다. 그의 집은 판잣집이었다. 박봉으로 생활하려다보니 부모 유산이 아니면 좋은 집을 소유할 수 없다. 아니면 부정부패해서 돈을 모아야 한다.

"임자가 이런 집에서 살고 있는지 몰랐소."

"군인으로서 부정하게 돈을 벌 생각은 없습니다."

"당연한 일이지."

당연하게 여기는 것처럼 말은 했지만 가슴이 아팠다. 모두가 도둑질

193

에 밤낮이 없는데 조 중령만이 독야청청(獨也靑靑)하고 있으니 이렇게 살아갈 수밖에 없는 일이었다. 박정희 머릿속에는 청렴하고 결백한 군인으로 박혀 있었다.

조창대는 5·16 혁명 성공 후, 예편했고 창원지구 국회의원이 되었다. 일요일에 지역구에 다니러 비행기로 갔다가 돌아오는 길에 비행기가 오산에서 추락했다. 한참 일할 나이에 타계했다. 장례를 집에서 치렀다. 밤에 박정희 대통령이 조문했다. 마음속에 청백리로 각인되어 있었던 터라 일부러 찾아갔다. 당시 서빙고는 외국 대사관이 들어섰고 초호화주택가로 변모되어 있었다. 집에 들어서자 정원이 아름다웠다. 박정희는 자기 눈을 의심했다.

"조 중령 집은 판잣집이었는데…."

만감이 교차했다. 집 현관에 들어서보니 거실의 샹들리에 조명등이 호사스러워 보였다. 휘익 둘러보니 이층으로 올라가는 계단옆에 에스컬레이터가 돌아가고 있었다. 조문을 마치자 과일과 떡 그리고 술이 나왔다. 술잔을 받아 쭉 들이키면서 또다시 중얼댔다.

"민나 도로보데스."

입으로는 중얼거리고 있었지만 마음은 텅비어져 있었다. 옆에서 듣고 있던 기자가 신문 가십난에 기사화했다. 그때부터 서빙고는 도둑촌이 되었다.

"모두가 이렇게 변해버린 사람들 틈에서 조국 근대화와 민족 중흥이 허무한게 아닐까?'

다음날부터 전국적으로 주요 인사들의 행태가 어떤지 사정감사 태풍이 불었다. 울타리 밖에 나가있던 조창대 중령이야 산토끼일 것이니까 그렇다치고 팔안에 들어 있는 집토끼가 이 모양이니 허탈해질 수밖에 없었다. 김종필의 재산이 수면 위에 펼쳐졌다.

세상 사람들은 그것도 모르고 김종필을 후계자라 생각하고 있으니 잘못짚은 것이다.

마지막 한 사람, 김대중에 대한 보고는 절망을 느끼게 만들었다. 민주주의는 투표에 의해서 국민의 대표를 직접 뽑는다. 후보자는 정당에서 공천한다. 국민이 신뢰하고 있는 정당에서 입후보자를 공천하는데 돈을 받고 공천장을 팔아 치부를 하고 있단다. 그것은 바로 매관매직이었다. 중세 역사의 암흑기에 타락한 왕정에서 돈을 받고 면죄부를 팔았었다.

"한국 정치가 부패해도 너무 부패했구먼. 세상에 공천장을 돈과 바꾸다니 이래가지고 되겠는가. 정치가 타락하고 부패하면 나라는 망하게 되어 있는 것이야."

긴 한숨을 쉬면서 국민을 생각했다. 한 없이 연민이 느껴졌다. 국가는 앞으로 10년이 중요했다. 10년만 지금처럼 땀을 흘려야 한다. 그리고 어떻게하던 도둑떼같은 정치권력이 경제계 약탈을 막아야 한다. 그래야 조국이 근대화되고 민족이 중흥되리라 보고 있었다. 이를 위해 지금 국민으로부터 욕 얻어먹는 일쯤은 인내해야 한다. 나 한 사람이 욕 먹고서 나라의 장래가 부흥된다면 안중근 의사나 윤봉길 의사처럼 견위수명(見危授命, 나라가 위험에 처하면 목숨을 바친다. 안중근 의사의 말씀) 해야 한다.

한 마디로 박정희는 헌법을 고쳐 장기집권하는 것쯤은 부득이하다고 생각한 것이 1972년 10월 17일 오후 7시에 단행한 유신(維新)이었다.

첫째 헌법의 일부 조항을 기능 중지를 시켰다. 국회를 해산시키고 정당과 정치행위를 중단시켰다.

둘째 일부 효력이 정지된 헌법조항은 비상 국무 회의가 수행한다.

셋째 10월 27일까지 헌법개정안을 공고하며 공고한 날로부터 1개월 내에 국민투표에 부의한다.

넷째 헌법개정안이 확정되면 개정된 헌법개정안에 헌정질서를 회복시킨다.

전격적이고 충격적인 조치를 단행한 것이다. 당시 야당은 3계파로 분열되어 밤낮으로 싸움이 벌어졌다. 유진산 사단, 김홍일 사단, 김대중 사단으로 나뉘어 이합집산이 되고 있었다.

한편 집권여당 공화당은 항명파동으로 오치성 내무부장관이 해임되어 개각을 단행했다. 또 야당이 제기한 내무부장관 해임건의안에 집권여당 공화당이 동조한 4인방 김성곤, 길재호가 숙당되고 김창근, 문창택, 강성원이 정권되는 등 파동을 일으켰다.

정치권이 이렇게 파동이 발생하였던 것은 사회가 혼란스럽기 때문이었다. 의료파동, 사법파동, 광주이주단지 난동사건, 실미도 공군특수부대원 이탈사건, KAL 빌딩에서 파월 기술자 임금요구 시위, 부평시장과 청계천시장 상인들의 조세저항 등 끝없는 분쟁과 저항이 이어졌다. 민심(民心)은 천심(天心)이다. 민심이 흔들리고 어수선하면 반드시 나라에 이변이 생겨나고 재해가 발생한다.

중국에서 일이다.

모택동은 이상한 성격의 인물이었다. 주변에서 걸출한 인물이 나라에 공로를 세우고 국민이 환호하면 반드시 그 사람을 죽여 없앴다.

팽덕회는 세계사에서 맥아더에게 패배를 안겨준 최초의 군인이다. 그는 유격전에 일가견을 가진 군인이었다. 호남성 사람으로 호남성군 관학교를 나와 장개석의 사람이었다. 그러나 장개석군의 부패에 실망하고서 모택동의 사람으로 전향 했다. 모택동의 사주로 일어난 한국전쟁에서 북한군이 궤멸하여 압록강까지 쫓기자 중국 봉천에서 전략을 수립, 한국전쟁에 참전했다. 한국전 참전 총사령관으로 나서서 100만명에 달하는 희생자를 냈지만 일단 38도선까지 미군을 쫓아내고 한국군과 연합군이 점령했던 땅을 모두 회복시켜 놓았다. 중국 사람들은 환호했다. 그러자 모택동은 그를 살해시켜 버렸다. 그 후임으로 등장했던 임표는 뛰어난 능력을 발휘했다. 국방부 장관으로 발탁이 되었고 그의 주변에 유능한 인재들이 모여들게 되자 모택동은 후계자로 발탁을 했다. 중국 헌법에까지 모택동 후임 주석으로 지정이 되었다. 그런 다음 그를 살해시켜 버렸다.

문화혁명은 중국의 인물들을 청소시켜, 정권기반을 다지는 혁명이었다. 이때 저항파 5,000만 명을 제거해 냈다. 이렇게 대학살극이 벌어지자 하늘이 분노했다. 대한발, 대지진, 대형사고가 잇따라 발생했다. 중국 역사상 유례가 없는 대한발이 발생해 5,000만 명이 굶어 죽었다. 또 당산대지진이 발생하여 5만여 명이 죽어버린 대참사가 발생했다. 탄광 지하 굴이 무너져버린 사고가 발생하여 5,000여 명이 매몰되어 죽어버렸다. 세계 탄광사고 사상 처음있는 대형사고였다.

풍년이 들어 민심이 훈훈해지면 곳곳에서 농악(農樂)이 울려퍼지고 사건, 사고가 줄어든다. 옛날 우리 조상들은 명군의 탄생을 모두가 축하경축했었다. 명군이 나오면 하늘이 조용해진다고 생각했다. 올바른 생각이었다.

박정희 집권 이후, 최고조의 위기가 찾아왔다. 그 위기를 극복하기 위해 제3공화국을 종료시키고 제4공화국을 탄생시켰다.

수출은 제4공화국 탄생을 축하하는 첨병이었다. 8·3조치로 기업들이 악덕 사채의 덫에서 빠져나와 맹렬하게 전진했다. 달려가고 있는 기업들이 새로운 대한민국이 탄생했음을 세계를 향해 외쳐대고 있었다. 야당 정치인들은 욕하고 있지만 박정희의 눈은 오직 조국근대화와 민족중흥만을 쳐다보고 있었다.

박정희 머릿속에는 독일 통일과 일본 근대화혁명이 있었다. 국민의 반대에도 결연히 나섰던 것은 이미 제2의 혁명을 결심하고 있었던 것이다.

마치 독일이 세 조각으로 분열되어 자주 전쟁을 벌이고 있던 겔만 민족의 앞날에 먹구름이 덮여져 있던 때 비스마르크가 나타났던 것처럼.

"독일연방공화국 국민이여, 나를 따르라. 세계는 지금 힘으로 싸우고 있는데 우리는 세 조각난 나라가 매일 싸우고 있다. 이래선 안 된다. 나는 전쟁을 해서라도 하나의 독일을 만들어 놓겠다. 나에게 철(鐵)과 피를 주시오. 그것만이 우리가 사는 길이오."

목소리를 높혀댔지만 국민은 반대했다. 전쟁하고 싶으면 당신이나 해보라는 것이다. 그러나 비스마르크는 프랑스 오스트리아와 전쟁을 벌렸다. 모두 승리했다. 그때서야 독일국민들은 비스마르크의 속마음을 읽어냈다. 두 손 높이 들어 환호했다. 그를 통일된 독일 수상으로 받아들였다. 그렇게 해서 오늘의 독일을 만들어냈다.

일본은 형편이 더 엉클어져 있었다. 국토가 300여 개의 번으로 나뉘어 있었고 번(藩)마다 통치를 하는 쇼군이 있었다. 쇼군은 무사였다. 서양 선진국 영국, 미국, 프랑스, 독일에 400년이나 뒤떨어져 있었다.

동경만에 미국 군함이 나타났다. 검고 거대한 군함에서 무역을 하자며 요청해 왔다. 그렇지 않으면 대포를 발사하겠다는 위협이었다.

"싸울 것이냐, 굴복해서 문호를 개방할 것이냐."

개방파와 폐쇄파 둘로 나뉘어 연일 싸움질이었다. 이때 시골 무사 사카모토 료마가 나타나 개방을 촉구하고 나섰다. 그의 주장에 설득되어 개방으로 결정이 났다. 개방 반대파에서 굴욕이라며 테러를 했다. 자객의 칼에 희생이 되었다. 그의 뜻을 따라 개방파였던 사이고 다카모리가 번의 쇼군과 싸워 전국을 평정했다. 하나의 일본이 탄생했다. 끝까지 살아남아 저항하던 막부의 쇼군과 마지막 한 판의 전쟁에서 전사하고 말았다.

이때 국정을 쇄신하자며 나섰던 인물이 오쿠보 도시미치였다. 산업의 근대화, 군대의 현대화, 통치의 관료화를 유신의 골자로 내세웠던 개혁가였다. 그 역시 자객에 의해 살해되었다. 그러나 일본은 현대화되어 새로운 일본으로 출범하게 되었다.

박정희가 추구하고 있던 유신은 바로 이런 것이었다. 그에게 주어진 대명(大命)은 이미 5·16 군사혁명 때 주어진 운명이었다. 이를 유신(維新)이라는 이름을 붙여 일어섰던 순간, 그의 운명에는 비상벨이 울리고 있었던 것이다. 마치 일본의 유신 총아였던 사카모토 료마, 사이고 다카모리, 오쿠보 도시미치가 자객의 칼에 희생되었던 것처럼 운명의 총성이 카운트되어지고 있었다.

이 국가 대한민국을 반듯한 선진국으로 만들어놓고 자자손손

만대에 걸쳐 가난없고 배고픔이 없는 나라로 만들어 놓을 「조
국근대화와 민족중흥」이 아니던가.

12. 한(恨)으로 남겨진 이야기

흰 눈이 펑펑 쏟아지고 있던 구정 전야.

모두가 새날을 맞기 위해 꿈을 꾸고 있었다. 소설가 선우휘는 조선
일보 논설위원실에서 잠시 글을 멈추고 창밖을 내다보았다. 꿈과 희망
을 하늘에서 내려주고 있는 듯 했다. 무척 행복하다고 느껴졌다.

"선생님, 청와대에서 왔습니다."

"웬 일이요?"

"각하께서 전하라 하셨습니다."

흰 봉투였다. 춘지를 연말에 보낸 것이다. 흰 종이에 일금 오만 원
이 싸여져 들어 있었다. 흰 종이에 친필로 몇 자 적혀 있었다.

"새해 복 많이 받으시오. 박정희 드림."

돈보다 그 성의가 고맙게 느껴졌다. 그 보답으로 술좌석이 마련되었

다. 술잔이 오가면서 자연스럽게 돈 얘기가 오갔다.

"촌지에 큰 감동을 받았습니다. 저 같은 글쟁이에게까지 그런 성의를 보내시다니요."

"한 해를 정리하는 연말이 되면 무척 쓸쓸해지지요. 그 쓸쓸함을 달래기 위해 지인(知人)에게 보내고 있습니다."

"몇 분에게 보내 드립니까?"

"300여 분 되지요."

선우 소설가는 또 한 번 감동했다. 박정희는 메모 마니아다. 손바닥만한 수첩에 깨알 글씨로 꼼꼼하게 기록한다. 그 메모에 갖가지 사연이 기록된다. 그 수첩에 올라있는 사람에게 매년 촌지를 보낸다. 수시로 메모장을 들춰 본다. 그 속에서 고인이 된 사람은 지우고 생각나는 사람은 새롭게 써넣는다. 그것만이 아니다. 특별하게 지시했던 사항에 대해서는 훗날 확인해 본다.

"추풍령 휴게실을 가보시오. 사진 한 장 찍어 오시오."

메모장에 기록되어 있는 내용이었다. 추풍령은 각별한 땅이다. 마음속에 각별하게 기억되고 있는 것은 이용문 장군이 헬리콥터 사고로 추락했던 곳이었다. 육군본부 근무때 상관이었던 이 장군은 그릇이 크고 정의감이 강했다. 가끔 술잔을 기울이면서 속마음을 훌훌 털어 냈었던 사이였다. 경부고속도로가 개통되자 그곳을 특별하게 꾸렸다. 마침 동료 장군이 찾아왔다.

"아내가 죽고, 아들이 사업에 실패해 당장 먹고 살기가 어렵게 됐습니다. 밥 먹을 자리 하나 주시오."

"그렇게 됐습니까? 난 그런 재주가 없고 혹시 챙겨봐 둔 일이 있으면 말해 주십시오."

"고속도로 휴게소 자리 하나 주면 좋겠습니다."

"아, 그거 잘됐군요. 내가 오래오래 생각해 두고 있었던 자리가 있습니다. 자 가봅시다."

이렇게 해서 추풍령으로 갔다. 그곳 관리소장에서 백지를 가져오라 했다. 연필로 휴게소 모습을 그려냈다.

"이렇게 건축해서 장군께서 직접 경영해 주시오."

그 일을 메모해 두었다. 연말에 메모를 확인해 보다가 튀어나왔다. 그래서 사진 찍어 오라 했던 것이다. 메모 일화를 알고 있는 선우 소설가는 불쑥 돈 얘기를 꺼냈다.

"대통령께서는 자녀분들이 셋이나 되는데 왜 돈모으는 일에 관심을 두지 않고 나같은 사람에게 촌지를 보내십니까?"

"돈, 돈 말입니까?"

"그렇습니다."

"난, 유교가풍 속에서 자란 사람이오. 지족(知足)을 최고의 가치로 알고 살아 왔지요. 그러다보니 탐욕이 없는 사람이 됐지요. 돈 모아 뭘하겠다는 겁니까? 그러나 기업하는 사람은 달라요. 그 분들은 돈이 바로 힘이거든요."

시대가 무척 빠르게 변하는데 유교적인 삶의 방식을 지키고 있으니 답답함이 느껴졌다. 검이불누(儉而不陋, 검소하지만 누추하지 않음), 검이불치(儉而不侈, 검소하지만 사치스럽지 않음)를 지키면서 살아 갈 세상이 아니다. 그럼에도 툭하면 민나 도로보데스(모두 도둑이야)를 중얼거리면서 세상을 산다는 것이 얼마나 가혹한 자기고문 행위인가.

선우 소설가는 기자들로부터 얘기를 듣고있다.

"식탁에 반찬은 다섯 가지 넘지 않게 하고 밥은 보리가 3할 넘게 한

답니다. 검소한 생활이죠. 양말이 구멍나면 실로 기워 신고요, 혁띠, 넥타이는 20년, 와이셔츠는 10년을 입습니다. 행사때 양복이 말쑥한데 그건 의전용이고, 평상복은 20년 이상 입어 때지난 옷이지요. 화장실 수세통에는 벽돌장 세장 넣는데요. 수돗물 절약을 위해서랍니다."

명심보감에 나오는 검소하지만 누추하지 않고, 검소하지만 사치스럽지 않게 살아가는 표본이라는 걸 잘 알고 실천하고 있는 셈이다. 그럼에도 항간에 엉뚱한 소문이 나돌고 있다.

"청와대 안방에 성인 키높이 금고가 있는데 그 안에 한국은행에서 금세 찍어낸 신권이 가득하다더라."

"뭘하러 그런게 있을까?"

"애들이 수시로 쑥쑥 빼서 쓴다고 하더구먼."

박정희를 모르는 야당 사람들이 꾸며낸 소설이다. 거짓말을 밥먹듯 하는 야당 지도자가 선거 때만 되면 꾸며서 퍼뜨린다. 영국, 미국 같은 나라에선 상상조차 못할 일이다. 추악한 야당과 함께 국정을 얘기하고 있는 박정희는 불행하다는 생각을 떨쳐내지 못했다.

"박정희 대통령은 스위스 은행에 수억 달러를 비밀예치해두고 있다더라."

스위스 비밀은행은 비밀을 생명으로 하고 있다. 본인이 아니면 그 비밀을 알아낼 수 없다. 이런 내용을 알고 있는 야당이 꾸며낸 말이다. 정작 자기가 대통령이 되어서 단골이 됐다. 박정희 서거 30년이 넘는 세월이다. 자녀들이 결혼해서 상대가 생겼다. 만약 스위스은행 비밀금고에 돈이 있다면 그들의 삶에 흔적이 생긴다. 그럼에도 그런 흔적이 없다. 모두 악의적인 거짓말이다. 그 거짓말을 했던 사람도 이 세상을 떠났다. 두 사람이 저승에서 만나 무슨 말을 나누었을까?

아마도 돈 얘기 그리고 거짓말 얘기를 나누었을 것이다.

"여보시오, 당신은 왜 그렇게 거짓말을 잘하셨소이까?"

"난 어쩔 수 없었소."

"여기까지 와서도 변명하시기요?"

"난 태어나는 순간부터 거짓말을 할 수 밖에 없었소. 당신은 아버지 박성빈, 어머니 백남의 막내로 태어났소. 그러나 나는 어머니만 있고 아버지는 누군지 알지 못하오. 그러니 태어나서부터 마을에서 이렁쿵 저렁쿵 말이 많았소. 모두 거짓말로 응할 수 밖에 없었던 것이오. 이해하시오. 일파만파(一波萬波)라는 말이 있소. 태어날 때부터 시작된 거짓말은 끝이 없었소. 참으로 안되었다고 느낀 것은 나의 원죄 때문에 고향 사람들을 모두 거짓말쟁이로 만들어버린 것이오. 참으로 죄송하게 됐소. 헌데 내가 한 마디 묻고 싶소."

"말씀해 보시오."

"당신은 돈을 돌멩이로 알던데 어찌 그럴 수 있소이까?"

"사나이로 태어나서 조국근대화, 민족 중흥이라는 거대한 화두를 가지고보니 그까짓 돈은 종이쪽지로 보입디다."

"난 큰 실수를 했소. 많은 돈을 미국에 감춰놓고 왔는데 그 돈 때문에 자식들이 모두 엉망이 될 것 같소. 그 점이 잘못됐소. 그러니까 공직에 앉으면 당신처럼 깨끗한 것이 최선이오. 이곳에 와보니 그 돈의 앞날이 눈에 환하게 보여지고 있소. 돈을 관리하는 놈도 도둑심보고, 자식 놈도 그렇소. 돈이 유죄요. 이 자리에서 정치인들에게 한 마디 하고 싶소. 돈은 모두 헛것이오. 그러니 잔꾀부려 정치헌금 받지 마시오. 그것이 강도짓이오. 강도짓하면 죽어서 지옥으로 떨어지오. 정신 차리시오."

205

"전두환 4,600억 원, 노태우 4,300억 원인데 당신은 어떻게 천문학적인 돈을 모으셨소?"

"한국 사람들은 모두 바보요. 나더러 공천장사해서 큰 돈을 모았다고 하는데 잘못된 것이요. 물론 그것도 내 돈 한 푼 투자하지 않고 모은 것이니 알짜배기 돈인 것은 틀림없지요. 또하나 국영기업을 팔면서 한 몫 챙겼다고 하는데 맞는 말이요. 한국중공업, 대한생명, 대우그룹 계열사를 팔 때 수수료로 큰 돈을 만져 봤지요. 헌데 그 돈도 나의 조 단위 돈에 비해서 보면 부스러기에 불과하오. 진짜 돈을 상업고등학교 졸업한 후배를 통해 한 밑천 땡겨냈지요."

"참으로 놀라운 수법이요. 천만다행인 것은 당신의 임기가 5년이었다는 것이오. 나처럼 18년쯤 했으면 나라를 통째로 거덜낼뻔 했으니 말이오."

나도 양심이 있소. 너무 화내지 마시요. 마지막으로 땡겨낸 그물은 엔다케(엔차관)였소. 한국은 예금금리가 4~7% 선인데 일본은 제로요. 엔차관으로 100억 엔하면 한국돈 1,000억 원이오. 한국에 들여오면 매년 100억 원쯤 차익이 생겨요. 그 돈이 짭짤했소. 그렇게 했으니 명동 사채시장도 장악했고 조 단위 큰 돈을 가지게 됐소이다. 그래 배 아프시오? 우리나라 사람들은 참으로 이해할 수 없는 면이 많아요. 이웃이 잘되면 그것은 못참아요. "

"당신 생각은 참으로 편리하오. 그것은 시기, 질투가 아니라 분노요. 당신 이름은 영원히 대도(大盜)로 역사에 남게 될 것이오. 부끄럽게 생각하시오."

"이미 세상이 다 알고 있는데 부끄러워 할 필요가 없다고 생각합니다."

"도둑질하는 것은 어리석은 일이오. 하늘이 보고, 땅이 보고, 내 양심이 보고, 당신이 보고 있는데 도둑질을 하다니 어리석은 일이오."

"내가 대한민국 사람들에게 가장 나쁜 거짓말을 했던 것은 도쿄 납치사건이오. 내가 교포사회 베트콩 조동호로부터 돈을 받게되어 있는 것을 중앙정보부가 알아낸 것이오. 호텔 쓰레기 수거 청소부로 위장하고 접근해서 나와 조동호가 나눈 대화를 청취했어요. 조동호로부터 10만 달러를 받기로 약속했는데 그걸 알아낸 것이죠. 미화 10만 달러는 그 당시 큰 돈이었오. 나를 납치하여 10만 달러가 발견되면 그 돈이 김일성의 돈이라며 나를 완전히 매장시키려 했던 것이오. 범인 김대령이 나에게 와서 털어놓았던 말이오. 그것을 당신이 지시해서 일어난 사건이라고 내가 거짓말을 했던 것이지요. 정말 미안하게 됐소."

두 사람의 한(恨)은 저승에 가서 풀었다. 박정희에 대한 한(恨)은 그가 마음 먹었던대로 역사가 풀어주고 있었다. 일본의 저명한 정치평론가 후지하라와 소설가이자 정치인 이시하라가 아시아를 움직였던 인물에 대해서 글로 남겼다.

역사는 시대가 이끌어내는 것인가, 아니면 사람이 만들어내는 것인가를 논한 것이다. 두 사람 모두 사람이라 했다.

먼저 일본 역사에서 역사 창조를 했던 인물로 일본 건국을 해낸 오다 노부나가, 메이지 유신을 이끌어낸 유신지사 사가모토 료마와 다카모리를 꼽았다.

"역사의 본질은 변화입니다. 변화는 개혁입니다. 일본이 낙후된 미개국에서 선진국으로 대전환을 시켜놓은 것은 첫째가 근대 국가로 진화를 시켜낸 주인공 오다 노부나가이고 두 번째가 사이고 다카모리의 메이지유신입니다. 이러한 대명(大命)이 한국에서도 있었고 중국에서도 있었습니다. 한국은 박정희가 해냈고, 중국에서는 모택동이 해냈습니다."

이들이 보는 역사의 축은 오늘의 일본이 있게 만들어놓은 메이지유신인데 주인공은 오쿠보 도시미치와 사이고 다카모리였다. 박정희는 오쿠보와 다카모리 두 인물을 혼합시켜 놓은 인물이라고 보았다. 처음 서구 선진국형으로 국가체제를 변형시켜야 한다면서 목소리를 오쿠보가 내자, 사이고 장군이 지지하고 나섰다. 그러자 이를 저지하고 나섰던 막부의 군과 전쟁을 벌였다. 관군은 강했고 사이고 혁명군은 오합지졸이었다. 누가 보더라도 관군이 승리할 것이라고 보고 있었다. 허약했던 혁명군은 사이고 장군의 강인한 정신과 국가개혁이라는 이상이 있었다.

"단결하라. 그러면 강해진다. 우리는 이겨야 한다. 이기면 충신이 되고 지면 역적이 된다. 우리가 충신인가, 역적인가."

이 말 한 마디로 모두가 하나로 뭉쳐졌고 전투에서 연전연승해 막부는 무너졌다. 그런 다음에 오쿠보의 이상(理想)이 현실화되었다.

"이제 일본은 통일이 되었다. 잘 살기 위해 정부를 만들고 행정을 근대화시켜야 한다."

오쿠보는 무섭게 유신개혁을 펴나갔다. 육군은 프랑스, 해군은 영국을 모델로 했다. 이때 현대식 육군과 해군이 생겼고 행정수반 수상이 만들어졌다. 장관, 차관, 국장, 과장이 생겨났다. 새로운 일본이 만들어졌다.

한국에서 5·16 국사혁명이 일어났다. 정부군은 60만 대군이고 참모총장과 군단장, 사단장이 있었다. 5·16 혁명군은 엘리트 청년장교들이 박정희 소장을 혁명군의 수장으로 추대했다. 정부군과 혁명군은 비교가 되지 않는 군세(軍勢)였다. 혁명군은 부정, 부패를 몰아내고 깨끗한 나라, 보릿고개 없는 부자 나라 만들어 보자면서 한강 다리를 건넜다. 어느 누구도 감히 맞서지 못했다.

일본의 유신군은 막부 관군과 전쟁하여 수 많은 사상자를 냈다. 그 점이 한국과 일본이 달랐다.

그러나 한국이나 일본은 전쟁 후에 새로운 역사를 만들어 냈다.

역시 역사에는 자이로컴퍼스, 회전 나침반 역할을 해내는 주역이 있어야 바뀐다. 이런 점에 초점을 두고 한국역사를 바꾸어 놓은 인물로 박정희가 해당된다며 평가를 했다.

박정희가 유신헌법을 제정공포하고 헌법체제를 바꾸어 놓자 3김(김대중, 김영삼, 김종필)은 저항했다. 이들을 따르는 국민들이 모두 박정희에 반기를 들었다.

그러나 박정희의 머릿속에는 '새로운 한국' 이 있었다. 그래서 거침없이 말했다.

"국민들이 나를 욕하는 것은 장기 집권뿐이야. 그러나 역사는 말할 것이야. 조국근대화와 민족중흥은 나의 유신(維新) 때문에 이루어졌다고. 나의 잘못이 있다면 나의 무덤에 침을 뱉어다오."

박정희는 국민의 저항이나 반대는 전혀 개의치 않았다. 부패한 정치 지도자 3김씨를 정확히 꿰뚫어보고 있었다. 지금 국민들 사이에서 3김씨들이 이 땅에 무엇을 남겨 놓았던 것인지를 박정희는 오래 전에 알고 있었던 셈이다.

3김씨는 정치지도자가 아니라 부정부패의 표본으로 생각했는지 모른다. 그들을 감싸고 돌았던 가신(家臣)들의 행태를 역사는 뭐라고 말할 것인가?

역사는 감춰지거나 속여지는 것이 아니라 시시비비를 따지는 것이다. 국민이 반대하던, 욕을 하던 있는 그대로 쓰여질 뿐이다.

김일성, 김정일, 김정은 김씨 3대(代)를 역사는 뭐라고 할 것인가?

주사파가 되었건, 친북파가 되었건, 좌파가 되었건, 빨치산 친인척이 되었건, 그 어떤 사람이 되었건 위대한 성군(聖君) 집단이라고 하지 못할 것이다. 지구상에서 그들 나라는 머지않아 사라지게 될 것이다. 그들 때문에 무수한 사람들이 죽어 갔다. 총맞아 죽고, 숙청 당해서 죽고, 테러 당해서 죽고, 굶어서 죽고, 싸우다 죽었다. 그 가운데서도 가장 어리석었던 죽음은 지리산 빨치산, 조계산 빨치산, 백암산 빨치산, 덕유산 빨치산들이다. 문명이 미개했던 시절, 김일성의 사상이 무엇이고, 그의 이상이 무엇인지 모르고 맹목적으로 추앙하면서 극한적인 인간조건에서 죽어갔던 30만 명이다. 이들보다 더 추악했던 사람은 이런 역사적 비극을 미화하고 찬양해 글을 써대고 있는 얼간이들일 것이다. 또 이들보다 더 어리석었던 사람들이 있었다.

그가 누구일까?

이들 빨치산의 아버지이고, 어머니이고, 할아버지, 삼촌이라해서 그들 사상을 가지고 정치를 흐트려놓고, 나라를 흔들어 놓았던 사람들이다.

세상에서 가장 어리석은 사람이 누구인줄 아시겠는가?

낚시꾼이다. 그 넓고 넓은 강이나, 호수, 바다에 손톱만한 찌를 던져놓고 고기가 와서 물어줄 것이라 믿고 있다. 그래서 어리석다고 하는 것이다. 그 보다 더 어리석은 사람도 있다. 낚시꾼의 뒤에 서서 찌를 물고기가 물어주리라 믿고서 구경하는 사람이다.

그렇게 어리석은 사람이 어디 낚시질뿐이겠는가.

빨치산의 전설 한설녀의 죽음이다. 김일성이 지리산 빨치산 남부군에게 내리는 지시문을 가지고 오다가 오대산에서 동사(凍死)했다. 평양에서 출발하여 38선을 넘었다. 태백산맥 험준한 길을 넘으면서도 김일성의 지령문은 성스럽다 하여 두 손으로 받쳐들었다. 오동나무함에 고이 간직했다. 오대산에 이르렀을 때 눈이 가슴팍에 이르렀다. 더 이상 나아가지 못했다. 서류함을 받쳐 든 채 잠시 나무 밑에 앉아 눈을 붙였다. 그대로 잠이 들었다. 앉은 채 영하 30도의 강추위를 이겨내지 못했다. 얼어 죽어버렸다. 어리석은 빨치산들은 성인(聖人)의 죽음으로 미화했다. 30만 명의 빨치산들이 한설녀를 따라 얼어죽고, 굶어죽고, 전염병에 죽고, 총에 맞아 죽었다.

참으로 한심스런 개죽음이었다.

어디 그 뿐이었던가?

1950년 5월 중국 심양에서 소련 스탈린, 중국 모택동, 북한 김일성이 만났다.

김일성 : 우리 자랑스런 인민군이 50만 명이고 남한 지리산에 빨치산 30만 명이 싸울 것입니다.

모택동 : 방금 뭣이라고 했소? 빨치산 30만 명이 남한땅 지리산에 있다고 했소이까?

김일성 : 남부군이라 칭하는 군인입니다.

모택동 : 즉시 전쟁을 일으키시오. 38선에서 전쟁이 붙고 남쪽 지리산에서 전쟁이 붙으면 두 개의 전선이 되오. 미국군이 아무리 전투력이 뛰어나다해도 포위되는 것을 제일 무서워합니다. 이번 전쟁은 무조건 승리합니다. 나도 100만 대군을 파견하겠소. 남한을 점령하면 일본

을 점령하는 건 식은 죽 먹기요.

스탈린 : 나도 놀랬소. 소련은 군사강국이라해도 아직 원자폭탄이 없소. 우리가 원자탄을 만들어낼 때까지 미국을 자극할 수 없소. 그래서 소련군을 직접 보낼 수 없소. 탱크 1,200대, 비행기 1,000대, 대포 10만 대, 소총 50만 정, 탄약 10만 톤을 지원해 주겠소. 당장 전쟁하시오.

6·25 한국전쟁은 이렇게 발생했다. 50년의 세월이 지나자 소련 비밀문서가 풀려나 알려지게 된 사실이다. 남한에서 북침해서 일어난 전쟁이라고 딴지부리던 공산국가들이 고개를 숙이고 있다. 중국, 러시아 국가들은 학교 교과서를 바꾸고 있다.

김일성이 스탈린, 모택동에게 거짓말 속임수를 썼던 것이다. 중국 모택동의 빨치산과 김일성의 빨치산은 다르다. 모택동의 빨치산은 정직하고 성실한 산사람이다. 그들이 민가에 나타나서 곡식을 거두어 가려면 마을 주민들에게 호소한다.

"저희가 일주일 굶었습니다. 여러분의 나라를 만들어내기 위해서 희생을 하고 있습니다. 만약 허락하셔서 곡식을 주면 그 은혜는 꼭 보답해 드리겠습니다."

주민들 가운데 빨치산의 말에 신뢰가 가지 않으면 곡식을 내놓지 않고 신뢰하는 사람은 곡식을 내놓게 된다. 그럴 때 빨치산들은 차용증을 써준다.

"차용증을 소중하게 보관하십시오. 우리가 집권하면 10배로 보상해 드리겠습니다."

농민들은 로또 복권 사는 기분으로 그들의 영수증을 소중하게 보관해 둔다. 빨치산과 농민들은 한편이 되어주게 된다. 그래서 모택동은 이렇게 말하고 있다.

"농민과 빨치산은 물과 물고기 관계가 되어야 힘을 쓰게 된다."

지리산 김일성 남부군은 어떠했던가? 야간에 마을에 나타난다. 집집마다 찾아가서 주민을 총 쏘아 죽이거나 방화, 약탈, 겁탈을 해댄다. 김치, 소금, 간장, 고추장, 손에 잡히는 대로 약탈해 간다. 지리산 밑 남원 운봉에서 있었던 일이다. 밤에 빨치산이 나타났다. 쌀, 보리, 콩을 무조건 빼앗았다. 집을 샅샅이 뒤져 찾아낸 곡식이었다. 그냥 곡식만 빼앗아 가는 걸 놔뒀더라면 될 일이었는데 60대 할머니가 몇 마디 말을 건넸던 것이 화근이었다.

"빨치산 양반들, 쌀 두어 되만 남겨놓고 가시오."

"왜 이래? 이것도 부족한데."

"쌀을 꾸어올리려면 시내를 다녀와야 하오. 내가 관절염을 앓아 거동이 불편하오."

"우린 열흘 굶었어. 당신 사정 봐 줄 수 없소."

이렇게 시비를 하고 있는데 운명의 워낭이 소리를 냈다.

"딸랑."

비밀 마굿간에 숨겨놓은 농우가 사람들이 떠드는 소리에 놀라 잠을 자다가 깨어났던 모양이었다. 빨치산은 깜짝 놀라면서 두리번거렸다.

"보시오. 소가 있었던 모양이구먼. 어디다가 감췄소. 내 놓으시오."

"소가 아니라 농우(農牛)요. 그 놈이 없으면 농사를 못짓소. 농우는 안 되오."

"악질 반동분자로구먼. 우리가 가져가는데 무슨 시비를 건단 말인가."

213

"빨치산 양반 제발 살려주시오. 농우는 나의 생명이오."

"좋소. 내가 당신 죽여주겠소."

"암 죽어 달라면 죽여주지."

따발총으로 할머니를 쏘아 죽였다. 숨을 거두는 순간까지 할머니는 절규했다

"농우는 안 돼. 농우는 안 돼."

빨치산은 농우를 끌고 가면서 더 없이 당당했다.

"쇠고기 얼마만인가. 대장님이 좋아하시겠다."

빨치산의 독백이었다.

지리산 빨치산이 농촌으로부터 매년 100만 석의 양곡을 약탈해 갔다. 약탈에 시달리던 산간벽촌의 농민들은 더 이상 약탈을 당할 것이 없어 남부여대하여 도시로 떠나버렸다. 빨치산들은 약탈할 터가 없어 살아남지 못하고 전원 죽거나 투항해버렸다.

지리산 빨치산은 많은 신화를 남겼었는데 그 가운데 하나가 30만 명에 이르렀던 남부군이 단 한 사람 살아남지 못하고 어떻게 사라져버리게 됐는가 하는 점이다.

빨치산 선구자 모택동의 어록(語錄)이 어찌하지 못할 진실이 되고 말았다.

"빨치산은 물고기, 백성은 물."

물이 없어졌으니 물고기가 사라져버렸던 것이다. 김일성, 김정일, 김정은 3대(代) 부자 일족은 과거 지리산 빨치산처럼 역사의 무대에서 사라지게 될 것이다. 그것은 눈에 보이는 역사논리다.

박정희와 김일성의 경쟁대결에서 박정희는 성공한 군주로, 김일성은 실패한 군주로 기록되어지고 있다.

2009년 10월 26일 서울에서 국제학술대회가 개최되었다.

세계 저명 학자들이 한 곳에 모였다. 장소는 연세대 삼성학술정보관에서였다. 모임의 주최는 연세대 동서문제연구원과 호주국립대 한국학연구원이 공동주최했다. 참석한 학자로는 랜드연구소 함재봉 박사, 고려대 정치학 임혁배 교수, 연세대에서 박명림 교수, 류석춘 교수, 김동노 교수, 런던대 탯안콩 교수, 호주국립대 김형아 교수, 폴허치 크로포드 교수 등 박정희와 김일성 연구에 대해서 많은 정보를 가진 석학들이었다.

연구결과 박정희의 성공, 김일성의 실패로 결론을 냈다. 1961년 박정희 등장때 북한 1인당 국민소득이 195달러, 남한 82달러였다. 박정희가 김재규의 저격으로 쓰러졌을 때 남한 1,640달러인데 비해 북한 1,114달러로 남한이 북한을 추월해 있었다.

무엇이 그러한 대역전을 하게 만들었던 것일까?

학자들이 분석한 것은 박정희는 실용과 현실을 바탕으로 개방과 국제화를 했던 반면에 김일성은 항일 독립운동을 내세워 모든 국가전략보다 이념을 더 중요시했던 것이 승과 패를 갈라놓았다고 평가했다. 또 박정희는 새마을운동을 통해 온 국민이 자신감과 당당함을 갖게해 진취적이게 했던 캔두 정신을 가졌다. 반면 김일성은 주체사상과 세계와의 단절을 해 권력유지에 올인했던 것이 300여만 명을 굶어죽게 만들고야 말았다.

박정희가 유신을 했던 것이 모두 정당하게 받아들여지는 결과가 되었다. 그가 마지막 순간까지 떳떳하고 당당했던 것은 유신에 대한 자신감과 확신을 가졌었고 그가 성공했던 모든 이유로 알고 있었는지도 모른다.

13. 길고 긴 하루

마닐라 공항.

미국 케네디 공항발 747 점보 여객기가 도착했다. 이날따라 공항 안 팎은 군경합동 경비로 삼엄했다. 금세라도 팽팽 활줄이 탁 끊어져버릴 것만 같은 긴장이 내려 누르고 있었다. 그때 얼음바닥을 미끄러져 가듯 버스 한 대가 여객기 트랩까지 다가갔다. 선글라스 풍의 건장한 체격의 사나이 다섯이서 트랩에 올랐다. 그들이 비행기안으로 사라졌다.

잠시 후, 비행기 안에서 총성이 울렸다.

"탕, 탕, 탕."

세 발의 총성이 필리핀 역사를 바꿔 놓았다. 그 총성은 반체제 수장 아키노 전 상원의 심장을 뚫어 놓았다. 전 세계가 발칵 뒤집혔다. 못 살고 후진된 나라 필리핀을 향해 전 세계의 눈이 집중되었다. 부패한 대통령 마르코스가 한판 승부를 잘못 벌렸던 일이었다.

청와대 대통령 집무실.

박정희 대통령이 신문을 펼쳐든다. 그날 동아일보 특집에 필리핀에 관한 기사가 있었다.

"한국전쟁에 참여했던 나라, 보릿고개의 한국에 경제원조를 했던 나라가 지금 고실업, 고인플레이션으로 마르코스 정권 위험!"

한국 참전국에 남다른 관심이 있었던 박정희는 정독했다. 바쁘다고 해서 신문을 볼 때, 헤드라인만 읽어버리는 사람이 많다. 그러나 박정희는 글자 하나하나 정독을 한다. 한참 정독하다가 벌떡 일어났다.

"아, 이럴 수가 있나? 정신 똑바로 차려야지."

이때 필리핀의 정국과 한국의 정국이 얼추 비슷하다 느꼈다. 정치가 부패하면 나라는 반드시 망한다. 한국전쟁 때, 필리핀은 1인당 국민소득이 195달러 부국이었다. 먹을 것이 풍부하고 부유하게 살고 있는 나라였다. 그때 우리나라가 65달러였으니 눈을 위로 치켜뜨고 부러운 눈으로 쳐다 봐야했던 부국(富國)이었다. 우리나라에 하나밖에 없는 돔형 지붕 체육관인 장충체육관이 바로 필립에서 지어주었던 것이다. 그렇게 잘나가던 나라 필리핀이 아니었던가.

이때 마르코스 대통령은 권력을 한 손에 쥐고서 도둑질을 벌였다. 수출입할 때 일정률의 돈을 마르코스 계좌에 입금시켜야 했다. 그것도 부족해서 농민의 호주머니로 들어가야할 돈까지 중간에서 가로 챘다.

그렇게 모은 돈으로 부인의 구두가 2,200켤레가 넘었다. 양장 외출복이 3,000벌이 되었다. 방 하나에 온통 신발과 옷으로 가득했다. 나라가 모두 그의 치부를 위해 존재하는 것이 되었다. 섬이 7,000개 넘었다. 곳곳에서 그의 통치에 저항하는 세력이 일어나 도둑떼가 되었다. 이를 막아내는 방법이 없었다. 국민들은 도둑떼에게 약탈당하고, 부패한 정부에 시달리게 되었다. 나라가 제대로 통치될 수 없었다. 국민이 편안하고 평화를 누려야 나라가 부강해지는데 통치자가 부패했으니 나라가 가난해지는 것은 어쩔 수 없었다.

결국 먹을 것이 없고 삶이 곽곽해졌다. 돈 있는 부자들은 해외로 이민을 떠나버렸다. 이러한 모습이 신문에 매일 보도되고 있었다.

"정치 지도자가 부패하면 옛날이나 지금이나 마찬가지로 나라가 가난해지고 국민들이 고통을 당하는 법이야. 우리나라도 자유당 시절 그랬었지 않았던가. 지금 이 나라 정치 지도자도 똑같아. 그들이 나라를 망쳐 먹는 걸 막아야 해. 말로만 그럴 듯하게 민주화니, 통일이니 떠벌리지만 북한에는 무력통일을 위해 밤낮으로 노려보고 있는 호전광 (好戰狂) 김일성이 버티고 있어. 우리나라는 필리핀보다 훨씬 위험해. 이대로 놔둬서는 안 될 일이지."

점심 식사 후, 온 몸이 나른해졌다. 식곤증이었다. 잠시 사무실을 나와 경내를 걸었다. 머릿속에는 필리핀 아키노 테러가 꽉 찼다. 그때 결심했다. 부강한 나라가 된 일본의 역사, 메이지 유신이 떠 올랐다.

"대통령은 왜 존재하는가?"

"헌법을 수호하고 나라와 국민을 외적(外敵)으로부터 보호하기 위해 있는 사람이지."

"외적만 존재하는가?"

"부패와 무능이 외적보다 더 무섭지. 세상의 모든 일은 장자(莊子) 의 말씀 유생어무(有生於無, 모든 존재는 비존재로부터 일어난다는 뜻)가 옳은 말씀이야."

218

박정희는 장자의 말이 가슴을 때리고 있었다. 눈에 보이지 않은 것이 눈에 보이는 것보다 더 무서운 것이다. 여기에 이르자 자문자답이나 하는 하므렡보다 뭔가 행동해야 했다. 행동하지 않고 방관하면 대한민국은 또다시 필리핀처럼 되거나 장면 시대, 이승만 자유당 시대로 되돌아 갈 것이다. 산책을 마치고 집무실로 돌아왔으나 일이 손에 잡혀지지 않았다.

박정희는 자기 고문(拷問을 하고 있었다. 결론은 그냥 방관하여 필리핀 꼴이 되게 할 것인가였다.

"방관할 것이냐, 아니면 행동할 것이냐."

오늘의 일본도 오쿠보 도시미치와 가스라 고고로처럼 유신을 생각만하고 있었다면 막료시대처럼 300여 개의 지방정부의 나라로 머물러 있었을 것이다. 사이고 다카모리 장군이 오쿠보 얘기에 감동하고 칼을 빼어들어 행동했으니 서구문명화가 되고 통일된 일본이 되었지 않는가.

고통스러웠다.

그의 눈에 비춰진 한국의 정치판은 반대와 분열이었다. 집권당 공화당만 하더라도 조각나 있었다. 헌법에 정해져 있는 대로면 4년 후, 권력의 정상에 오를 사람켠에 구름떼처럼 몰려드는 군상들이 외쳐대게 될 것이다. 그런가하면 나라 백년대계를 위해 뭔가 조처를 해야 한다고 우국충정하는 사람들이 있다. 이날부터 장고(長考)에 빠져 들었다.

박정희는 집중력이 강했다. 문제에 부닥치면 돌파구를 찾아내기 위해 생각 속에 빠져든다. 그 해답을 찾아낼 때까지 일체 사람을 만나지 않았다.

"조국근대화와 민족중흥."

그의 화두 중심에는 이 말 한 마디가 떠나지 않았다. 그의 사고방식이다. 행동양태를 보여주는 일이 있다. 5·16 군사혁명을 성공시킨 다음, 국가재건최고회의 부의장시절이었다. 사무실에 출근하면 무수한 사람들이 모여들었다. 혁명주체들을 비롯하여, 관료들, 친면 있는 사람들, 심지어 군사혁명 거사 이전에 모의를 하면서 신세를 졌던 사람들까지 어른거렸다.

또 더 많은 사람들이 있었다.

혁명주체들과 친면이 있는 사람들이 모여 들었다. 남대문시장처럼 무수한 사람들이 인연을 찾아 왔다.

그 모습은 대혼란이었다.

그러나 박정희는 하나의 화두를 가지고 집중력을 응축시키고 있었다. 전국민과 세계를 향해 혁명의 목적이 무엇이었느냐를 알려주는 일이었다. 혁명은 성공했지만 정권의 수반은 엉뚱한 사람이 잡고 있었다.

바로 장도영 군사혁명위원회 의장이었다.

그는 혁명을 왜 했는지를 모르고 큰 홍수에 떠밀려 가고 있는 부유물이었다. 혁명이 어떻게 해야 성공하고 혁명주체들이 무엇을 해야하는지 모르고 있었다. 그러나 박정희는 분명했다. 자나 깨나 '조국근대화와 민족중흥' 이었다. 기자회견을 해서 국민에게 알리고 세계에 전해주어야할 가치(價値)였다. 그러나 국가재건최고회의 부의장으로 제2선에 있게 되었다.

왜 그랬을까? "

미국을 비롯한 우방들이 6·25 한국전쟁 때 피를 흘려 수호했던 나라였다. 그들은 공산주의로부터 나라를 지켜내야할 의무가 있었다. 그

때까지만 해도 박정희에 대해서 색안경을 끼고 있었다. 남로당에 관여해 군법회의에서 사형선고를 받았던 전력 때문이었다. 지금도 유엔군의 이름으로 미군 3개 사단이 38선 한 부분을 지켜내고 있었다. 그래서 5·16 군사혁명을 저지해야할 장면 정부 육군참모총장 장도영을 군사혁명위원회 의장, 국가개전최고회의 의장, 국방부장관 겸 육군참모총장으로 앉혀놓았다. 이때 떠오른 것이 5·16 군사혁명이 추구하고 있는 목표와 최고 가치 '조국 근대화와 민족중흥'에 관한 책을 써서 국민에게 알려주고 세계에 선포하는 일이었다.

장충동 부의장 공관 한 구석에서 밤이면 원고지에 글을 썼다. 말을 하는 것과 글을 쓰는 것은 다르다. 활자화가 되고나면 고칠 수도 없고 다시 만들어 낼 수도 없다. 힘이 들고 어렵다. 밤을 꼬박 세워가면서 원고지를 메워갔다. 그렇게 좋아하던 술도 끊고, 담배도 삼갔다. 그것은 고문 중의 고문이었다. 달포를 지나 책을 완성시켜 냈다.

그 책은 일본어, 영어로 번역되어 전 세계에 알려졌다. 그 책의 위력은 대단했다. 우방 국가들이 안심했다. 국민들 역시 매스컴에 '조국 근대화와 민족중흥' 이 보도되었다.

박정희의 저서가 다섯 권 있다는 사실은 알려져 있지 않다. 그의 집중력이 얼마나 강하다는 사실을 웅변해 주는 일화가 될 것이다.

밤낮으로 생각하고 또 하다가 결단을 내렸다. 트루먼 미국 대통령의 자서전 글이 도왔다.

"부엌의 열기를 참아내지 못하는 사람은 요리를 하러 부엌에 들어오지 않는 것이 좋다."

정치적 결단의 순간에 자기에게 걸려오는 무게를 견대낼 수 있는 용기와 결단력이 없는 사람은 대통령이 될 수 없다는 트루먼의 말이 박정희에게 힘이 되어 주었다. 군을 지휘하는 장수는 항상 제일 앞에 서서 맨몸으로 적의 총탄을 막아내야 한다. 그가 이순신 성웅을 좋아하고 추앙하는 첫 번째 이유가 앞장선다는 점이다.

명량해전에서 낡은 전함 13척으로 왜군 전함 130척과 맞서 싸울때 어느 누구도 앞장서지 않았었다. 모두 뒤켠에서 관망만 하고 있었다. 명량해전을 구경하고 있던 청룡산에 오른 주민과 망금산에 오른 주민들도 한 발은 바다로 향했고, 나머지 한 발은 뒷켠을 향했다. 이순신 전함의 13척이 너무 작아보였다. 거대한 왜군 전함군단과 적수가 되어 보이지 않았다. 이순신이 패하면 신속 깊숙한 곳으로 튀어 도망칠 심산이었다.

13척의 전함들도 전날 탈영해 도망친 배설 수사의 영향으로 도망칠 속셈을 하고 있었다. 이때 이순신이 승선해 전투지휘를 하고 있던 전함이 빠른 속도로 튀어나가 명량해협을 막아섰다. 일본군 제독 요시아키, 와키시카, 야스하루는 이상한 눈으로 보고 있었다.

"이상한 전형이다. 한 척만 앞에 나섰고, 나머지 12척은 왜 멀리 떨어져 있는 것일까?"

이순신은 두 가지 적과 대치하고 있었다. 하나는 왜군함 130여 척이다. 이들은 명량해협을 돌파, 서해로 진출해서 한강으로 진입할 셈이었다. 그렇게되면 병력투입과 물자수송이 쉬워진다. 그래서 결사적이었다. 이순신에게 또 하나의 적은 아군 장수들이었다. 며칠전 대패했던 원균 지휘의 칠천량해전 대패의 영향으로 패배의식이 팽배해 있었다. 그래서 자꾸만 뒷꽁무니를 빼고 있었다.

"안위야, 패해서 죽고 싶으냐, 군법에 회부되어 명령불복종죄로 처단되어 죽고 싶으냐, 앞으로 전진하라."

백전노장 김응함, 김억추, 송여종, 정응두 모두 주춤거리고 있었다. 보다 못해 해군사에 길이 남을 한 마디를 던졌다.

"이곳 명량해협은 한 명이 지키면 1,000명이 두려워하는 곳이다. 왜 놈의 숫자가 많다고 한들 무슨 두려움이냐. 전진하라! 전진, 전진!"

(이순신의 『난중일기』에서 일부당순, 족구천부(一夫當巡, 足懼千夫) 라 했었음.)

이순신은 맨 선두에서 혼자서 왜군을 처부시자 그때에서야 뒷켠에 있던 12척이 달려와서 왜선 130척을 궤멸시켜 명량대첩을 완성시켜 냈다.

박정희는 영천사수 전투에서 북한군을 물리쳐 냈다. 그 작전의 승리로 한국전쟁 중 최대 고비였던 낙동강전투를 버텨냈던 다부동전투, 안강전투, 왜관전투와 함께 큰 전공을 세웠었다. 그때의 기억을 하면서 제3공화국을 끝낼 혁명을 결행하기로 했다.

그러니까 박정희는 5 · 16 군사혁명에 또 하나의 혁명 유신혁명을 단행해 냈다. 온 국민이 반대하는 유신혁명을 성공시켜내기 위해서는 '조국근대화와 민족중흥'을 완성시켜내야 했다.

그것이 무엇이었을까?

수출품 구조를 경공업제품에서 중화학공업제품으로 고도화시켜내야 했다. 섬유제품과 가발, 갯지렁이, 은행잎, 농수산제품으로는 100억 달러를 수출해 내지 못한다. 포항제철 완공과 더불어 자동차, 조선, 기계제품을 수출해야 한다. 그러기 위해서는 중화학공업시대를 열어야 한다. 그것만이 '조국근대화와 민족중흥'이 눈에 보이게 된다.

또하나 방위산업을 완성시켜야 했다. 호시탐탐 남침을 시도하고 있는 북한 김일성과 맞서는 것은 게릴라 테러가 아니다. 우리 손으로 무기를 만들어 자주국방을 완성시켜 놓아야 한다. 소총으로 60만 대군과 250만 예비군을 무장시키는데 9년이 걸려야 했다. 소련은 적극적으로 기술을 북한에 전수시켜 주고 있는데, 미국은 한국에 무기기술 이전을 꺼리고 있다. 이에 대비하기 위해 방위산업을 부흥시켜내야 한다.

산업을 중화학으로 고도화시켜내야 방위산업을 완성시켜낼 수 있다. 중화학공업으로의 전환과 방위산업 부흥은 마치 손바닥과 손등처럼 양면성을 가지고 있었다.

이 두 가지 일을 해내자면 박정희 본인이 욕을 먹더라도 해내야 한다. 이렇게 중대한 일을 마르코스처럼 개인의 이익을 챙기기 위해 부패한 정치건달 집단 가신(家臣) 그룹에 의해 이끌려 가고 있는 인물에게 대권을 맡겨 놓을 순 없다.

"내 무덤에 침을 뱉어라!"

비장한 결심이었다.

이 일을 해내는 일꾼은 관료와 과학자다. 이들을 발탁해서 일을 시키자면 능력있는 인물을 선발해야 한다. 능력과 리더십 그리고 경험이 있어야 한다. 그것은 하늘에서 뚝 떨어지는 것도 아니고, 학교에서 배워지는 것도 아니다. 양성시켜내야 한다.

어떻게 해야 하는가?

프로야구 김성근 감독은 70세 고령이다. 그러나 그는 야신(野神)으로 존대를 받고 있다. 무명의 신인 선수들, 타구단에서 방출된 선수들을 영입해서 단시일내에 1위 명문 구단을 만들어 냈다. 그 비법은 철저한 경쟁이었다. 소위 투톱(Two Top) 체제다. 자만심을 갖고 훈련을 게을리하면 어김없이 후보선수로 교체시켜낸다. 단 한 순간 방심하지 못한다. 스스로 과외 코치를 두어 스스로 연습벌레로 만든다. 김성근 감독의 경험에서 나온 대안(代案)이다.

박정희는 지방장관, 시장, 군수 등 행정관료에 대해 세심한 관찰을 한다. 1년에 한 차례 초도순시를 나간다. 목민관(牧民官)으로써 얼마나 열심히 연구하고 대민봉사하고 있는지 직접 눈으로 확인하기 위해서다. 관리되어지지 않는 관료는 쓸모없는 인재가 된다는 생각에서 스킨십을 가진다.

이러한 사실을 알고 있는 시도지사들은 발탁되어지기 위해서 자기의 모든 것을 바치게 된다. 브리핑 챠트를 만들기 위해 6개월 전부터 업무파악을 하고 그것을 챠트화 하기 위해 갖가지 노력을 기울인다. 최종 챠트안이 완성되면 챠트로 만든다. 한 장 한 장 넘겨 읽으면서 직접 박정희가 되어 들어본다. 그 때 종이 넘기는 소리를 줄이기 위해 한 장 한 장 다림질을 한다.

또 박정희가 투숙하게 되는 도지사 공관, 시장 관사에 대해 하나하나 면밀히 확인을 한다. 화장실의 수건에서 올이 잘못된 것이 있는지 하나하나 확대경으로 살펴 본다.

이렇게 정성을 다하는 것은 나라에 대한 충성이 된다. 이렇게 인재를 훈련시켜낸다. 시장, 도지사를 지낸 인물에게 국정을 맡기면 오차없이 일을 해낸다.

대통령의 1년 일 중에서 지방 시도 초도순시는 중요한 업무다. 지방 초도 순시 하루 앞둔 날 '산업구조 개편안' 과 '방위산업 육성안' 에 대한

225

브리핑을 시행하게 되었다. 국무위원과 총리가 참석하는데 박정희는 청와대 신무기 전시실을 브리핑 장소로 정했다. 평소 장관들에게 잘 알려지지 않은 장소다. 무려 6시간이 걸리는 브리핑을 좁은 신무기 전시실로 정했다. 공간이 좁은 관계로 국무위원 좌석은 좁았다.

왜 이런 장소로 지정했을까?

이유가 있었다. 국무위원들에게 박정희 대통령이 방위산업에 이렇게 관심을 두고 있다는 것을 알려주기 위해서였다. 이 자리는 또 하나의 혁명이면서 제4공화국을 탄생시켰던 유신을 완성시켜낸 중화학공업으로 산업구조개편 시켜낼 청사진이고 방위산업의 청사진이었다.

"1,000년 앞을 내다보고 우리나라 중화학공업구조를 마련했습니다. 이 안은 그 동안 수 차례에 걸쳐 대통령 각하께 보고드렸던 사항입니다. 의견이 있으시면 말씀해 주십시오."

서두를 꺼내 얘기하는 것은 이 계획이 박정희의 이념과 철학을 완전하게 체현시켜 놓았다는 뜻이다. 후진국개발론의 세계적 석학으로 널리 알려진 허만 칸의 후진국개발이론까지 모두 아울러 한국적인 개발모델이 세계에 선을 보이게된 셈이었다.

계획안을 보고서 현재의 한국산업구조, 10년후의 한국산업구조가 눈앞에 그림처럼 그려져 있었다. 국무위원들은 큰 감동을 받고 있었다. 비좁아 불편했지만 청와대에 신무기 생산품을 전시하면서까지 그 진행을 확인하면서 고뇌의 시간을 보내고 있다는 것을 처음 알아낸 것이다.

"아, 이제야 알겠구먼. 유신을 왜 단행했고 유신의 종착역이 어딘지 알아보겠구먼."

박정희의 속내를 알고난 국무위원, 김종필 국무총리는 유신이 나라

226

의 미래에 가져올 변화를 눈으로 보고 있었다. 무기의 자급자족을 자랑하며 툭하면 공갈, 협박을 해대고 있었던 김일성도 더 이상 발붙일 곳이 없어 보였다.

6시간으로 예정했던 브리핑 시간이 10시간 넘게 계속 되었다. 계획의 요점은 개발하고 양산할 때까지는 국가가 관리하고 지원하지만 국제경쟁단계에 이르면 기업이 스스로 창안하고 땀을 흘려 독립해 나아가야 한다는 것이었다. 미숙아가 태어나면 어머니 뱃속과 똑같이 되어 있는 인큐베이터에서 키우듯 중화학 공업 공장들을 그렇게 육성시켜 놓겠다는 것이다. 내일이면 박정희 일년 대사 가운데 하나인 신년 초도 순시를 가야하는데 산업혁명 전야는 이렇게 흘러가고 있었다.

문제가 하나 있었다.

한국이 지금까지 한번도 가보지 않았던 길을 가보자는 거대한 설계도가 과연 도달할 수 있는 길이냐는 것이다. 마치 1,000년 앞을 내다보고 건축의 대성인 미켈란젤로가 이탈리아 바티칸시에 대성전을 설계할 때 10년의 세월이 흘렀었다. 그런 다음 건축하는데 20년의 세월이 필요했었다. 건축 천재 미켈란젤로는 성 베드로의 무덤 위에 대 건물을 짓기로 했다. 그 자리는 1,500년 전에 보통 사람 베드로가 대설교를 해서 하루만에 3,000명이 결신을 시켰던 자리였다. 그 건물은 지금 600년의 세월이 흘렀지만 꿋꿋이 서 있다. 그곳은 마르지 않은 샘이고 끊어지지 않는 생명이 되었다.

지금 청와대 신무기 전시실 좁은 방에서 박정희는 유신혁명을 위대한 대한민국 건설 설계를 완성시켜내기 위해 몸속에 남아있는 마지막 힘을 쏟아내고 있었다. 설계가 백화점 쇼핑리스트 마냥 그저 나

열해 놓는 것이라면 아무런 의미가 없다. 그저 시간이 지나면 잊혀져 버리고 말게 될 것이다. 그러나 쇼핑리스트에 생명력을 불어 넣어놓으면 성 베드로 대성당처럼 5,000만 한국인이 천년 만년 두고두고 마셔대도 고갈되지 않는 생명샘이 되어질 것이다.

포항제철, 대우조선, 현대자동차, 삼성전자, 석유공사, SK통신, 한국비료, 한국중공업, 흑표전차, 세종대왕함, K-9 자주포, T-50 초음속 훈련기, 전자장비 마비시키는 e폭탄, 레이더에 안잡히는 스텔스기, 상륙함 독도함, 대공미사일 신궁의 탄생은 모두 이날의 산고(産苦)가 있었기에 가능했다.

이날의 박정희는 미켈란젤로가 성베드로 대성당을 건설할 설계도를 향해 마지막 달금질을 하고 있었던 모습 그대로 였다.

제2차 세계대전은 1939년 히틀러가 폴란드를 침공하면서 시작되어 1944년 연합군이 노르망디 상륙작전을 하면서 사실상 종전을 향하여 달려가게 되었다. 이 작전을 위해 280만 명의 대군이 동원되었고, 1,200대의 군함과 상륙주정, 3,000대의 전투기와 폭격기, 2,000대의 탱크, 100만 대의 대포가 동원되었다.

신(神)이 저주했어야할 만큼 잔혹하고 악독했던 히틀러 100만 대군과 접전했던 노르망디 상륙작전이 벌어졌던 6월 6일 하루를 지구상에서 가장 '길고 긴 하루' 라 이름 붙였다.

박정희가 탄생해서 가장 길고 길었던 하루를 청와대 신무기 전시실에서 보내고 있었다. 이 날의 길고 긴 하루가 대한민국의 역사를 바꾸어 놓은 하루가 되었다.

길고 긴 하루가 역사를 바꾸어 놓는다. 그것은 위대한 탄생의 산고가 되는 날이기 때문이다. 산고(産苦)는 탄생의 전야제와 같은것이다.

이제 우리는 대한민국 변신을 위해 벌어졌던 1973년 1월 30일 청와대 신무기 전시실에서 벌어졌던 길고 긴 하루 를 기억해야 한다. 오늘 우리가 맞이하고 있는 자랑스러운 역사는 40여년의 세월이 흘러갔지만 시작된 날은 잊어서는 안 된다.

아, 그날의 성스러움을 어찌 잊을 수 있겠는가.

14. 파멸의 출발점

박정희가 역사에서 깨달음을 얻은 것은 무엇이었을까?

초등학교 4학년 때 일이다. 집안에서 그 집안의 기둥으로 역할을 했던 것이 셋째 형 박상희였다. 맏형 박동희는 만주로 돈벌러 떠돌다가 돌아왔고 둘째형 박무희 역시 일용부로 돈벌이하러 타향살이를 했다. 셋째 형 박상희는 구미초등학교를 나와 동아일보 구미지국장을 했다. 그는 소신 있는 신문 기사를 썼으며 독서를 많이 했다. 박학다식했다. 그는 다섯째 박정희에 대해 관심을 두고 있었다.

"이 책을 읽어 보라."

어느 날, 불쑥 내어민 책이 『성웅 이순신』, 『플루타르크 영웅전』, 『조선 역사』였다. 밤을 세워 읽었다. 가장 감명 받았던 책이 『성웅 이순신』, 『나폴레옹의 일생』이었다.

"정희야, 책을 읽어보니 어떻던가?"

"형, 나 커서 장군 될래요."

"왜 장군이 되고 싶은가?"

"부하들이 많고, 머리를 많이 써야 싸움에서 이겨내는 것이 멋있어요."

"그래 사내로서는 한번 도전해 볼만하지."

이때부터 박상희 형은 무용담을 주제로 한 책을 자주 보여줬다. 이때 이미 박정희는 군인이 되고 싶어졌다. 박상희 형은 항일에 적극 나서면서 의식화가 되어 있었다. 김종필의 처 박영옥의 아버지였던 박상희는 좌익 운동을 하다가 1946년 10월 1일 대구 폭동을 주도했고 3일 천하 대구 폭동 때에 대구경찰서장을 했었다. 경찰과 총격전을 벌이다가 피살되었다. 구미 마을의 '젊은 영웅'은 이렇게 최후를 맞았다. 박정희가 육군사관학교 2기생으로 훈련을 받고 있을 때였다.

박정희는 형의 신념에 따라 독서하면서 역사에 대한 의식에 눈을 떴다. 그는 역사에서 나라가 망하는 과정을 많이 봐왔다. 그가 좋아했던 고구려가 망해 가는 역정(歷程)에서 많은 것을 알아냈다.

동양의 로마로까지 불러주었던 동양 최대 강국 수와 당과 맞서 싸웠던 고구려는 한민족의 영원한 표상이었다. 호방한 무사정신은 작은 나라 고구려를 강한 나라로 만들었다. 불과 1만여 명의 군사로 30만 대군을 이겨낸 것은 1,500년 전의 수수께끼였다. 그랬던 고구려가 남생, 남건, 남산 형제끼리 권력다툼을 하다가, 허무하게 무너져버렸다.

역사는 사람이었다.

잘못 선택한 인물이었던 남생, 남건, 남산은 연개소문의 실수였다. 인사는 한 번의 실수로 흥(興)과 망(亡)이 결정된다.

231

백제 역시 마찬가지였다.

최후의 국왕 의자왕은 보기드문 성군이었다. 그는 행정제도를 개혁해서 효율성을 높였고 문화부흥에 전력하여 동양 최고의 문화대국을 만들었다. 그러나 인사는 부실했다. 충신 성충과 흥수를 투옥시켜 아부꾼만 활개를 치게 만들었고, 국가 힘의 원천 귀족세력과 다툼을 벌이다가 나당 연합군에 의해 멸망하고 말았다.

화려했던 문화는 바다 건너 일본, 중국에까지 전파되었고 신라를 공격하여 40여 성을 함락시켜냈던 백제가 멸망한 것은 명군 의자왕의 인사 부실 때문이었다. 충신 성충과 흥수와 같이 유능한 왕의 멘토(자문관)들을 모두 체포하여 처형해 버렸으니 나라가 망하는 것은 당연했다.

신라, 고려, 조선 2,000년 역사에서 교훈되고 있는 것이 인사부실이었다. 그런 교훈을 통해서 인사를 최고 덕목으로 삼았던 지도자가 박정희였다.

5·16 군사혁명을 성공시켜 놓고서 최고의 역점을 두었던 것이 수출제일주의를 통한 조국근대화와 민족중흥이었다. 이 꿈을 실현해 내기 위해서 제일 먼저 필요한 것이 청사진이었다. 그 청사진을 그려내기 위해 경제기획원을 만들었다.

수장을 어떤 인물로 앉힐 것인가?

첫째 능력, 둘째 소신, 셋째 멸사봉공(滅私奉公)할 사람이 필요했다. 후보자로 선택했던 인물이 김학렬이었다. 그는 성격이 괴팍했고 일에 대한 열정이 대단했다.

그에게 남아 있는 일화 한 토막.

경제개발 5개년 계획 성공여부는 자금동원에 있었다. 외국차관, 외국인 투자가 절실했다. 이 분야 중추를 맡고 있는 책임자가 제대로 업무추진을 못하고 있었다. 그와 마주앉아 토론을 했다.

"불가능 합니다. 누가 대한민국에 차관을 해주려 하겠으며 더군다나 리스크가 많은 곳에 투자하려고 하겠습니까?"

"그럼 그에 대한 대책이 무엇인가?"

"대책 말입니까?"

"그렇소."

"무대책이 대책입니다."

"야, 이 자식아, 무대책이 대책이라고? 널 총이 있으면 총으로 콱 쏘아 죽여 놓을 거야."

얼마나 큰소리로 화를 냈었던지 그 부하가 얼이 빠져버렸다. 그 자리에서 총을 빼어들고 방아쇠를 당길 것만 같았다. 벌떡 일어나 그 자리를 피해 도망치려 했다. 그는 방문을 열려고 허둥댔다. 캐비닛을 열고서 머리를 처박았다. 커피 잔을 들고서 들어왔던 여비서는 웃음이 터져 나왔다.

꿩이 총소리에 놀라 풀 더미에 머리를 처박고서 바둥대는 모습이다. 코미디 같은 이 광경은 그의 성격이 어떤 인물이었던가를 알아볼 수 있는 장면이 되어버렸다.

김학렬을 경제기획원 장관으로 스카우트하면서 단 둘이서 술좌석을 가졌다. 두 사람은 경제개발 5개년 청사진에 대해 이런 얘기, 저런 얘기 나눴다. 얘기에 빨려들어 술을 많이 했다. 그는 술이 약했다. 양주 시버스리걸이 바닥을 보일 때쯤에서 앞뒤 가리지 못했다. 천정이 빙글빙글 돌았다. 몸을 가누지 못하고 방바닥에 누워버렸다. 박정희 역시 취했다. 걸음이 비틀거렸다. 그러자 수행원이 엎으려 했다.

"안돼. 나의 등에 업혀줘!"

자신이 술에 만취되어 비틀대는 판에 자기 등에 업겠다니 당황했다. 그렇게하여 대통령 승용차에 태웠다. 그리고 김학렬의 집으로 갔다. 거기서도 등에 업고 안방엘 갔다. 아랫목에 눕혀놓고 이불까지 덮어주고서야 돌아왔다.

인재를 어떻게 대해 주어야하는지를 보여준 사례다. 군주(君主)의 시대는 아니지만 상관이 부하를 사랑하는 마음이 어떤 것인지 가슴이 찡해오는 일이다. 한 젊은 엘리트 장관이 여비서와 육체적 사랑을 했다가 임신을 시켜버린 사고가 발생했다. 그 장관은 불혹(不惑) 나이였음에도 소신과 철학을 가졌던 인재였다. 비록 실패했던 정책이었지만 화폐개혁, 부가가치세제 도입, 8·3조치(기업의 악성 사채 동결조치) 등 무수한 경제개혁조치를 만들어냈던 박정희 경제사단 일원이었다. 그는 김재규 중앙정보부장과 대결해 중앙정보부장의 기업경영통제 쇠사슬을 끊어버렸다. 기업이 은행대출을 받을 때 10억 원이 초과되면 중앙정보부장의 승인을 받도록 했다. 기업가들은 경영의 비밀이 노출되어 적극 기피했다. 그러나 박정희 경제사단 핵심 멤버였던 젊은 엘리트는 재무부장관에 등극되자 즉시 그 제도를 중단시켰다.

김재규 중앙정보부장은 어느날 갑자기 재벌들의 발길이 끊어졌다. 대출협조조치가 폐지된 후 벌어진 일이었다. 매일 수많은 재벌들이 찾아와 머리를 조아렸었는데 그 발길이 뚝 사라져 버렸다.

"요사이 왜 재벌 녀석들이 보이지 않고 있느냐?"

"아직 모르시고 있으십니까?"

"무슨 일이 있었다는 말이군 그래."

"신임 재무부 장관이 중앙정보부장의 대출 협조 제도를 중단시켜버렸습니다."

"그놈이 중앙정보부장을 무시했구나. 어디 두고 보자."

분노를 했다. 괘씸했던 것이다. 매일 한 차례씩 박정희와 독대하는 자리에서 뜬금없이 폭탄발언을 했다.

"각하, 재무부장관이 큰 사건을 저질렀습니다."

"무슨 일이시오?"

"글세 여비서를 건드려 임신 7개월이라고 합니다."

박정희는 대경실색을 했다. 유교적인 윤리관이 철두철미했던 터라 인재를 고를 때 병역기피자와 사생활 문란자에 대해서는 가혹했다. 그런 점을 잘 알고 있던 김재규는 정곡(正鵠, 과녁의 중심이라는 뜻으로 핵심을 가리킴)을 찔러 대고 있었다.

그후 여러 차례 고자질해도 모른척 외면했다. 그러자 김재규는 비장한 마음으로 대들었다.

"김 부장, 배꼽 아래 일을 가지고 왜 자꾸 그러시오? 혹시 기업대출 규약을 개정한게 불편해 그러시는 것 아니시오? 그것은 내가 지시 했소. 기업규모가 커져서 백억 원이라면 몰라도 10억 원으로는 아니되오. 기업가들이 마음 편해야 나라 경제가 잘되는 것이 아니겠소?"

"그게 아닙니다. 국민들 사이에서 말이 많으니까 그러는 것이죠."

"그렇다면 내가 조치를 취해 보겠소."

결국 재벌들이 이런 사실을 알아차리고서 그룹재벌들이 그 문제를 해결하여 신상변동이 없게 만들었다.

박정희의 인재사냥에 심혈을 기울이지만 인재 양육에도 초법적이었다. 읍참마속(泣斬馬謖)에 예외를 두고 있었다. 이렇게

235

인사에서 예외적인 혜택을 받은 장관들은 그에 보답하겠다는 마음이 든다. 그 자신, 대한민국의 특별한 사랑을 받았었다. 그는 마음 한 구석에 꼭 보답해 보이겠다는 결심을 잊지 않으면서 살아가고 있다.

1948년 10월 19일.

여수, 순천에서 국군 제14연대 지창수 상사, 홍순석 중위가 반란을 일으켰다. 남로당원이었던 군인들이 3,000여 명의 병력을 동원, 여수와 순천 주요관서 경찰서, 군청, 우체국, 철도역사, 은행, 학교, 전매서 건물에 방화하고 시민 6,500여 명을 처형시켜 버렸다. 진압군이 나서서 진압을 시켰다.

이때에서야 정부와 군은 국군에까지 남로당 공산주의 세력이 침투해 있다는 사실을 알게 되었다. 즉시 남로당원 검거에 나섰다.

하나의 회오리바람이었다.

박정희 운명에서 하나의 굴곡이 만들어졌다. 남로당에 관여했던 것이 밝혀져 체포됐고 군법재판에서 사형선고를 받았다. 이때는 사형선고가 내려지면 곧바로 사형이 집행됐다.

박정희는 군에서 최고 엘리트 인재였다. 즉시 군을 사랑하는 장성들이 일어섰다. 그들은 기민했다. 국군의 백년대계를 생각하고 있었다. 만주군관학교 수석 졸업, 일본 육군사관학교 3위 졸업, 대한민국 육군사관학교 2기 수료, 육군사관학교 중대장(교수격이었음)이었다. 군의 최고 엘리트였다.

"박정희 엘리트 인재는 살려야 한다."

채병덕 육군참모총장(일본 육사 49기), 정일권(만주군관학교, 일본

236

육사) 이응준(일본육사), 이종찬(일본육사), 백선엽(만주군관학교), 김정열(일본육사) 등 군의 엘리트들이 모두 일어나서 박정희 구명운동에 나섰다. 박정희 개인 보다는 군의 엘리트 인재를 살려내야 국가발전에 도움이 된다는 생각이었다.

박정희 얼굴도 모르고, 이름도 들어보지 못했지만 엘리트 인재라는 얘기와 그의 만주군관하교 수석, 일본 육군사관학교 차석 졸업했다는 경력만 보고서도 '살려야 된다' 는 생각을 가졌던 인재 사랑이 그를 기적적으로 살려냈다.

그때부터 박정희는 인생관이 달라졌다.

"나라를 위해서 헌신해야 한다."

"인재에게 사랑의 되물림을 할 줄 알아야 한다."

개인적 이해(利害)와 정분(情分) 때문에 야수 같은 남로당에 개입했던 일을 반성했다. 환골탈퇴(換骨奪胎, 뼈를 바꾸고 태를 빼앗는다는 것으로 완전히 변신을 뜻함)를 했다.

그 이후부터의 삶은 덤이었다.

덤이라는 말은 제값어치의 물건밖에 더 얹어서 주고받는 일이라는 뜻이다. 한 마디로 공짜라는 것이다. 박정희 나이 31세 이후의 삶은 공짜 인생이라는 뜻이다. 세상에서 공짜는 없다. 그럼에도 머리가 명석해서 1등으로 졸업했다는 이유로 공짜 인생을 살고 있으니 얼마나 황송스러운 일인가.

죽는 날까지 공산당과 싸워 이 땅에서 더는 희생자가 나오지 않게 하는 것이 자기의 덤인 생이 살아가는 천명(天命)이라 판단했다.

무엇이 그렇게 극적인 대역전을 만들어낸 것일까?

박정희는 일본 육군사관학교를 차석으로 졸업하고 관동군 소위로 출발했다. 만주군 보병 8단(연대) 중국인 출신 당제영 상교(대령)의 부관으로 복무했다. 여기서 박정희는 예하부대 작전명령을 하달하고 단기(團旗)관리를 하고 있었다. 연대를 움직이는데 박정희의 업무는 간단했다. 시간이 많이 남았다. 멍하니 앉아서 시간을 킬링(죽이는)하는 것이 보통군인들이 하는 일이었다. 그러나 박정희는 달랐다. 책을 읽었다. 역사책이었다. 그가 읽고 있던 로마흥망사와 일본의 전쟁상황과 엇비슷했다. 로마군의 결사항전과 일본군의 옥쇄작전은 너무 닮아 있었다. 최후의 1인까지 전원 죽게 될 때까지 싸우는 방식이 문제였다. 병사의 목숨을 파리 목숨으로 취급하는 나라는 결국 멸망했다.

오키나와에서 18만 명이 전원 죽으면 미국 병사 1만 2천 명이 전사했다. 그 보고를 접했던 트루먼 대통령은 일본 본토 상륙에는 얼마나 되는 미군 병사가 전사하게 되겠는가 질문을 참모총장에게 던졌다. 충격적인 대답이 나왔다.

"놀라지 마십시오. 대략 100만 명이 희생될 것으로 추정됩니다."

"뭐라구? 100만 명?"

충격을 받은 트루먼 대통령은 원자폭탄 키를 꺼냈다. 히로시마, 나가사키 원폭투하는 일본군의 옥쇄작전과 가미가제(神風, 자살특공대)가 만들어낸 지옥불이었다.

"어떠한 이유로든 사람을 죽여서는 안 된다!"

박정희의 사생관(死生觀)이었다. 그의 신념은 확고했다. 군인은 죽음을 예방하는 보루였다. 율곡 이이가 10만 대군 양병론을 주창한 역사를 향해 경의를 표한다. 율곡은 조선 최고의 휴머니스트로 격찬한다.

왜 10만 대군 양병론이 휴머니스트가 되는 것일까?

1592년 임진왜란으로 조선인의 희생은 500만 명에 이르렀다. 만약 임진왜란전에 10만 대군을 양병했더라면 정보귀재 도요토미 히데요시는 조선침략을 포기했을 것이다. 조선침략이 포기됐더라면 목이 잘리우고 코, 귀가 잘리는 비극이 없었을 것이다. 군인은 전쟁을 하기 위해 필요한 존재가 아니다. 전쟁을 피해가는 도구로서 필요한 존재로 보고 있는 것이다.

여순사건 발생 3일 후, 현장으로 달려 갔던 박정희는 깜짝 놀랐다. 명석한 두뇌의 소유자가 깜쪽같이 속았던 것이다. 그를 남로당으로 이끌어 냈던 이재복은 일본 동지사대학 신학과를 졸업했던 목사였다. 그는 대학다니며 공산당에 빠져들었다. 박정희의 멘토 셋째형 박상희 친구였다. 불의의 죽음을 당했던 형 박상희 유족(박정희 형수)을 음으로 양으로 도와 주었다. 쌀을 가져오는가 하면 자녀학비라며 돈 봉투를 내어 밀었다. 그렇게 도움을 주는 천사 이재복에게 박정희는 감사했다.

"자기도 살기 어려운데 죽어버린 친구 가족을 돕다니 감사한 분이셔."

박정희 생각과는 달리 검은 마음을 감추고 있었다. 이재복은 남로당에서 군인을 관리하고 있었다. 그는 일찌감치 손을 뻗치고 있었다. 그의 옭가미에 박정희가 걸려들었다. 그렇게 천사같아 보이던 해외 유학파 성직자가 맹열 공산당원이라니 놀라운 일이었다.

방화, 약탈, 살인, 파괴, 혼란이 극도에 달해 있었다.

"공산당은 분명히 망한다!"

박정희는 등을 돌려버렸다. 곧바로 남로당 수사본부를 향했다. 공산당은 잘못된 길을 걸어가고 있었다. 서울 가는 길이 많다. 걸어서, 기차 타고, 버스 타고, 배타고, 비행기 타고 간다. 그러나 엉뚱하게 삼천포로 향하면 영원히 서울에 못간다. 36년 동안 일본치하에서 고통을 받았던 국민들이 이제 바른 길을 가야 했다. 공산주의 남로당은 잘못 가고 있었다. 모두 손을 잡고 나라를 잘되게 해야 하는데 파괴, 약탈, 살인, 방화라니 엉터리 없는 일이었다.

조선 역사 600년 동안 가장 포악무도했던 인물로 연산군으로 지목한다. 피를 부르는 복수를 하면서 무수한 사람이 희생되었다. 그 죽음들이 그를 연연세세 폭정을 했던 인물로 평한다. 이성계 역시 새나라를 건국하면서 많은 인재를 죽였다. 충절을 지켜 따르지 않는 선비 관료들을 무수하게 죽였다. 그래서 역사는 비판한다.

무슨 일을 어떻게 하던 사람을 죽이면 그 업보로 망한다.

소련이 무너질 때 상페테스부르크 광장에 세워져 있던 레닌의 동상이 철거되었다. 성난 시민들이 레닌 동상의 목에 로프로 묶어 무너뜨렸다. 그리고 개 끌 듯이 끌고 다니면서 환성을 지르던 모습을 보라. 차르 황제와 그 일가를 몰살시키고, 반대자 100만 명을 처형했다. 그 살인이 100년 후에 심판을 받은 것이다.

역사에서 살인은 하나의 업보다.

반드시 심판을 받게 된다.

여수, 순천 거리에 줄지어 늘어선 처형된 경찰, 관료, 부자, 반공 청년들의 시체가 박정희의 생각을 바꾸어 놓았다. 그로부터 50년의 세월이 지난 지금, 북한땅에서 무슨 일이 벌어지고 있는가.

추위와 굶주림에 죽어나가는 시체 행렬이 20여년 계속되어지고 있다. 그것은 종말의 전주곡일 뿐이다. 산에는 나무가 없어 붉은 황토뿐이고, 밤이면 전깃불이 없어 캄캄한 암흑세계다. 영하 강추위에 땔감이 없어 떨어야 하는 국민들, 먹을 것이 없어 압록강, 두만강을 넘어 만주 벌판을 헤메는 난민들, 공장의 기계는 멈춰 서있고, 대지는 목말라 한다.

끝날이 가까워지고 있다.

그 원인이 무엇일까?

무수한 살인, 약탈, 방화, 처형, 테러에 대한 하늘의 벌 즉 천벌(天罰)인 것이다.

천벌은 어디서 오는 것일까?

예일대 역사학자이자 교수 폴 케네디는 그의 저서 『강대국의 흥망』에서 답을 이끌어 냈다. 1000년 역사에서 교훈이며 한 국가의 흥망성쇠를 이렇게 결론지었다.

"국가는 빵과 대포를 생산해 낸다. 빵을 많이 생산해낸 나라는 흥한다. 반대로 대포를 많이 생산해내는 나라는 망한다."

1000년 불변의 진리다. 그 진리를 정확하게 꼭 집어낸 사람이 국가 번영을 가져오고 국민이 쌀밥과 쇠고깃국을 먹게 만든다.

일본 건국의 제왕 오다 노부나가는 이런 말을 남겼다.

"백성의 호주머니를 두둑하게 만들어라. 그것이 통치의 최고 덕목이다."

그의 말을 뒤집어 보면 폴 케네디의 말이 된다. 600년 전 일본의 통치자였던 그가 남겼던 통치술이었다.

"보릿고개를 없애고 수출로 나라를 세우자."

박정희의 통치술이다. 그는 일하면서 싸우자고 국민과 소통하고 목숨을 걸었다. 역사 공부에 전력투구했던 관계로 폴 케네디의 생각과 일맥상통했다.

김일성은 어떠했던가?

정규군 100만 명, 노동적위대 200만 명, 전 국토의 요세화, 전 군의 간부화를 외쳐대면서 대포생산에 전력투구했다. 김일성은 통치자로서 박정희와 상대가 되지 않는 저질스런 인물이었다. 군의 전력은 국력에서 나온다. 제2차 세계대전에서 일본이 미국에 패배했다. 전쟁은 총과 대포가 승리를 가져다주는 것이 아니다.

국력이 승리의 원천이다.

국력이란 무엇인가?

생산력이다. 하루 비행기 10대 생산하는 나라와 1,000대 생산하는 나라의 싸움에서 1,000대 생산하는 나라가 승리한다. 태평양 과달카날 섬 전투에서 있었던 일이다.

섬에 상륙한 미군들이 비행장 건설을 하루 밤 사이에 완성해 냈다. 일본군 패잔병들이 산속에서 미군들이 비행장 건설하는 광경을 보았다. 불도저로 땅을 파더니 그 위에 철판을 깔았다. 일본군이 비행장을 건설하는데 4개월이 걸렸다.

"일본은 반드시 패한다."

도쿄대 재학생 야마다 병사가 그의 일기에 써놓은 말이다. 일본과 미국은 국력 차이가 몇 배가 됐다. 전력의 원천이 국력이라는 사실을 모르고 있는 김일성의 나라가 망하는 것은 1000년의 역사가 말해주고 있다.

나라가 멸망에 이르는 역정(歷程)은 어디에서 출발하게 되는 것일까?

첫 번째는 통치자의 생각과 이념이다.

두 번째는 인재의 능력이다.

북한은 망하고 남한이 번영하게 된 것은 이미 오래전에 결정되어진 일이었던 셈이다.

김일성은 소련군 장교로 있으면서 테러를 배웠고 주변에는 그런 부류들이 모여 들었다. 테러와 음모로 나라를 경영하지 못한다. 북한의 멸망은 우연이 아니고 필연이다.

박정희는 수재집단이었던 대구사범학교, 만주군관학교, 일본 육군사관학교에서 수학했다. 역사를 알고 인재경영을 안다. 박정희의 인재발탁, 양성, 운용에는 비법이 있었다. 삼성그룹 이병철과 엇비슷했다. 이미 널리 알려진 바와 같이 이병철은 철저하게 공채를 원칙으로 했다. 박정희는 고시를 신뢰했다. 일단 선발하면 신뢰하고 교육을 시킨다. 이병철이 일본 출장길에 나서면 돌아올 때 경영서, 교양서를 구입해 온다.

"김과장, 이 책을 읽으시고 감상문을 써서 주시게."

책을 받은 사원은 일생 일대 최고의 영광으로 안다. 일기일회(一期一會, 모든 것은 일생에서 단 한 번 뿐이다)로 생각한다. 인재에게 좋은 글을 읽게 만들 기회를 주고 그의 생각과 내면의 세계를 점검해보는 방법이다.

박정희는 토론과 과제를 준다.

"오원철 비서관, 북한을 어떻게 생각하시는가?"

불쑥불쑥 던져지는 화두는 그를 알아보는 기술이다. 또 토론을 통해 인재의 생각의 폭을 넓혀준다.

이렇게 길러진 인재라 하더라도 탐욕에 빠지면 용서하지 않는다.

공채 1기생 조동화는 만능의 인재였다. 입사 10년 만에 삼성그룹 모기업 삼성물산 사장으로 발탁됐다. 수출실적 1위 종합상사로 반듯하게 성장시켜냈다. 입사 동기생 가운데 가장 먼저 사장으로 승진하는 영광을 가슴에 안았다.

호사다마(好事多魔)라 했다던가.

그는 만나서는 안될 사람을 만났다. 원그룹 원길남 회장이 방문했다. '무서운 아이들'로 유명했던 율산그룹이 사우디 진출을 하는데 결정적인 역할을 했다면서 주간지에 기사화됐던 인물이었다.

"사장님, 제가 사우디로부터 큼지막한 오퍼를 하나 받았습니다. 시멘트 30만톤 오퍼입니다. 삼성에 팔았으면 합니다."

"좋습니다."

건설자재 수출이 약했던 삼성으로서는 아주 귀중한 오퍼였다. 선화증권과 수출송장을 받고서 일금 38억 원을 지급했다. 그러나 그 서류는 모두 가짜였다. 교묘하게 위조된 것이었다. 이 문제를 해결하기 위해서 동분서주했다. 금세 해결될 것 같더니 항상 내일로 미루어졌다. 사기꾼들은 항상 그렇게 한다. 눈을 감고 죽는 순간까지 내일이 반복된다. 발 없는 말이 천리가고, 밤에 했던 말(言)은 쥐가 듣고 낮에 했던 말은 새가 듣는다. 그 소문이 이병철 회장에게 들어갔다. 그러나 조 사장을 믿었다. 저녁 회식이 있던 자리에서 슬쩍 운을 뗐다.

"조 사장, 요사이 수출업계에서 이상한 소문이 떠돌아 다니고 있더구먼. 너무 어처구니 없는 루머라서 난 아예 믿지 않고 있습네다."

"저도 듣고 있습니다만 전혀 근거가 없는 말인데다가 나를 향해 화살을 겨누고 있는 경쟁자들의 짓이지요."

"쓸데 없는 헛소문이지요?"

"분명히 헛소문입니다."

이렇게 부인한지 달포 후, 검찰에서 수사에 착수하게 됐다. 원그룹이 부도나면서 사기행위가 널부러져 있었다. 꼬리가 길면 잡히게 되는 법이었다.

"조사장, 나는 돈이 아깝지 않소. 사장이 나에게 거짓말을 했다는 것이 더 없는 분노를 샀소. 당장 떠나시오."

이병철 회장의 결단은 칼날같은 것이었다. 박정희도 마찬가지였다. 전투에 패배하는 것은 얼마든지 용서가 되지만 허위보고는 용서하지 않았다. 거짓말은 파멸의 출발점이 된다.

파멸을 하고 싶은가? 사기를 하던지 거짓말을 하라.

15. 권력을 향한 충동

1980년 3월, 도쿄 잡지사 회의실 일본 극우파 정치평론가 후지하라, 현재 도쿄 지사로 재직하고 있는 이시하라, 두 사람이 '오쿠보형 인물대망론' 논제를 놓고 대담을 나누고 있다.

"한국경제가 무척 빠른 속도로 발전했습니다. 그 원동력은 박정희 대통령이었습니다. 그 힘은 무엇이었다고 보십니까?"

"일본 역사 개척자 오쿠보 도시미치 선생을 연상시킵니다. 저는 이미 1972년 10월 유신선포를 했을 때, 그렇게 생각했습니다."

일본 역사 교과서 개정, 독도 영토주장으로 한국인의 자존심을 크게 자극했던 인물들이 박정희를 평가하고 있었다. 그들의 머릿속에는 그들의 영웅 오쿠보 도시미치가 박정희가 사숙(私淑, 직접 가르침은 받지 않았으나 그 사람의 행적이나 학문을 사모하여 자기를 완성 시킴) 해서 성공했다고 보고 있었다. 역시 극우파적인 행태이며 생각이었다.

과연 박정희는 일본 명치유신의 창시자 오쿠보 도시미치를 따르고 모방했던 것일까?

이 물음에 답하기에 앞서 오늘의 일본을 생각해 본다. 일본의 지식인 두 사람이 얘기하고 있을 때, 일본은 '잃어버린 10년'이 출발되고 있었다. 물가는 오르고, 기업들은 활기를 상실해 갔다. 대학을 졸업해도 일할 자리가 없어 백수가 되고, 거리마다 실업자와 노숙자가 넘쳐났다. 기업가들은 투자를 못하고, 한국의 역동적인 해외진출을 보면서 심각한 트라우마에 빠져버린다. 일본인들이 자랑하고 있는 유도경기에서 한국 선수들에게 한판패가 연이어지고 만다. 그뿐이 아니다. 일본 국기(國技)로 자부하고 있던 야구경기에서 한국팀에게 연이어 대패한다. 그들이 자랑하던 소니, 도시바, 히타치, 샤프, 마스시다, 파라소닉, 후지쓰, 미씨비시전기, 산요, NEC가 삼성전자에 밀려났다. 반도체, 철강, TV, 냉장고, 조선산업 모두 한국에게 1위 자리를 빼앗겨 버렸다. 그들이 자랑하던 오타구, 모노즈쿠리, 가이젠, 저스트 인 타임도 소용이 없어져 버렸다.

그 원인은 일본 지식인들의 오만과 자만심이 가져온 비극이었다. 한국의 영웅 박정희를 자기들의 문하생으로 치부하고 싶은 오만과 편견이 오늘의 '잃어버린 10년' 출발점이다.

후지하라와 이시하라 머릿속에 박정희의 유신을 일본 백화점의 쇼핑리스트로 착각하고 있었다. 박정희의 힘은 고목(古木)에 꽃을 피워내고 비목(碑木)과 대화를 해내는 정신력이었다는 역사적 사실을 애써 외면하고 있었다.

그것이 일본인의 비극이었다.

이러한 사실들이 박정희가 일본의 영웅 오쿠보 도시미치를 모방한 것이 아니다하는 대답이 될 것이다. 일본 지식인들이 웃고 있었던 명치유신의 쇼핑리스트가 생명력을 가지고 한국의 근대화와 민족중흥의 뼈가 되고 살이 되었던 것임을 외면하려고 했던 업보다.

박정희는 어떻게 유신의 쇼핑리스트이라는 고목(古木)에서 잎이 나오고 꽃을 피워 열매를 맺어지게 만들었던 것일까?

박정희는 조국근대화와 민족중흥에 자기의 혼을 불어넣어 무위진인(無位眞人)이 되어 있었다. 5·16 군사혁명을 하면서 이미 자기를 경제개혁의 파도 속에 던져 버렸다. 파도치는 바다에 나서게 되면 누구나 두려움을 느낀다. 그것은 본능이다. 그 두려움을 잊으면 만사가 자기 마음대로 된다.

달마대사가 숭산 소림사로 입산, 10년동안 면벽수도를 했다. 그는 사람이지만 사람이 아니었다. 사람을 보지않고서도 그 사람을 알아봤다. 인도 향지국 왕자였던 달마대사가 실크로드를 따라서 중국엘 왔다. 3년의 세월이었다. 그는 중국어를 배우지 않았다. 그러나 10년 동안 면벽수도를 하면서 중국어를 깨우쳤다. 도통(道通)은 그런 것이다. 그는 3,000여 제자를 면접해 그 가운데서 혜능을 후계자로 선정했다.

달마대사는 벽을 향해 좌선하고 있고 제자가 그의 뒷꼭지를 보고서 면접했다.

"대사님, 저는 절 200개를 건설했습니다. 앞으로 1만 개를 더 짓겠습니다."

"큰 일 했다. 그러나 부족하다. 뭔가 더 나에게 보여다오. 물러가 있거라."

이렇게 3,000명 면접을 했다. 맨 마지막으로 혜능이 찾아왔다. 그는 입을 떼지 않았다.

"그래 뭐를 보여주겠는가?"

"여기 있습니다."

혜능은 왼팔을 잘라 내밀었다. 그러자 달마대사는 뒤로 돌아 앉으면서 혜능에게 자기의 가사와 바리를 물려주었다. 선종 2대 교주가 됐다. 도통자는 그렇게 능력이 있었다. 혜능은 선종 2대 교조로서 큰 위업을 해냈다. 그가 바랬던 것은 업적이나 능력이 아니라 행동력이었다.

박정희는 조국의 근대화와 민족중흥이라는 화두에 대해서 도통자가 됐다. 일본의 두 지성 후지하라 정치평론가와 이시하라 소설가가 내어 밀었던 오쿠보 도시미치를 초월(楚越)해낸 위인이었다. 대철학자 버트란트 러셀이 설파해냈던 권력(權力)이 박정희에겐 필요 없었다. 권력은 누구나 가지고 싶은 것이고, 무엇이던 해결해 주는 마력(魔力)이 있는 것이다. 사람은 누구나 안락을 추구하고, 쾌락을 즐기려한다. 마지막으로 안정된 삶을 찾는다. 그 모든 것은 권력이 해결해 준다. 인류 역사가 시작되면서 무수한 영웅들이 권력을 향해 목숨까지도 가볍게 던져왔다.

권력의 마력에 도취해서 유신개혁을 했던 것일까?

유신반대론자들은 유신개혁의 건너편에 있는 권력의 마력 때문이라고 몰아붙인다. 유신개혁이 그랬다고 한다면 오늘의 대한민국은 존재하지 않았을 것이다. 유신개혁 다음 곧바로 이어진 경제청사진이 이를 말해주고 있다. 1973년 1월 12일에 있었던 연두기자회견은 한국이 후진국의 탈을 벗어놓은 계기를 만든 하나의 사건이다.

이 기자회견은 늘상 해오던 기자회견과는 달랐다. 하나의 변화선언이었다. 총각과 처녀가 결혼예식장에서 주례자의 성혼선언이 있게 되면 그 순간, 두 사람은 총각과 처녀가 아니다. 부부가 된다. 한국이 어제의 나라가 아니고 새로운 나라로 탈바꿈한 것이다. 속도 빠르게 질주하는 모습이 100미터 단거리 달리기와 같았다. 빨리빨리 역동성이 불을 붙인 것이다.

"우리나라 공업은 이제 바야흐로 중화학공업시대에 들어섰습니다. 따라서 정부는 이제부터 중화학공업육성의 시책에 중점을 두는 중화학공업정책을 선언하는 바입니다. 또 하나는 오늘 이 자리에서 우리 국민들에게 내가 제창하는 것은 이제부터 우리 모두가 전국민의 과학화 운동을 전개하자하는 것입니다. 모든 사람들이 과학기술을 배우고, 익히고, 개발을 해야 하겠습니다. 그래야 우리 국력이 급속히 신장될 수 있습니다. 과학기술의 발달 없이는 우리는 절대로 선진국가가 될 수 없습니다. 80년대에 가서 우리가 100억 달러 수출, 중화학 공업의 육성 목표를 달성하기 위해서는 범국민적인 과학기술의 개발에 총력을 집중해야 되겠습니다. 초등학교 아동에서부터 대학생, 사회 성인까지 남녀노소 할 것 없이 우리 모두 과학기술을 배워야 되겠습니다. 그래야만 국력이 빨리 신장되는 것입니다. 80년대 초에 우리가 100억 달러의 수출목표를 달성하려면, 전체 수출상품 중에서 중화학 제품이 50%를 훨씬 더 넘게 차지해야 되는 것입니다. 그러기 위해서 정부는 지금부터 철강, 조선, 기계, 석유화학 등 중화학 공업 육성에 박차를 가해서 이 분야의 제품수출을 강화하려고 추진하고 있습니다.

참고로, 80년대 초에 가서 우리 정부가 구상하고 있는 중요한 중공업부분의 생산시설능력을 몇 가지만 예를 들어서 말씀드린다면 제철능력은 지금 현재의 100만 톤에서 80년대 초에 가서는 약 1천만 톤까지 끌어올리고, 조선능력은 현재 약 25만 톤 되는데 이것을 약 500만 톤까지 끌어올리며 석유화학 원료가 되는 에틸렌 생산은 지금 10만 톤인데, 80년대 초에 가서는 80만 톤 수준까지 끌어올리며, 전력은 지금의 380만 킬로와트에서 1천만 킬로와트까지 끌어올리고, 시멘트는 지금의 800만 톤에서 1천 600만 톤 수준까지 올려야 되겠으며, 기타 자동차는 현재 약 3만 대가 되는데, 그 때에 가서는 약 50만 대 정도의 생산 능력으로 올라갈 것입니다. 그 외에 전자공업 등 여러 가지 부분이 많이 있습니다마는 중요한 것만 몇 가지 얘기 했습니다.

(중략)

이렇게 공장이 들어서고 여러 가지 산업시설이 늘어나면 국민들 모두가 여기에 나와서 일을 할 수 있는 기회를 많이 갖게 될 것입니다. 그렇게 되면 국민들도 모두 기술이 있어야 되겠습니다.

(중략)

근면하고 검소하게 생활하고, 절약해 저축을 하면 국민이나 국가는 부자가 되기마련입니다. 새로운 역사를 창조한다는 것은 우리의 땀과 노력만이 가능케 합니다. 서로서로 도와서 땀을 흘려 일하고 소득증대 힘써서 부자마을 만드세! 살기 좋은 내 마을 우리 힘으로 만드세, 라는 소박한 노래 한 구절에 10월 유신의 정신이 전부 포함되었다고 말씀드리고 싶습니다."

연두 기자회견은 장장 2시간 17분간 있었다. 40여 년이 지난 지금

돌아보면 유신의 청사진이 모두 그대로 실현되어 있음을 보게 된다. 거대한 국가 개조 청사진이 하나하나 구체적으로 그려져 있다. 이를 실천해서 꿈이 아니라 현실로 만들어 놓자면 우리의 정치력, 우리의 법과 제도, 우리의 경제력으로서는 불가능한 일이었다. 이 청사진이 실천에 옮겨져야 조국근대화, 민족중흥의 대망이 이루어진다.

버트란트 러셀의 권력에서처럼, 개인적인 안락, 쾌락, 안정을 지향하려는 것이었다면 또 개인적인 권력과 사사로운 영광을 추구하는 것이었다면 그렇게 거대한 청사진을 실행할 수 있었을까?

현실적으로 노(No) 라고 대답이 나오게 된다. 이를 반증하는 일이 그의 죽음에서 읽어낼 수 있다.

1979년 10월 26일 밤.

김계원 청와대 비서실장이 이미 죽어 버린 사람을 등에 업고서 수도육군병원에 나타났다. 군의관에게 귀뜸하듯 당부한다.

"귀관이 당직 의사신가?"

"그렇습니다만…."

"중요한 분이시니 그리 알고 꼭 살려놓아야 하네."

"최선을 다해보겠습니다."

상처는 머리와 가슴팍이었다. 검진을 해보니 이미 죽어 있었다. 더 이상 그가 할 수 있는 일이 없었다. 양복은 20년 지난 낡은 것이었고 혁대는 닳아서 실밥이 나와 있었다. 와이셔츠는 양팔 소매가 닳아서 입지 못할 옷, 거기다가 넥타이도 10년은 훨씬 지난 낡고 탈색돼 있었다. 양말은 구멍이 나있고, 구두는 뒷굽이 닳아서 버렸으면 좋을 지경이었다. 머리 총상으로 얼굴이 퉁퉁 부어올라 누군지 알아볼 수 없었다.

"이분이 누구길래 청와대 비서실장의 등에 업혀 왔을까?"

아무리 봐도 추정하거나 감정해 낼 수 없는 노인 시체였다. 이렇게 누추한 옷과 구두 그리고 혁대를 차고 있는 박정희에게서 안락한 삶이나 쾌락, 안정된 삶을 기대하기는 어려운 일이었다. 그가 추구하고 있는 검이불누(儉而不陋, 검소하지만 누추하지 않음)와 거리가 있다. 도저히 버트란트 러셀의 권력과는 거리가 있다.

그는 조국근대화와 민족중흥이라는 생각에 너무 깊숙이 함몰되어 있었던 것이 아니었을까?

승려 지망생이 꼭 거쳐야 하는 만행(萬行)에서 극한적인 아픔을 인내해야 한다. 조국근대화와 민족중흥은 박정희의 종교였다. 신앙을 위해서 자기 한 몸 희생시키는 일로 가볍게 여겼다. 그의 눈에 버트란트 러셀의 권력은 전혀 생각 밖의 일이었다.

1978년 1월 31일까지 임기 6년의 대통령에 취임하면서 그의 눈앞에는 경제개발계획만이 있었다. 국가를 통치해 보겠다는 정치인들은 모두 도둑떼로 보였다. 잠을 자고나면 진산파, 당권파, 주류파, 비주류파, 4분 5열되어 싸움질이었다. 싸움질의 이유는 돈을 챙기기 위한 쟁투였다.

박정희는 암으로 작고한 조병옥 박사를 떠올려 본다. 존경하고 있는 대인(大人, 큰 사람) 이용문 장군과 친교가 있던 조병옥 박사에 대해서 자주 얘기를 전해 들었다. 조병옥 박사는 돈을 돌조각으로 보고 있었다. 매일 식객이 백여 명이었다. 이들에게 밥을 해대는 일은 조병옥의 부인 몫이었다. 쌀뒤주가 비어 갔다. 그러한 실정을 알고 있던 사람이 회사 헌금했던 것인지 캄캄한 새벽에 앞마당 꽃밭에 일금 오만 원을 신문지로 싼채로 놓아두었다. 앞마당 빗자루질

253

을 하던 가신(家臣)이 찾아냈다.

"박사님, 누군가 돈뭉치를 꽃밭에 놓고 갔습니다."

"뜯어 보시게."

"돈입니다."

그 소리에 부인은 쌀문제가 해결됐다 생각하고서 반가워했다. 그러자 조 박사는 엉뚱한 지시를 내렸다.

"그 돈 즉시 당 총무국에 입금시키시게."

"당수님, 집에 쌀이 떨어졌습니다."

"그건 자네가 걱정할 일이 아니야. 저자가 처리하실껄세."

"……."

집안 일을 하는 가신은 어이가 없었다. 부인의 낙담은 더 했다. 그러나 조 박사는 모르는 척 했다. 돈이 집안 마당에 떨어져 있었지만 그 돈은 당을 위해 써달라는 기부자의 뜻으로 해석했다. 집안의 쌀뒤주 문제는 어디까지 개인의 일이지 당무(党務)와는 상관없는 일이라 보았다.

그 일화를 들으면서 박정희는 조병옥 박사의 강직함에 감명을 받았다. 명문집에서 태어났고, 유교적인 금욕을 미덕으로 치부하는 인품에 머리가 숙여졌다.

"정치판이 모리배로 득실거리고 있지만 조병옥 박사와 같은 인물이 있었어. 그런 인물이 있다면 정치판에 아름다운 얘기가 샘솟고 있을 텐데."

박정희는 사서삼경을 즐겨 읽고 있었다. 낭중지추(囊中之錐, 호주머니에 송곳을 넣어 둔다는 뜻으로 사람의 됨됨은 반드시 세상에 알려지게 된다는 교훈)를 믿고 있었다. 매일 중앙정보부장과 독대하면서 들려지고 있는 얘기는 정치인의 행태였다. 아름다운 얘기는 전혀 없다. 모두 거짓말과 정치술수뿐이었다. 야당 계파보스 이야기는 그들이 벌리고 있는 행태가 어떤 것인지를 보여주고 있었다. 야바위 바로 그것이었다.

야당 중진 보스와 그를 섬기고 있는 수행비서 이야기 한 토막.

전라도 시골에서 서울로 청운의 뜻을 품고서 올라왔다. 서울의 한 사립대학 정치과를 졸업했다. 어려웠던 시절이어서 취업은 언감생심이었다. 신문 구인광고를 뒤적이다가 우연히 국회사무처에서 경비원 공채 광고를 보았다. 고등학교를 졸업한 것으로 학력을 속여 취업을 했다. 그는 국회 정문 수위가 됐다. 금배지를 가슴에 달고 당당하게 등원하고 있는 국회의원들에게 거수경례를 했다.

"오, 어떻게 하면 국회의원이 될 수 있을까?"

국회의원에게 거수경례를 할 때마다 야망이 불타올랐다. 그 야망을 실현하기 위해 고등학교 선배에게 찾아갔다. 그는 야당 계파보스로 명성이 높았다.

"선배님, 저는 선배님이 졸업하신 고등학교 후배가 됩니다."

"그러신가?"

"저는 선배님을 모시는 일이 꿈입니다. 기회를 주십시오."

"그럼 수행비서를 해 보시게."

국회 수위복을 벗어 던지고 야당 계파 보스의 수행비서가 됐다. 3개월이 지났어도 월급을 주지 않았다. 달동네 판자집 월세독촉을 받고 있었다. 교통비, 점심값, 이발 목욕료 등 체면유지비가 제법이었다. 우선 임시방편으로 꾸어서 매꾸었지만 모두 한계가 있었다. 어쩔 수 없이 야당 계파 보스 선배에게 하소연했다.

"선배님, 저에게 돈 좀 주십시오. 며칠째 굶고 있습니다."

어렵게 돈 얘기를 꺼내자 얼굴색을 바꾸었다. 찬바람이 쌩쌩했다. 그러더니 말 한 마디 없이 회전의자를 돌려 외면해버렸다.

"임마, 내가 너에게 줄 돈이 어딨어? 호주머니에 돈이 넘쳐나지만 그 돈은 너에게 줄 돈이 아니야. 모두 사모님에게 줘도 부족하단 말이야."

이렇게 말하고 있었다. 더 어려운 얘기를 하지 못하고 자리에서 일어났다. 사흘 굶으면 담을 뛰어 넘는다는 장발잔의 얘기가 귓가에서 윙윙거렸다. 어쩔 수 없이 사기행각에 나섰다. 자기가 졸업한 대학교 총장을 찾아갔다. 이 대학교는 설립자가 대학재단이사장과 총장을 하고 있었다.

"총장님, 의원님께서 학생 둘 입학시켜 주십사 부탁드려 보라고 하명하십니다. 청허하여 주십시오."

"좋소. 그까짓것쯤이야 당장 해드리죠."

둘을 입학시켜주자 학부형으로부터 사례비 1천만 원이 들어왔다. 그날로부터 야당 보스 눈치를 살폈다. 대학총장으로부터 전화가 오게 되면 그 돈을 내어 놓으라고 하면 그 날로 해고가 될 것이 두려웠다. 전화는 언제든지 올 수 있다. 그 사실이 탄로날까 봐서 조바심이 생겼다. 더 이상 견딜 수 없어 이실직고 했다.

"선배님, 제가 죽을 짓을 했습니다."

"이봐, 내가 정치를 하고 있지만 자네도 정치를 하고 있는 것이야. 정치판에선 돈을 그렇게 만들어 쓰는 거야. 나한테 돈 달라는 소린 절대하면 안되는 것이야. 아시겠는가?"

한국의 정치는 국민의 이름을 팔아 날강도짓을 하는 것이라는 말이 정확했다. 그 수행비서관은 그날로부터 이권 챙기고 사기치는 일에 전심전력했다. 불과 4년 만에 국회의원 선거에 출마할 수 있는 큰 돈을 챙겨냈다.

이런 얘기는 아주 순박한 류(類)에 속했다. 이전투구, 야바위, 철면피 그것도 모자라 추악한 사기행각을 하면서도 그것이 부끄럽다는 죄의식 자체가 마비되어 있는 특수한 인간형의 사람들이 정치를 하고 있다.

이들이 정권이라는 권력을 잡으면 어떻게 될까?

좀도둑들은 나라를 망하게 만들어 놓을 것이고, 사상이 공산주의이고 친북좌파라면 김일성과 내통하여 이 나라를 공산주의로 만들어버릴 것이 아니던가. 아마 모르긴 해도 정치판의 내면을 손바닥 보듯 샅샅이 알고 있을 박정희가 유신개혁을 단행하면서 제3의 혁명이라 외쳤던 것은 바로 정치판을 도둑떼 판이라 보았기 때문일 것이다. 그런 의미에서 버트란트 러셀의 권력에의 충동과는 또다른 형태의 권력지향이 아니었겠는가?

16. 사나이의 약속

국립현충원 박정희 묘.

박태준 포스코 건설자 박태준이 소주잔을 올렸다. 그리고서 두 손을 합장하고서 큰 절을 올렸다.

"각하, 1968년에 나눴던 약속을 이제야 지켜냈습니다."

텅 빈 자리에서 혼자서 중얼거렸다. 그 한마디를 위해 40년 세월을 밤낮으로 땀흘렸다. 10년 세월이면 강산이 변하는 세월 이다. 그렇게 길고 긴 세월, 단 한순간 잊지않고 가슴속에 품고 서 살아왔다. 금석맹약(金石盟約)이었다.

"임자, 내가 준비한 돈은 이것뿐이오. 내 소원 꼭 풀어주시오."

"무철(無鐵)의 한(恨) 꼭 풀겠습니다."

한일국교를 재개하면서 일본으로부터 받은 청구권 보상국 1

258

억 5000만 달러 몽땅 박정희 대통령이 박태준 포스코 사장의 손에 쥐여 주면서 나누었던 말이다.

박정희와 박태준은 육군사관학교에서 만났다. 만주군관 학교와 일본 육군사관학교를 졸업, 관동군 사령부 중위, 육군사관학교 2기로 졸업후, 육군사관학교 교관(교수)으로 재직했던 박정희였다. 박태준은 와세다대학 기계공학과를 졸업하고서 육군사관학교에 입학했다. 두 사람은 교수와 학생이었다. 출생은 경남 기장군이었지만 주쿄고등학교를 일본에서 나왔고 마지막으로 대학을 명문 와세다를 나왔던 관계로 한국어에 어눌했다. 여러 과목 가운데서 수학에 뛰어났던 박태준은 박정희의 눈에 박혔다.

"군사학에서 수학은 중요하지."

박정희 역시 수학에 능했다. 그것이 초대 포병학교장으로 발탁됐고 장군으로 승진에도 주요한 고과평가가 됐다.

"성품이 강직하고 담백하구만 언젠가 나라의 기둥이 되겠어."

박정희의 머릿속에 그려져 있는 박태준은 국가에 꼭 필요한 기둥감이었다. 집을 짓는 목수는 나무를 보고서 어디에 필요한 나무인지를 알아낸다. 나라를 새롭게 만들어낼 지도자는 인물을 필요로 하고 바로 볼 줄 안다.

"조국근대화와 민족중흥"

거대한 꿈을 꾸고 있던 박정희에게 어느날 박태준이 찾아왔다.

"아, 어디 있었소?"

"전방에 있었습니다."

1961년 5월16일 군사혁명이 성공하여 국가재건최고회의 부회장으로 자리잡은 박정희는 밤낮이 없었다. 매일 수 천명이 인사를 왔다. 바로 그 틈에 끼어왔다. 그러면서 조금쯤 섭섭했다. 군사혁명을 하면서 무수한 사람이 혁명주체로 부름을 받았었는데 유독 박태준은 빠져 있었다.

"군에 인재가 많으니 나쯤은 잊고 있으셨구먼."

소외감이 느껴졌고 조금쯤 섭섭했다. 그러나 군사혁명은 국민 모두가 환영하고 있었다. 주모자가 은사로 사랑을 해주셨던 박정희 장군이었으니 축하 인사를 하는 것이 도리라 생각됐다. 마침 육군본부에 자료제출을 하러 외출을 나오게 됐다. 짬을 내어 인사하는 것이 도리로 여겨졌다. 그래서 찾아갔다. 눈코뜰 사이 없이 무척 분주했다. 산더미같은 서류, 인산인해의 사람들에 둘러쌓여 있었다. 그런 외중에 얼굴을 마주치자 무척 반겨주었다.

"뭐하러 왔나?"

"인사차 왔습니다."

"그래 잘왔어. 당장 부대에 가지말고서 나와 함께 일하자. 날 좀 도와줘야겠어."

그 자리에서 비서실장이 됐다. 혁명주체들이 일하는 틈에서 혁명의 열외자가 끼어든 셈이다. 혁명에 참여하지 않았던 사람들은 밀려나고 있었던 참이었다.

"여러번 임자를 부르려 했었지. 그러나 임자는 혁명에 필요했던 사람이 아니었어. 혁명은 목숨이 걸려있는 일이었어. 성공과 실패는 사람의 뜻이 아니야. 순간순간 목숨이 왔다갔다 했었어. 실패하면 모두 능지처참이야. 그땐 나의 가족을 돌볼 사람이 있어야하지. 그래서 임자에겐 피해가 없도록 일체 참여시키지 않았었어. 아마도 섭섭했었겠지. 모두 뜻이 있어서 그랬던 일이었어."

박태준은 박정희의 마음을 읽어내고서 더욱 힘을 냈었다. 두 사람 모두 마음이 깊은 성품이었다. 사나이는 자기를 알아주는 사람을 위해 목숨을 거는 법이다.

"사위지기자사(士爲知己者死)"

뜻을 가지고 살아가는 사나이들의 가슴이었다. 박태준이 사관생도시절 때였다. 생도들에게 사숙(私淑)에 대해 말했었다.

"군인이란 국가를 위해서 목숨을 바칠각오를 해야한다. 이순신 성웅께서 임진란을 당하여 전쟁터로 나가면서 병사들에게 했던 말씀 사즉생, 생즉사(死卽生, 生卽死)는 우리 생도들이 가슴에 새겨야한다. 이 말씀에 앞서 이순신의 말씀들과 삶을 가슴에 새겨두면 제2의 이순신, 제3의 이순신이 되는 것이다. 이제부터 한 생도씩 자기가 사숙하고 있는 인물에 대해서 발표하라."

생도들은 계백, 김유신, 양만춘, 을지문덕, 안중근, 나폴레옹, 맥아더, 패튼, 몽고메리 등 많은 영웅들을 얘기했다. 박태준은 다소 엉뚱한 인물을 얘기했다.

"저는 독일 비스마르크 수상을 존경합니다. 사분오열되어 있던 나라를 통일시켜 놓았고 그의 말씀은 오늘의 우리에게 큰 감동을 주고있습니다. 나라를 힘있게 만드는 것은 웅변이나 정략이 아니라 철과 피뿐이라 했습니다. 얼마나 냉정한 판단이며 지혜입니까?"

해외유학을 했던 인재인데다가 수학에 발군의 실력을 가지고 있다. 그런데다가 세상을 보고 판단하는 지혜까지 지녔다. 박정희는 큰 감명을 받았다. 조국근대화와 민족중흥을 하자면 비스마르크의 철과 피가 절대적이라는 사실을 하나의 신념으로 여겼다.

어떻게 하면 우리도 신일본제철과 같은 제철회사를 가질 수 있을까?

일본이 1865년 유신혁명을 하면서 제철산업을 일구어냈다. 자본, 기술, 자원, 인력이 없는 나라에서 제철산업을 꿈꾸는 일은 무모하기까지 했다.

누가 이 일을 할 수 있겠는가?

서울대학교 박사도 아니고, 이병철이도 아니라고 생각했다. 꿈을 이루어내겠다는 신념을 가진 인물이어야했다. 박정희는 가슴속에 오래전부터 생각해왔던 박태준에게 짐을 풀어놓았다.

"임자,. 내가 꿈꾸고 있는 세상은 배불리 밥먹고 잘사는 세상이 아닐세."

"각하, 알고 있습니다."

"지금 우리가 은행잎, 갯지렁이, 가발, 와이셔츠를 수출하고 있지만 먼 훗날, 자동차, 선박, 비행기, 대포를 수출하는 세상을 만드는 일이야. 그렇게 될려면 세계제일의 제철공장이 있어야 해. 그것이 꿈이야."

어찌된 일인지 박태준은 박정희의 꿈을 실현시킬 수 있다고 믿었다. 환상같은 것이었다. 그 환상을 위해 박태준은 포항으로 내려왔다.

허허벌판, 갈대가 춤을 추듯 흐느적댔다. 신사화를 벗어놓고 군화를 신었다. 동해에 여명이 밝아오면 튀기듯 박차고 뛰었다. 임직원 모두가 그랬다. 모든 것을 잊었다. 그리고 포효하듯 외쳤다.

"우리는 꼭 성공한다. 성공해야 한다. 사나이로 태어나서 세계 제일의 제철회사를 만들어 놓고야 말겠다는 꿈을 가지는 것은 행운이다. 그 행운을 현실화시켜내기 위해서는 땀을 흘려야 한다. 우리가 성공시켜놓지 못하고 실패하면 우리가 선택할 길은 딱 하나있다. 우리 모두 저 영일만을 향해 우향우! 뛰어가는 것이다. 거기는 검푸른 파도만이 있다. 그렇게 죽는 것이다. 죽기 살기로 뛰자! 그것밖에 없다."

이것은 훈시나 지시가 아니다. 이순신이 왜군과 일전을 앞두고서 외쳐댔던 "죽자고 하면 살고, 살자고 생각하면 죽음뿐이다!"의 말씀과 다름이 없다. 그래서 포스코 창립사원들은 박태준의 「캔두 정신」과 함께 경영학 교과서에 올라있다.

중국 개혁의 창시자 등소평은 일본 메이지대 야마시다 총장을 초대해 중국의 현안에 대해서 질문했다.

"현대 경영학의 석학이시니 중국 상하이 제철이 한국의 포스코를 따라 잡을 수 없는 이유가 무엇이라 보십니까?"

"최고의 시설, 최고 원광석, 우수한 기술진만으로는 최고의 품질이 나오지 않습니다."

"그러면 어떻게 해야합니까?"

"한국의 박태준을 수입하십시오. 그러면 귀하의 소원이 성취될 수 있으실 것입니다."

"……."

등소평은 그때서야 포스코의 「우향우」 정신을 떠올렸다.

박태준은 왜 「우향우」 정신에 몰입했던 것일까?

사나이 박정희와 사나이 박태준이 했던 약속을 지켜내기 위해서였다. 한마디 말은 금석지약(金石之約)과 같은 것이다. 그 약속을 지켜내기 위해서는 목숨까지 바쳐야 한다. 그저 허투루 약속하고서 지켜지지 않으면 그것으로 끝내고 마는 것이 아니었다. 박태준은 그런 사람이었다.

그가 말년에 정치에 입문했다가 자의반타의반으로 해외유랑을 했던 아픈 상처가 있었다.

"노태우 대통령께서 오셔달라는 말씀이 있으셨습니다."

"회사에 무슨 일이 있는가?"

"없습니다."

여러 가지로 생각을 해봐도 야인과 다름이 없는 자기를 부를 일이없었다. 그러나 통치권자의 부름에 대해서 거절할 수 없다.

"앞으로 어떻게 하실 작정이십니까?"

"저는 평생 군과 포스코에서 일했습니다. 아는 것도 그것 뿐입니다."

"저는 나라를 위해 큰 일을 하셔야할 때가 왔다고 생각합니다. 일어나셔야 합니다."

노태우 대통령의 말은 정치에 입문해서 대권에 나서라는 것이다. 그러면 뒤에서 적극 후원하겠다는 뜻이다. 또 정치인들은 국가경영에 있어서 신뢰가 가지않고 있다는 것이었다.

264

여기서 박태준은 박정희를 떠올렸다. 밤잠을 새워가며 「조국 근대화와 민족중흥」을 위해서 땀흘렸던 것은 정치건달에게 나라를 맡겨 뒤흔들어 놓으라는 것이 아니었다고 들었다. 그런 심정으로 정치에 입문했다. 당시 집권당 「민주정의당」은 민정당, 민주당, 공화당이 하나로 합당하였다. 따라서 민정당 대표에 박태준, 민주당 대표에 김영삼, 공화당 대표에 김종필이었다. 소위 삼두마차였다. 박태준이 노태우를 보호하는 하나의 보호막이 됐다.

사심없이 오직 국가에 헌신하겠다는 철의 제왕 박태준의 마음은 탐욕뿐인 정상배와는 달랐다. 그러나 대주주격인 민정당의 지분을 믿고서 정정당당했다.

"아, 나는 노태우 대통령의 정치술수에 놀아나고 있었구나."

사실 김영삼, 노태우, 김종필은 김영삼에게 대통령 후보로 선출하기로 밀약이 되어있었다. 민정당 세력에는 중심이 없어 흔들렸고 민주당 세력은 가신(家臣)들을 중심으로 똘똘 뭉쳐있었다. 임시 방편으로 박태준을 동원했던 것이다.

박태준은 박정희와 주고받았던 약속이 금석지문 처럼 지켜지는 사회에서 살아왔다가 오만잡동산이들의 허튼 약속이 난무하는 사회를 처음으로 체험했다.

미련없이 떠났다. 김시습이 수양대군의 등장에 홀홀 털고 금오산으로 입산하듯 아무런 대책없이 해외로 떠나버렸다. 무려 5년여 쪽방에서 기거하며, 굶주리며, 허송세월해야 했다.

박정희와 박태준의 약속.

그것은 무철(無鐵)의 나라에 세계 최고의 제철공장을 건설하

265

는 것이었다.

그 약속을 지키기 위해 혼신의 힘을 기울여 「우향우」 정신을 창조해 냈다. 그것이 대한민국이 20-50클럽에 일곱 번째 국가로 올라섰고 1조 달러 수출국가가 됐다. 철강 강국이면서 조선 세계 1위, 자동차 세계 5위, 반도체 세계 1위, 핸드폰 세계 1위, IT 세계 1위, 원자력 발전소 건설 1위, 냉장고, TV, 세탁기 1위.

박정희 호주머니가 비어있는 것처럼, 박태준도 집이 없고 호주머니가 비어있다.

50년 살았던 아현동 집은 40억 원에 팔렸다. 몽땅 기부재단에 기증했다. 딸의 집으로 가서 기거하다가 2011년 84세를 일기 (一期)로 눈을 감았다.

마침 눈을 감기전, 포스코는 일관시설을 준공시켜 세계 최고의 철강생산 공장 준공식 테이프를 컷팅했다. 그 길로 동작동 국립 현충원 박정희 묘소로 갔다. 빈손으로 왔다가 빈손으로 돌아갔던 두 사나이는 딱 한 마디를 남겼다.

"각하, 약속했던 세계 최고 제철회사가 이제 준공이 됐습니다. 그 약속을 지켜냈습니다. 지하에서라도 기뻐하여 주십시오."

17. 신(新) 대통령학

"왕이 되는데 필요한 모든 덕목을 갖춘 타고난 무오류의 호민관."

누구를 지칭해서 묘사했던 글일까?

여기서 호민관(護民官)은 고대 로마에서 평민의 권익을 보호하기 위해 기원전 493년에 설치되었던 관직이다. 귀족들과 황제가 입법, 사법, 행정 모든 권한을 혼자서 집행하던 시절에 평민으로 하여금 모든 생활을 스스로 할 수 있게 설치한 관직이다. 평민 다시 말하면 국민이 스스로 결정해서 선출한 사람이니 요샛말로 대통령, 수상, 총통, 주석 같은 직위를 말한다.

국민 대표자가 되는데 모든 덕목을 갖추고 태어난 사람이니 그 어떤 직위에 앉혀도 될 사람이다.

이런 인물이 있을까?

이승만을 비롯해서 이명박까지 불과 10명의 대통령과 총리를 선출해봤지만 그렇게 무오류의 호민관이라 할만한 인물을 아직 접해보지 못했다. 여기서 얘기되고 있는 무오류의 호민관은 독일국민에게 참을 수 없는 고통을 가져다 준 히틀러를 격찬한 괴벨스의 글이다. 역사는 히틀러에 대해서 이렇게 평하고 있다.

"세상에 태어나서도 아니될 폭악 무도한 독재자다."

소설가 토마스 만은 무오류의 호민관이라 단정한 괴벨스를 향해 더 할 수 없는 말로 탄핵하고 있다.

"신(神)에게까지 거짓말을 하려는 지옥에서 나온 입을 가진 악한이다."

사람은 누구나 착각을 한다. 그러나 역사는 착각이 없다. 역사의 정확한 평가를 받고서 스스로 목숨을 끊어버린 인물도 있다. 옥좌에 앉아 있을 때 보이지 않았던 역사가 옥좌를 떠난 후 읽어보게 되어 벌어진 일이다.

"너무 많은 사람들에게 신세를 졌다. 나로 말미암아 여러 사람이 받은 고통이 너무 크다. 앞으로 받을 고통도 헤아릴 수가 없다.

여생도 남에게 짐이 될 일밖에 없다. 건강이 좋지 않아서 아무것도 할 수가 없다. 책을 읽을 수도, 글을 쓸 수도 없다.

너무 슬퍼하지 마라.

삶과 죽음이 모두 자연의 한 조각 아니겠는가?

미안해하지 마라.

운명이다.

화장해라.

그리고 집 가까운 곳에 아주 작은 비석 하나만 남겨라.
오래된 생각이다."

노무현 전 대통령이 남겨놓은 유서다. 불쑥 불쑥 뱉어내는 말로해서
온 나라가 벌집 쑤셔놓은 듯 시끄러웠던 말과 예측할 수 없는 돌발행
동으로 국민을 불안하게 만들었던 대통령.
"전시작전권을 우리에게 돌려다오."
불쑥 내어뱉어버린 말이다. 과다 국방비로 고통을 받아오던 미국이
기다렸다는 듯이 즉석에서 받아들였다. 북한 김일성, 김정일, 김정은 3
대가 고대하고 갈망하던 말이다. 이 땅에서 미군만 떠나게 되면 즉시
남침해서 적화통일을 하고 싶었던 그네들의 소망을 대한민국 대통령
이 어느날 갑자기 던져버렸다. 그것이 얼마나 무서운 재앙이라는 것이
2010년 11월 23일 해안포와 곡사포를 200여 발 연평도에 발사했다.
수비하고 있던 해병 서정우 병장, 문광욱 이병이 전사하고 16여 명이
다쳤다. 민간인도 마찬가지였다. 2명이 사망하고 주민도 10여 명이 다
쳤다.
독재자 히틀러가 어느날 갑자기 폴란드, 벨기에, 네덜란드, 프랑스
에 침범해 점령했듯이 김정일, 김정은 역시 무자비하게 전쟁을 벌일
사람들이다. 이들에게 침략 찬스를 만들어 주려고하는 노무현 대통령
은 상식과 이성을 망각한 것이다. 국민 모두에게 고통과 공포를 남겨
줘 놓고서 히틀러와 괴벨스처럼 자살해 버렸다.
건국 60여년 만에 10명의 대통령과 총리로부터 경험했던 것은 국민
은 대통령을 잘 선택해야 한다는 교훈을 남겨줬다.
대통령제도를 실시한지 200년이 되는 미국에서도 황당한 역사를 체

험했다. 거짓말을 덮으려 또한번 더 거짓말을 남발한 대통령, 야비한 전략으로 적을 다루려하다가 실패한 대통령, 육체적 욕망을 못이긴 결과 수치의 늪에 빠져들게된 대통령 등 갖가지 실패를 켄터키 주 루이빌대의 리더십 연구기관 메코닐센터는『대통령의 순간들』제목의 역사학술대회에서 분석했다. 후대 대통령이 교훈으로 삼을 내용이었다. 연구대상은 초대 조지 워싱턴으로부터 43대 조지 부시 전 대통령까지 역대 미국 통치자들이 저지른 과오를 꼼꼼히 분석한 뒤 1위부터 10위까지 순위를 정했다.

최악의 오판을 저지른 대통령 1위는 15대 제임스 뷰케넌 대통령이었다. 16대 에이브러햄 링컨 대통령의 전임자였던 그는 남부지역 주들이 연방을 결성해 분리 독립하겠다고 으름장을 놓았지만 제대로 대응하지 않고 내버려 두고 말았다. 결국 링컨 대통령이 취임하자 미국은 남북으로 갈려 총부리를 겨누는 전쟁이 벌어지고 말았다.

2위는 17대 앤드류 존스 대통령.

남북 전쟁 후, 노예로부터 해방된 노예들의 권익보호를 무시함으로써 사회 갈등의 불씨를 만들고 말았다. 오하이오 주립대의 마이클 리베네딕트 교수는 "존슨 대통령의 과오 탓에 현대에 사는 우리까지 계속해서 대가를 치르고 있다"고 비판했다.

3위는 36대 린든 존슨 대통령은 베트남전쟁 확대로 6만 명에 가까운 미군을 숨지게 했으며 미국의 국제적 위신을 추락시키고 말았다.

4위 우드로 윌슨 제28대 대통령은 베르사유 조약을 거부해 히틀러 등장을 시켰다.

5위 워터게이트 사건을 은폐하려한 37대 닉슨 대통령.

6위는 1812년 영미전쟁방지 실패했던 4대 제임스 매디슨 대통령.

7위 유럽과 전시해상무역 금지시켜 미국을 국제사회에서 고립시켜버린 3대 토머스 제퍼슨 대통령.

8위 카스트로 정권을 무너트리기 위해 쿠바 망명자 1,500명으로 만든 특공대를 침투시켰다가 전원이 사살 또는 포로가 된 사태를 초래한 존 F. 케네디 35대 대통령.

9위 이란에 억류되어 있는 미군인 구출작전을 실패시킨 40대 로널드 레이건 대통령.

10위 1998년 세계를 떠들썩하게 했던 루윈스키 성추문 사건을 일으켰던 클린턴 42대 대통령.

미국을 비롯한 세계 대부분의 나라에서 각기 자기 나라 최고 통치자에 대해서 역사학자들의 비판은 매섭다. 우리나라는 짧은 역사여서 그런지 그러한 비판, 평가가 활발하지 못하고 있다. 그러한 가운데서 노무현 전대통령의 고향 마을 부엉이 바위 추락 자살사건은 충격을 주었다. 실패한 대통령은 본인과 가족의 불행일 뿐만 아니라 국가를 위기에 빠트리게 하고 필리핀처럼 3류 국가로 추락시키고 만다.

특히 우리나라는 극악스런 독재 국가 북한과 전쟁을 하고 있는 나라다. 대통령의 임무 가운데 첫 번째가 국가보위가 꼽힌다.

총명하고 영민해서 국위를 자랑하고 국민으로부터 칭송을 받았던 최고 통치자라 하더라도 나라를 외적으로부터 지켜내지 못하면 영원히 역사로부터 채찍질을 당하게 된다. 백제 의자왕, 고구려 보장왕, 신라 경순왕, 고려 공민왕, 조선 고종은 백성의 원망을 듣기 전에 역사로부터 준엄한 심판을 받게 된다.

그런 의미에서 대통령학(大統領學)은 학문으로 존재하기 보다 국민

271

의 의식을 1등 국민이 되게 만드는 연구로 보아야 한다.

한국인은 그 어느 나라 국민보다 정치에 관심이 많다. 이것이 옳은 것인지 아니면 망국(亡國)을 체험한 국민이어서 그런 것인지 가늠이 가지 않게 한다.

왜 그러한가?

미국이 강대국으로서 세계를 지배하고 있다. 팍스아메리카 시대에 우리가 살아가고 있다는 사실은 부인할 수 없다.

"모든 길은 로마로 통한다."

역사학자 토인비가 그의 『역사연구』에서 말하고 있다. 팍스로마를 말한 것이다. 로마 전성시대 로마인들은 정치에 관심이 많아 직접 참견했다. 마찬가지로 미국인들은 정치에 관심이 많다. 정치에 관심이 많아서인지 4년마다 선출하는 대통령은 모두 현명했다. 그것이 오늘의 미국이다.

그러나 한국은 국민들이 정치에 관심이 많으면서도 그 관심이 지도자 선택에서는 엉뚱하다.

김영삼 대통령시절, 대통령 비서실장을 역임했던 고(故) 김광일 변호사는 책을 써냈다. 그가 부산에서 국회의원으로 정치를 했다. 변호사 겸 국회의원이었다. 그는 정의감이 강했고, 현실 정치에 성실했다. 노무현은 김광일 국회의원겸 변호사의 천거로 정치에 입문했다. 그는 노무현 구석구석을 읽고 있었다. 노무현이 대통령 선거에 후보자로 나서자 부랴부랴 책을 썼다.

『노무현이 대통령이 될 수 없는 열 가지 이유』

책 제목이다. 친지이면서 법조인 후배이고 정치 동지이다. 그러한 것은 개인적인 사유이고 국가와 국민 입장에서 걱정이 됐다.

"그는 돌출적인 행동과 무분별한 발언으로 항상 우리를 불안하게 합니다. 균형 잡힌 정치 감각과 건전한 인격을 갖춘 믿음직한 사람이 대통령이 돼야 합니다.

그는 세상 넓은 줄(외교의 냉엄한 현실) 모르는 우물안 개구리요, 핵작난의 위험(김정일의 무서운 속셈)을 외면하는 철부지 정치인입니다. 국가안보와 외교를 모르는 자에게 나라의 운명을 맡길 수 없습니다.

역사적인 국회 청문회에서 전직 대통령인 증인에게 명패를 던져 깽판을 만든 사실을 기억하면서, 오늘도 깽판 소리를 자주하는 그가 대통령이 될 경우 감정의 기복에 따라 언제 무슨 깽판을 벌일지 알 수 없습니다."

국민을 향해 이렇게 호소했었지만 국민들은 외면해 버렸다. 이성적인 국민이라면 김광일 변호사의 말이 사실인지 아닌지 검증을 해야 했다. 그런 검증 없이 기분에 따라 그를 대통령으로 선택했다.

지금 우리는 북한 김정일, 김정은 부자로부터 포탄세례를 받았다. 또 언제, 어느 때 핵전쟁을 당하게 될런지 예측할 수 없는 위험에 처해 있다. 전쟁 결과야 명확하게 예측이 가능하다. 국민소득 1,500달러 국가와 2만 달러 국가가 싸울 경우에 승패는 일찌감치 예측이 되어진다. 친북 세력, 좌파 세력이 500여 만 명이 되지만 전쟁이 벌어지면 하루 아침에 반공으로 돌변해 버린다.

1950년 6 · 25 한국전쟁을 돌아보자.

당시 남한에 500여 만 명에 이르는 남로당원이 있었다. 이들은 직접 김일성의 지령에 따라 행동하고 있었다.

"남침하면 전부 일어나 또 하나의 전선을 형성하게 될 것입니다."

남로당을 창당했던 박헌영의 호언장담이었다. 막상 김일성이 침략해 남한 95%를 점령했어도 남로당 봉기나 민중 봉기가 일어나지 않았다. 50만 북한군 참살만이 있었을 뿐이었다.

김정일, 김정은 부자는 한국인의 속내를 모르고 있다. 한국인은 항상 양다리 걸치기를 한다. 963회에 걸쳐 벌어졌던 침략전쟁에서 살아남는 방법이 체질화된 것이다. 전쟁에 패배할 것이 뻔한 북한에게 같은 편이 되어줄 얼간이는 없을 것이다.

이쯤에서 한국인이 왜 정치에 관심이 많게 된 정치지향성의 국민이 되어 있는지 어림이 갈 것이다. 또 한국인은 이성적이지 않고 감성적이다. 한국에서 키엘케골, 마르크스, 하이텍커, 러셀이 나오지 않고 장지연, 안중근, 이순신이 배출되는 이유가 여기에 있다.

민족성은 정지되어 있거나 DNA화 되어 있는 것이 아니다. 개조를 통해서 얼마든지 변화되어진다.

선진국의 문턱에 서 있는 한국의 진정한 민주주와 조국근대화, 민족중흥을 위해서 민족성의 개조가 필요하다. 감성에서 이성을 앞세우는 민족성이 되어야 한다.

그러하기 위해서는 김대중이나 노무현 같은 시대착오적인 대통령 시대를 마감해야 한다. 대통령학이 필요하다. 무기현대화와 자립화를 위해서 국방과학연구소가 절실했던 것처럼 신(新 네오Neo) 대통령학이 절실한 것이다.

18. 박정희와 이명박

9·11 뉴욕 세계무역회관.

민항기로 자살폭탄 테러를 감행, 이어서 펜타곤의 피습.

미국의 서울 뉴욕이 불타고 있다. 건국 250여 년만에 처음으로 공격 당해 3,000여 명이 희생 당했다. 부시 대통령은 즉시 알카에다와의 전쟁 선언을 하고 오사마 빈라덴 추적에 나섰다. 그는 아프카니스탄에 훈련장을 마련하고 테러에 임했다.

"아프카니스탄 침공!"

전광석화라는 말이 실감나는 결단이었다. 뉴욕이 이슬람 테러 단체 알카에다가 침투하게된 것은 미국의 신보수 외교, 국방 정책이 원인이었다. 그러나 미국 국민들은 부시의 강경 외교노선이나 NEOCON에 대한 불만이나 비판이 전혀 나오지 않았다. 일

275

사불란하게 전쟁수행에 나섰다.

이라크의 후세인은 우물안 개구리였다. 미국의 알카에다 테러를 즐기고 있었다.

"테러는 당연하다. 미국은 약소 국가와 약소 민족에게 얼마나 고통을 주고 있는가? 나도 그들의 편에 서서 싸울 것이다."

불난집에 울화가 터지게 맞장구를 쳐댔다.

"핵무기, 미국 전용물인가. 나도 그들과 맞서겠다."

후세인은 이란과 10년 전쟁에서 사실상 승전국이었다. 자만심이 가득했다. 그래서 오만해져 있었다. 미국이 아프카니스탄과 전쟁을 개시하자 두 개의 전쟁은 벌리려하지 않을 것으로 생각했다. 또 아프카니스탄이 소련 100만 대군과 10년 전쟁에서 승리했던 점을 연관지어 판단했다. 미국이 고전하고 결국 소련처럼 패배하게될 것으로 판단했다.

한편 미국은 알카에다에게 후원하는 국가로 이라크의 후세인, 아프카니스탄 오마르, 베네주엘라 차베스, 시리아, 요르단, 팔레스타인으로 꼽고 정보력을 집중하고 있었다. 특히 핵폭탄이나 핵물질을 알카에다의 손에 쥐어줄 위험 인물에 대해 정보력을 집중하고 있었다. 그런줄도 모르고 후세인은 호언장담을 쏟아 놓았다.

전쟁이 시작됐다.

아프카니스탄은 41일, 이라크는 43일만에 전쟁이 종식됐다. 신출귀몰한다던 오마르, 오사마 빈 라덴 모두 종적이 묘연해졌다.

국가와 국가, 군사적으로 강군으로 이름난 이라크마저 43일만에 전쟁이 종료되고 후세인은 체포되어 총살형에 처해져 버렸다.

오만과 편견에 도취되어 있던 독재자들이 신무기와 과학전쟁에 무식했다. 그것이 그들의 종말을 가져온 것이다.

NEOCON은 미국을 전쟁의 수렁으로 몰아넣었다. 전사자 1,000여 명이 넘어서자 여론이 무섭게 공격해 왔다. 그때서야 럼스펠트 국방장관, 울포위츠 국방부 부장관 인사를 단행했다.

2010년 11월 23일.

북한군 해안포가 연평도에 200여 발 사격을 감행, 해병대 2명 사망, 8명 부상, 연평도 주민 2명 사망, 6명 부상 피해가 발생했다. 포격 13분 만에 응사명령이 하달, 80여 발의 K-9 자주포로 응사했다. 다음 날부터 국회 국방위에서 김태영 국방부장관을 출석시켜 놓고 질의 응답이 시작됐다.

"북한군 해안포 발사 위치를 알고 있었음에도 왜 13분 후에 발사했나?"

"교전수칙에 따랐을 뿐입니다."

"보복조치가 무엇인가?"

"미사일 공격과 함께 전투기 공격으로 포대를 초토화시킬 수 있습니다."

"그럼 그렇게 반격을 했어야 옳지 않은가?"

"확전을 막기 위해서 더 이상 보복 조치를 취하지 않았습니다."

"확전 보복 조치를 하지 않은 것은 국방장관과 합참의장의 소신인가, 아니면 대통령의 지시인가?"

"대통령의 지시입니다."

"대통령은 자국민과 자국군이 희생됐는데도 그런 결심을 했다는 말인가?"

"본인은 작전수칙 이외 더 생각하고 있지 않습니다."

국민들은 분노했다.

친북좌파 성격을 지닌 대통령이 10년 통치를 받고 국민의 상당수가 친북 좌파의 그늘에 묻혀 있다고 생각했던 정치권이 발칵 뒤집혔다.

"대통령이 병역 면제자 출신이라 하더라도 자국 영토에 대하여 포격을 가해 국민들이 피를 흘리고 있는데 확전 방어 공격을 하라니 말이나 되는가?"

빗발치듯 쏟아지는 비난에 슬쩍 변명이 시작됐다.

"이명박 대통령은 그런 지시한 적이 없다. 명령전달 과정에서 오해가 있었던 것 같다."

참으로 구차했다. 김태영 국방부 장관이 그렇게 허술하고 머리가 돌아가지 않는 인물이란 말인가?

육군사관학교 수석입학, 독일 육군사관학교 수석 졸업했던 수재 출신이다. 그런 수재가 한국말을 제대로 듣지 못해 적에 대한 보복공격을 바보처럼 했다는 말이던가?

이러한 이야기가 신문과 TV방송에서 오르내리는 순간, 국민들은 전후사정을 모두 알아챈다. 전쟁에 임하는데 지휘관으로 정확한 지식이 없는 대통령이다. 상식적으로 내리는 지시와 그 지시가 어떠한 결과에 이르게 되는지 모르는 대통령 그리고 그 사리에 맞지 않는 명령에 이의를 제기하지 못하고 그대로 따르는 국방부장관이다. 이러한 일은 귀신처럼 국민들은 알아차린다.

문제는 지금부터 발생한다.

이명박 대통령은 다음날 김태영 국방부 장관을 경질해버린다.

9·11 세계무역센터 테러와 한국의 연평도 피격을 놓고 두 나라 대통령이 어떻게 대처하고 있는지 살펴보았다.

278

"탁류에서 말을 바꿔타지 마라."

만고의 진리다. 지금 북한과 남한은 전쟁중에 있다. 전쟁중에 지휘관을 바꾸지 말라는 교훈은 공허한 말이 아니다. 상식에 속하는 교훈을 아무렇지도 않게 단행하는 것을 보고 있는 국민들은 불안할 뿐이다.

만약 박정희가 이러한 상황에 이르렀다면 어떻게 했을까?

무엇보다 명확하게 명령을 내렸을 것이다. 전쟁을 체험한 사람과 체험해보지 못한 사람은 다르다. 전쟁은 촌각을 다투는 시간 싸움이다. 명령이 명확하자면 간단 명료해야 한다. 명령에 미주알 고주알 췌언이 붙어지면 명령을 받는 사람은 헷갈려 엉뚱하게 알아 듣게 된다. 그 결과에 대한 책임은 명령을 내린 사람에게 있다. 훗날 명령해석을 놓고 부하에게 해석 잘못을 탓하는 것은 그 자체가 불행한 일이다.

"공격개시!"

이 한 마디면 족하다.

세계 역사상 가장 멋지고 정확했던 전황보고는 카이사르의 이집트 정복 했을 때 보고다.

"나는 왔노라, 보았노라, 이겼노라."

전쟁은 토목공사장과 다르다. 그래서 단순한 것이다.

박정희는 낙동강 전투에서 영천 사수를 명령 받았다. 적의 고지탈환 방식을 알아냈다. 이순신의 학익진이 육군에서도 필요했다. 북한군은 정면돌파를 줄곧 해오고 있었다. 중앙부를 공격해 오는 선공군이 토치카 가까이 오면 말발굽의 양쪽의 진지에서 사격을 가해 전멸퇴치시켜 냈다. 선봉이 궤멸되면 그 다음 다시 2진, 2진 다음에 3진으로 이어졌다. 그러나 그 결과는 똑 같은 결과를 반복할 뿐이다. 전투에서 승리한다는 것은 어려운 일이었다. 무려 9일 동안 싸우는 동안 무수한 시체를 봤다.

이때 인근에서 전투를 해서 연전연승하고 있는 백선엽 사단장과 김종오 사단장을 초인(超人)으로 존경하게 됐다. 5·16 군사혁명후, 군인사를 하게됐다. 백선엽 사단장은 이미 대장으로 예편했고, 김종오 사단장은 군에 남아 있었다. 학도병으로 입대하여 장교가 됐던 인물이었다. 우선적으로 육군참모총장으로 임명했다. 군은 행정하는 곳도 아니고, 학문하는 곳도 아니다. 전투 잘하는 인물이 최고 인재다. 책상머리에 앉아서 작전 계획을 세우고, 전력 배치하는 장군과 직접 전쟁터에서 적과 부딪쳐 싸우는 장군은 다르다.

제1차 세계대전에 나섰던 벤플리트는 일등병이었다. 그는 전투가 재미있었다. 전쟁터에서 공을 세워 장교가 됐다. 승승장구하면서 승진을 거듭했다.

제2차 세계대전이 막바지에 이르러 노르망디 상륙작전때 대령으로 연대장이었다. 작전이 개시되어 280만 대군이 총진격을 하고 있는데 서쪽 한 곳의 부대가 움직이지 못했다. 어느 한 쪽이라도 구멍이 생기면 상륙작전은 실패하게 된다. 아이젠하워 사령관이 전투 부대를 방문했다. 사단장은 전쟁공포증환자였다. 줄곧 행정업무에만 종사했고, 사단장으로 일선 전투는 처음이었다. 임명 받고서 곧바로 노르망디 상륙작전에 투입됐다.

"1등병으로 강등!"

그 자리에서 예편조치되고 벤프리트 대령을 사단장으로 임명했다. 그 순간, 그 사단은 전격전을 벌여 선공부대가 됐다. 벤프리트는 맥아더, 패튼과 함께 용맹성이 있는 3인방 장군으로 역사에 남아 있다. 그의 아들이 한국전에 참전, 전사했다. 그 소식을 듣고, 자원하여 유엔군 사령관이 되어 전선에 나섰다. 월든 워커 대장이 의정부에서 불의의 교통사고로 서거하자 그 후임으로 릿지웨이 장군이 유엔군 총사령관이 됐고 이어서 벤프리트 대장이 되었다. 전선은 중공군 참전으로 파 파선 라인(최후 저지선) 안성까지 후퇴했던 전황이었다. 벤프리트 대장은 방어전에서 공격전으로 전략을 바꿔 중공군과 대치했다. 화력에서 차이가 났던 중공군은 유엔군 화력에 밀려 문막까지 쫓겨갔다. 벤프리트 대장은 맥아더, 패튼처럼 최전방에서 망원경으로 중공군의 일상을 4시간에 걸쳐 면밀하게 관찰했다.

"아, 바로 이것이야."

벤프리트는 중요한 사실 하나를 발견했다. 중공군은 생활 습성에서 독특한 면이 있었다. 한국군이나 유엔군은 분산해 있는데 중공군은 꾸역꾸역 모여드는 것이었다. 그런 광경이 여러 차례 목격 됐다. 공군 비행대와 포병 부대 합동으로 한 지역에 집중 포격을 하도록 명령했다. 소위 한국전에서 최초로 시행되었던 융단포격(carpet bombing)이었다. 첫 시행에서 대단한 성과를 얻어냈다. 원주벌판에서 중공군 5만 명이 살상됐다. 한국전쟁에서 중공군은 2년여 기간에 100만 명이 살상되는 피해를 입었다. 북한군 30만 명, 한국군 18만 명, 유엔군 5만 명이 살상 당했던 것과 대조가 됐다. 그 원인은 벤프리트 대장이 고안해 냈던 포격술에서 얻어진 전과였다. 현재 미국 전투교범(FM)에 융단포격술이 등재되어 있고, 월남전에서 위력을 발휘됐다. 중공군이 세계전쟁기술을 바꿔놓은 셈이 됐다.

전투에서 지휘관의 성품은 이렇게 전쟁양상을 바꿔 놓는다. 지휘관형 인물과 참모형 인물과는 다르다. 참모형 인물을 선택할 것이냐, 아니면 지휘관형 인물을 배치할 것이냐는 대통령의 선택이다.

임진왜란 때 이순신 제독이 아니라 원균을 해군총지휘관으로 선택했다가 칠천량해전에서 조선수군은 전멸했다. 그러자 감옥에 갇혀있던 이순신을 백의종군 시켰다. 그러자 곧바로 명량해전에서 13척의 낡아빠진 전함으로 230여 척의 왜군을 전멸시켜 냈다. 이것이 세계 해전 사상 최고의 승전(勝戰)으로 기록되어 있다.

전쟁의 비밀은 병기에 있지 않고 인사(人事)에 있음이 확인되어 있다. 그럼에도 한국전쟁사에 유례가 없는 전투 중에 지휘관을 바꿔놓는 우(愚)를 범하고 말았다.

한편 박정희는 1968년 1월 21일 김일성이 청와대 기습을 해오자 어떻게 대처했던가?

청와대 방어를 육군에만 맡기지 않고 종로경찰서에도 맡겨 크로스 첵크를 하도록 했었다. 그러니까 청와대 외곽은 수도방위 사령부와 종로경찰서, 청와대 내부는 경호실이 책임지었다.

문제는 지휘관이었다.

최규식 경무관은 근무처가 종로경찰서였지만 그는 육군 소령출신으로 군인정신이 철저했고, 책임감이 강했던 인물이었다. 안중근 의사를 존경해 '위국헌신 군인본분(爲國獻身 軍人本分, 나라를 위해 몸을 바치는 것이 나라를 지키는 군인의 본분)' 어록을 좋아했다. 맹장 밑에 약졸이 없는 법이다. 김신조를 비롯한 124 북한군 31명과 맞부딪쳐 몸을 던졌고 초소를 지켰던 종로경철서 순경 들은 특수훈련으로 무장된 북한군 특수부대와 맞섰다. 그들의 헌신으로 초전에 박살이 났다.

위기의 순간이었다.

이때, 박정희는 김일성에게 대반격을 가했다. 민방위군 250만 명을 전략화시켜 냈다. 다시는 북한군 게릴라가 침투할 수 없게 만들었다.

오늘의 북한과 남한은 비교가 되지 않는다. 국력에서 남한을 압도(1인당 국민소득 85달러 대 1,500달러, 남한은 경공업체제, 북한은 중공업체제)되었던 것이 오늘, 남한은 세계 선진국체제로 국민소득 2만 달러, 첨단 산업체제인데 반해 북한은 산업 파탄으로 1인당 국민소득 2,000달러로 세계 최빈국으로 매년 200여 만 톤 식량부족 국가로 전락해 버렸다.

이것이 김일성의 무력도발 대가였다. 이명박 대통령은 국가보위가 대통령 임무 가운데 제일 중요한 사항이라는 사실을 알아야 한다. 그렇다면 인사부터 다시 해야 한다. 아무리 유능한 인재라 하더라도 군미필자는 재고해야 한다. 본인이 군미필자라 해서 비서실 참모, 국무총리, 국무위원을 군미필자로 선택하면 심각한 문제가 생긴다.

국방장관, 합참의장, 참모총장, 국방장관, 사단장, 연대장, 대대장 모두를 참모형에서 전투형으로 바꿔야 한다.

제2차 세계대전이 발발하자 미국 루즈벨트 대통령은 어떤 인사를 했던 것일까?

대통령 비서실장으로 윌리암 리 예비역 장군을 발탁했고 군 참모총장 마셜 원수, 육군 태평양 사령관 맥아더 원수, 해군 사령관 니미츠 제독.

윌리람 리 장군은 나이가 60세를 훌쩍 넘긴 노인이었다. 그는 군의 전략, 인사에 관해 루즈벨트 대통령에게 조언해 주었다. 나머지 사항은 모두 참모총장 마셜 장군이 지휘했다. 모두 전투형

지휘관이었다. 이때부터 전쟁 천재들이 전쟁을 했다.

그 결과는 어떻게 되었는가?

열세에서 고전했던 미국이 승리했다. 어쩌면 전쟁은 장군들이 벌리는 게임과 같은 것이다. 대통령은 장군들이 소신껏 전쟁을 하도록 만들어주는 역할만하면 된다. 역시 전쟁은 군인이 하는 것이다.

북한의 연평도 기습폭격의 사례를 보자.

"확전이 안되게 공격하라."

참으로 한심스런 명령이다. 지금 해병대가 공격받아 사상자가 나오고 있고, 국민이 적의 포탄에 맞아 사상자가 피를 흘리고 있는데 확전은 안 되게 공격하라니 전쟁을 아무리 모른다 해도 적을 공격하면 적도 피를 흘리고 피해를 준다. 그러면 그것은 전쟁이다. 축구경기를 하고 있는데 상대팀 선수에게 부상이 가지 않게 공격하라고 감독이 선수들에게 지시했다면 축구경기가 제대로 되겠는가.

군복무 미필 대통령과 군복무 무경력의 보좌진이 내린 명령이 되고 말았다. 적의 포격진지를 공격할 수 있는 방법은 전투기의 포진지 공격밖에 안 된다. 그것은 확전을 부를 위험이 있다하여 출격도중에 되돌아오고 말았다.

이러한 과정을 정확하게 알고서 포격 놀음을 벌렸던 김정일, 김정은 부자의 성공이었던 전투였다.

국민 72%가 대통령이 잘못하고 있다는 여론이라는 사실은 두고두고 곱씹어 볼 일이다. 또 무수한 북한군 테러를 당했던 박정희가 생각나게 하고 있다.

19. 봉하대군이 유죄인가?

5년마다 대통령 선거를 한다.

그때마다 나타나는 대통령 친인척 비리와 부정부패는 국민 모두의 가슴을 아프게 만든다. 대통령에게 걸었던 국민의 실망감은 커지게 된다. 그것이 계속해서 반복되어지다보니 분노하게되고 때로는 분노를 넘어 증오에 이르게 된다. 이제는 국민들은 슬퍼한다. 역사상 세 분의 임금을 섬겼던 황희정승 이야기는 국민 모두의 마음을 따뜻하게 적셔준다. 장마철때의 일이었다. 지붕이 헐어서 비가 샜다. 물방울이 방바닥을 홍건하게 만들었다. 황희정승은 윗목으로 갔고 부인은 아랫목으로 갔다.

"여보, 비가 이렇게 오면 백성들의 가옥이 침수될텐데 큰 걱정이오."

"당장 여기가 문젠데 백성걱정이시군요."

"그래 내가 종이배를 띄워 내 마음을 글로 보낼테니 받아보시구려."

"그것도 좋은 방법이겠소. 그리해 보시구려."

영의정(국무총리)을 지냈고, 판서(장관)을 역임했던 황희정승의 얘기는 언제 들어도 우리 마음을 훈훈하게 해준다.

건국 65년, 그리고 10인의 대통령이 지나간 오늘 많은 권력 누수현상 가운데서도 많은 사람의 가슴을 아프게 만들고 있는 것이 대통령 친인척의 부패, 비리, 불법 사건이 발생하게 된다. 대통령으로서 자질이 부족한 경우에 그 사건이 복잡하고 추악하다. 심지어 대통령 자신이 부엉이 바위에서 투신해 자살하는 사건까지 벌어지게 된다.

세계 역사상 그 어느 나라 대통령이 투신자살하는 사건은 본인도 불행한 일이지만 5000만 국민 모두가 부끄럽다는 생각을 하게된다. 국민소득 65달러, 보리고개로 매년 50여 만 명 굶어 죽었던 나라, 3년간의 한국전쟁으로 국토의 4할이 폐허가 됐던 나라, 독제정치로 인권탄압을 받았던 나라, 매년 100여 차례 북한 침략을 받으면서 국토방위에 60만 대군을 유지하고 있는 나라에서 국민소득 2만 달러, 인구 5,000만 명의 선진국으로 도약한 나라, 국민에 의한 국민을 위한 정치를 하는 나라로 우뚝 선 나라 대한민국의 부끄러운 한 단면을 대통령으로 지냈던 인물이 야만적으로 투신자살이라니 어찌 부끄러운 일이 아니었던가?

그런 비극이 일어났던 비극의 중심에는 친족, 인척의 부정과 부패가 자리하고 있다.

"이제는 서산에 해가 떨어지면 동네어귀에서 술을 마시며 신세한탄을 하는 초라한 시골 늙은이로 전락한 당신에게 몇 마디 하지 않을 수 없소. 나이 70이면 지천명(知天命 하늘이 내려준 자기 운명을 알게된다는 뜻)을 지나 이순(耳順 어떤 일이라 하더라도 곧 그뜻을 알아차리게 된다는 뜻)까지 넘긴 처지이며 바야흐로 종심(從心 마음에 따라 욕심을 버린다는 뜻)나이에 접어들었습니다. 소시절 같았으면 이런저런 욕망에 불탈만 합니다. 그러나 이젠 그럴 나이가 아니지않습니까? 그럼에도 부나비처럼 탐욕의 수렁에서 헤어나오지 못하는 것입니까?

세상 사람들은 당신을 봉하대군이라고 부릅니다. 대군이면 대군답게 세상사와 등지고서 효령대군이나 양녕대군 처럼 자기를 희생시켜 역사에 남는 인물이 되어지기를 바라는 것이 도리일 것입니다.

그러나 지금 당신은 이 무슨 추잡한 짓입니까?

나는 내 소임만하면 되겠지만 당신의 소행이 너무 탈법적이고 무법적이어서 대한민국의 앞날을 위해 한 마디 했습니다. "

지금 이 소리는 대학강의실에서 나온 말도 아니고 절이나 성당, 아니면 교회에서 나온 설교 말씀이 아니다. 노무현 대통령의 형 노건평씨에게 재판정 판사가 형량(刑量) 선고에 앞서 안타까운 마음을 전했던 말이다.

노건평씨가 무얼 어떻게 했었기에 이런 덕담이 나오게 된 것일까?

경기고등학교를 나와 서울대 공대 토목과 수석졸업했던 KS표 최고 엘리트 남상국 대우건설 사장이 한강 인도교에서 투신자살

했다.

한마디로 충격적이다.

남부러울 것이 없어보였던 남 사장이 왜 그렇게 험한 죽음을 선택했던 것일까 국민 모두가 고개를 갸웃거렸다.

바로 노무현 대통령의 한마디 말 때문이었다.

"좋은 대학교 나오고 좋은 자리에 있는 사람이 시골에서 별볼일없이 살고 있는 노인을 찾아가서 못된 일을 했으니 통탄할 일입니다."

남상국 사장을 빗댄 말이었다. 대통령에 취임해 기자들과 만나 회견하는 자리에서 나온 말이었다. TV로 생중계되는 상황이었다. 어찌된 일인지 노무현 대통령의 입은 험하고 거칠다. 같은 말이라도 가시박힌 말을 했다. 대우건설 사장 연임을 로비 인사청탁하러 봉하마을을 찾아가 노건평씨에게 일금 3000만 원을 건넸다가 들통난 것이다. 그러나 남 사장은 그렇게 추악한 인사청탁을 할 인물이 아니었다.

실제 있었던 일은 어떤 것이었을까?

대우건설 하청업체 사장이 노건평 봉하대군과 인연이 있었다. 남사장에게 잘 보이고 싶어 그가 남 사장 인사청탁을 하며 뇌물을 주었던 것이다. 그런 사실을 남 사장은 모르는 일이었다.

"남사장님, 부산 공사현장 초도 순시때 저와 잠깐 들려 인사나 해두시지요."

강력히 권고했다. 전혀 관심이 없었다. 그러나 자꾸 권유하는 바람에 자의반 타의반 마지못해 따라가서 인사를 나누었었다. 그것이 비극적인 한강투신자살을 만들어 낼 줄이야 꿈엔들 생각

288

이나 했겠는가? 노건평과 하청업체 사장 사이는 서로 인사를 나누며 절친해 보였었다. 그가 소개해 인사를 주고받았을 뿐이었다.

실제 남 사장이 했던 일은 그 일뿐이었다. 노 대통령의 기자 회견에서 자기에 대한 얘기가 튀어나오면서야 그런 내막이 있었던 것을 알았을 뿐이었다. 그럼에도 그 사건의 진실을 모르는 노무현 대통령은 TV마이크 앞에서 투박한 말투로 남 사장을 파렴치한 사람으로 비아냥을 해댔던 것이다.

이 사건으로 노건평 봉하대군은 천하에 이름 석자가 알려지게 됐다. 역설적으로 이 사건이 벌어지면서 천하의 장난꾼들은 노건평 봉하 대군을 향해 갖가지 로비와 청탁이 쏟아졌다. 그가 지방 세무공무원으로 말단직에 근무했었으며 뇌물을 챙기다가 사찰에 걸려서 목이 잘렸었다는 일에서부터 유별나게 돈을 좋아한다는 사실까지 속속들이 알려지게됐다.

국세청 직원들은 알음알음으로 승진청탁, 보직청탁이 줄을 이어 국세청 인사과장이라는 별명까지 붙어 버렸다. 바늘 도둑이 소 도둑된다는 옛말은 옳은 것이었다. 그는 세종증권(지금은 농협증권) 로비팀과 연결이 됐다.

세종증권은 정상적인 금융기관이 아니었다. 전남 고흥에서 무작정 맨몸으로 상경했던 소년이 명동사채시장에서 심부름을 하면서 그 바닥에 흐르는 메카니즘을 꿰뚫었다.

"돈이란 돌고도는 것이다. 돈에는 인정도 없고, 사정도 없다. 챙길 수 있을때 챙기는 것이 최고의 가치다."

그에게 기회가 찾아왔다. IMF광풍이 금융시장을 뒤엎어 놓았다. 그때 그에게 기회가 왔다. 모두 이성을 잃고 있었다.

"채권은 금이고 주식은 휴지다."

이 기회에 급전이 필요한 부도직전의 기업채권을 매입했다. 큰 돈을 벌었다. 마침 동아건설의 계열회사 동아증권이 매물로 나왔다. 헐값이었다. 그의 눈에 기업이 아니라 상품이었다. 500억 짜리 회사를 50억원에 샀다. 싸게 헐값으로 샀으니 팔아야 돈이 된다. 마침 농협에서 증권회사와 보험회사를 산다는 정보를 입수했다. 농협은 주인이 없고 부패한 회사다. 그에게 덤터기를 씌울 생각이었다. 고양이 목에 방울을 달아줄 인물을 찾았다. 그 소문이 김해 봉하대군의 귀에 닿았다.

"대군님, 농협 회장과 잘 아시죠?"

"잘 알다마다. 내가 추천해서 출세한 사람인걸."

"잘 됐습니다. 그가 마음 먹으면 되는 일입니다. 우리 세종증권을 사라고 해주세요. 그러면 커미션 30억원 드리겠습니다.

"30억원? 그럼 내가 부탁해 보겠소."

이렇게 그의 로비청탁 실력은 진화(進化) 되어갔다. 그는 마구잡이로 떼를 쓰며 청탁에 나섰다. 세무공무원 할때, 납세자와 단 둘이서 돈을 주고받으면서 길들어져 있었다. 그러다보니 양심의 가책같은 것은 애시당초 없었다. 그의 눈에는 돈이 보일뿐 파렴치라는 말은 잊혀진 말이었을 뿐이다. 로비청탁에는 믿는 구석이 있어서 그랬는지 적극적이었고 노골적이었으며 무소불위(無所不爲)였다. 윤상근 농협 회장실을 직접 찾아가기도 했고 전화로 호통치기도 했다.

"이봐요, 윤회장, 즉시 처리해주세요."

"아이고, 좀 기다리세요. 금융감독원, 감사원, 기획재정부, 청와대 여러 곳에서 승인이 나와야합니다. 그러다보니 시간이 좀 걸려요."

"뭐라고? 어디에서 브레이크를 거는거요?

"감사원."

"내가 감사위원에게 부탁해 주겠소. 그러면 됐소?"

이미 노건평은 시골 노인이 아니었다. 로비 청탁 천재가 되어 있었다. 세종증권 사건을 재판했던 조병현 부장판사는 울화통이 치밀었다. 모든 범죄인들의 범죄심리에서 양심의 가책이 있는 것이었다. 그러나 노건평 피고인에게서 양심의 가책은 찾아볼 수 없었다. 그의 눈에는 오직 돈이었다. 봉하대군이라는 명예와 같은 자존심은 아예 자리하지 않았다. 앞으로 얼마나 거창한 사건이 벌어지게 될런지 예측이 안됐다. 그래서 형량선고에 앞서 공자말씀과 같은 훈시를 했다. 그런 일이 있은 다음에도 태광실업 박연차 회장과 추악한 거래와 뇌물수수가 이어져 14억 원 챙겼던 것이 밝혀졌고, 통영 앞바다 공유지수면 매립공사 인허가에 개입해 9억 4000만 원 챙겼다가 검찰에 걸려들었다.

그의 부정, 부패, 로비의 끝은 어디쯤까지 계속 이어지게 될까?

노무현 일가의 친인척 부정부패는 여기에서 멈추어지지않고 있다. 그의 딸 노정연씨가 미국에서 고급주택을 사면서 한화 13억원을 환치기꾼에게 의뢰했다. 라면 상자 가득히 무려 10여 상자에 가득한 현금을 달러로 바꿔 미국 주택 매입자금으로 지급했던 것이 밝혀졌다. 중간에서 수수료를 받고 환치기를 해주었던 거간꾼이 어느날 갑자기 검찰에 신고를 했다.

"문제의 돈을 제가 달러화로 교환해서 전달했습니다."

전직 대통령 딸이 무슨 돈으로 정당하게 달러로 지급하지않고 환치기라는 불법으로 집값을 지불했던 것일까?

입만 벌리면 애국이니, 민생이니, 민족이니를 외쳐대던 노무현이 불법거래를 태연하게 자행하다니 국민들은 충격적이었다. 중간에서 환치기를 했던 사람은 형제였다. 그들은 환치기라는 불법을 직업적으로 행하고 있는 범죄자였다. 그가 어느날 갑자기 정의의 사도처럼 불쑥 튀어나와 휘슬브로어가 됐던 것일까?

"사람에게 최소한의 양심과 애국심, 국민의식이 있는 법입니다. 저희 형제도 마찬가집니다. 음지에서 불법으로 돈을 벌고 있습니다만 사건진행을 보면서 국민적인 분노가 폭발했습니다."

사건내용은 아주 간단한데 사건 당사자들이 전직 대통령의 가족이라고 해서 요리조리 피해가는 꼴에 분노가 폭발했다는 것이다. "과천 비밀하우스 돈박스는 나의 돈이었소. 돈의 출처를 밝힐 수 없어서 환치기를 시켰던 것입니다. 죄송합니다."

최소한 이렇게 밝혀야 검찰의 수사 칼끝이 자기들에게 향하지 않는다. 그럼에도 단 한마디 밝히지않고 우물우물 자기들의 알량한 애국심만을 챙기고 있으니 환치기 형제들이 분노했던 것이다.

이제 미국에 고급 주택을 무려 100만 달라나 주고서 매입했던 노무현 딸 정연씨의 부패행각이 적나라하게 세상에 밝혀졌다.

"반미선동의 맨 앞에서 미군철수를 외쳐댔던 장본인이 왜 그 자녀들은 모두 미국에 가서 고급주택을 사고, 그곳에 돈을 투자해두려하고 있을까?

반미 주사파 종북주의자들의 민 얼굴을 보고 있으면 온통 위선이고 거짓말뿐이다. 이번 4.11총선에서 양경숙5 공천헌금으로 뜯어낸 38억 원을 볼때 수단과 방법을 가리지 않는 최소한의 양심도 없다. 방송인이라는 이력도 가짜, 학력도 가짜 모두 가짜뿐이다. 그러면서도 공정과 진실을 주문 외우듯 해댄다.

정치는 돈이 있는 사람이 해야한다. 돈없는 사람이 정치를 하면 그것은 정치가 아니라 죄악이다. 지역구에 사무실을 개설하면 그 순간부터 돈이 무진장하게 필요하게 된다. 사무실 전화, 우편, 사무용품, 여직원 급료, 각 마을마다 지역장을 임명하고 그의 교통비, 선물비, 점심값, 회의비 등 시루에 물을 주듯이 돈이 있어야한다. 그 돈이 정치인의 호주머니에서 나와야한다.

그렇게 써야할 돈이 얼마나 있어야하는 것일까?

정치권에서 떠돌아 다니는 은어(隱語)가 있다.

"10당5낙(十當五落)한다."

선거비용으로 10억 원을 쓰면 당선되고 5억 원을 쓰면 낙선이 된다는 뜻이다. 정치하는데 그렇게 돈이 많아야 한다. 호주머니에 돈이 있어야 그러한 돈을 쓰게 된다. 돈이 없으면 낙선이 뻔함에도 발만 동동 구르면서 패자가 되고만다. 마을마다 선거 프로모션 운동원을 한 명씩 배치하는 것보다 두 명, 세 명 두는 것이 훨씬 더 큰 효과가 있다. 그것이 눈에 훤하게 보인다. 다시 말하면 당선과 낙선이 보인다는 뜻이다. 그런데 돈이 없으면 얼마나 안타까운 일인가.

그래서 정치판에 발을 들여놓으면 검은 돈이 됐건, 흰돈이 됐건 무조건 챙기게 된다. 그것이 정치판이다. 김영삼 대통령은 정치인생 반세기 동안, 검은 돈과 인연이 없었다. 아버지가 덕장과 고기배를 운용, 매년 멸치철에 거금을 수확했다. 그의 소원은 아들 김영삼이 정치인이 되는 것이었다. 정치에는 돈이 많이 든다. 그 돈을 충족하게 뒷받침해 주었다.

"아들아, 금년에도 풍년이다. 돈이 필요하면 말하라. 그리고 멸치 한 트럭 보낼란다. 주변 사람들에게 한 포씩 주어라."

김영삼과 정치하던 사람은 너나없이 모두 그 멸치를 받아봤다. 그에게는 돈이 필요없었다. 야당 당수들이 공천장사를 해서 돈을 챙길 때 그는 그의 손으로 돈을 받지 않는다. 대단한 축복이다.

재일교포 정치지망생은 공천헌금 10억원을 주고 전국구 1번을 받아 국회의원이 됐다. 그는 막 태어나면서 어머니 등에 업혀 일본 밀항선을 탔다. 어머니는 일본에서 밀주장사를 해서 돈을 벌어 자식을 키웠다. 그는 빠징코 사업을 했다.

거부가 됐다.

한국에다 부동산투기도 하고 사채놀이도 했다. 그러다가 김영삼 가신들을 알게 돼 전국구 국회의원이 됐다. 국회의원이 되자 한 달에 한번 일본행 비행기를 타는데 VIP대접을 받았다. 그것이 더 없이 좋았다.

4년후, 다시 국회의원선거 공천이 있었다. 4년 동안 국회의원을 하면서 김영삼 당수와 가까이 지냈다. 자기가 헌금했던 10억원이 전액 당수에게 전달되지 않고 5억 원만 입금됐다는 사실을 알게됐다. 중간 역할을 했던 가신이 나머지를 챙겼던 것이다.

"아, 이번엔 직접 김영삼 당수에게 공천 헌금하면 되겠구나."

일금 5억 원을 김영삼 앞에 내놓았다.

"이 의원, 이것이 뭣이오?"

"이번 선거 공천헌금입니다."

"뭐라고? 공천헌금, 즉시 가져가시오. 난 돈받는 사람이 아니요."

버럭 화를 냈다. 그러면서 그를 추천했던 가신을 불러 호통을 쳤다.

"이 사람아, 왜 그렇게 처신하노? 두 번 다시 이런 일 없도록 하거라."

재일교포 정치지망생은 두 번 다시 김영삼 당수를 만나지 못했고 여의도를 떠나야 했다.

이것이 김영삼의 모습이었다. 정치인생 반세기 동안 돈추문이 없었다는것은 그의 돈에 대한 철학 때문이었다.

그러나 아들 김현철은 돈거래 때문에 구속이 되어 옥고를 치렀다. 한보그룹 정태수와 검은 거래를 했다가 들통이 났던 것이다. 정치를 모르면서 정치학 박사가 됐던 것이 화근이었다. 야망이 있는 사나이들, 그들은 조그마한 구멍이 있게 되면 뚫어낸다.

그것은 파도와 같은 것이었다.

아버지 김영삼이 대통령이 되면서 긴장의 끈을 놓아서 그랬던 것인지 아들 현철의 말에 따랐다. 그것이 독이 되고, 나라에 손실이 된다는 것을 깜빡 잊고 있었다. 그러자 그에게는 뇌물공세가 시작됐다. 그가 운영하고 있는 여론조사팀과 민정시찰팀 운영경비가 소요됐다. 바로 그때 유혹의 손길이 닿았다.

"제가 도움이 되어줄 것은 이것 밖에 없습니다."

"뭣이오?"

"돈이오. 일금 50억원."

재벌에게서 50억 원은 작은 돈이라 여겼다. 그리고 당장 써야
할 돈이 필요했다.

받아 들었다.

이때부터 뇌물이 밀물처럼 물려 들었다. 이것이 범죄이며, 아
버지 국가통치에 치명상이 되는 것을 몰랐다. 그것이 단초가 되
어 김현철은 구속이 됐고, 김영삼은 통탄했다.

"현철이를 내가 교도소에 보냈어. 정치는 돈이고, 돈은 아무렇
게 받는 것이 아닌데 그랬어. 돈은 눈이 있어 돈을 받아서는 안
될 사람이 받으면 반드시 사달이 생기는 법이야. 무섭지. 그 시
한폭탄같은 돈을 왜 받느냔 말이야."

김영삼 대통령의 말이 옳다. 눈이 달린 돈을 마구잡이로 받았
으니 탈이 나는 것은 당연했다. 무소불위의 권력은 무한 책임이
따르고 있다. 그것이 무서운 독(毒)인 것이다.

이제 알겠는가?

국민이 선택해서는 안될 카드가 잘못뽑혀졌다.

한국근대사를 온통 뒤흔들어 버렸던 것이 친북좌파 대통령 출현이
었다. 그는 분명 친북주의자였고 막을 내렸어야할 북한 김씨왕조를 연
명시켜 놓았다. 달러를 풍족하게 바쳤고, 쌀, 비료, 농약, 의약품, 시멘
트, 철근, 아스팔트를 제공했다. 우리의 가슴에 포탄을 쏘아대고, 천안
함 폭파를 시켰다.

왜 까맣게 모르고 당하기만 했던 것일까?

북한 전역지하에 케이블선을 깔아주었기 때문에 그들이 주고 받는 정보를 알아낼 수 없게 됐다. 참으로 무서운 범죄행위를 범했던 것이다.

그것 뿐이었을까?

이미 법의 심판은 받았지만 아들 3형제가 앞서거니 뒷서거니 부정, 부패를 벌였던 것이다.

장남 홍일은 여의도에서, 차남 홍업은 압구정동에서 3남 홍걸은 강남역에서 사무실을 차려놓고 비리, 부정 백화점을 오픈했었다.

장남 김홍일, 여의도 국민일보 사옥빌딩 6층 전층에 「사회문제연구소」 간판을 달았다. 이곳이 김대중 대통령의 국정운영을 돕는 싱크탱크인 것처럼 연구소를 운영했다. 전라남도 출신 서울대 졸업생들을 집결시켰다.

여기서 사회문제에 대한 연구를 했었던 것일까?

아니다. 주로 찾아오는 사람들은 똥파리들이었다. 똥파리는 천리밖에서도 퀴퀴한 냄새를 감지한다. 이권이나 관급공사, 국영기업체 발주 공사 또는 자재납품과 같은 것이 있다하면 파리떼처럼 모여든다. 입소문 따라 찾아온다.

"수주계약과 동시에 리베트 5% 지급해야돼."

관급공사, 국영기업체공사는 규모도 크고 지불조건도 좋다. 소위 양반공사다. 관급공사는 모두 조달청에서 입찰한다.

어떤 방법으로 여기서 계약체결하는 것일까?

모두 편법이고 불법이다. 좀비족들이 살고 있는 나라같다. 편

법과 불법이 통하는 나라는 이미 나라이기를 포기한 것이나 마찬가지다.

"국가와 국민을 위해서 자원봉사하고 있는 것이올시다."

입만 열면 국가와 국민이 나온다. 모두 거짓말이다. 이때 거짓말이 사회문제가 됐다. 조선일보, 동아일보, 중앙일보는 거짓말의 실태와 폐해를 특집으로 편집해 보도했다.

"내가 죽으면 태극기로 나의 관을 싸서 장례를 지내고, 애국가 4절까지 불러 달라."

장관이 했던 말이다. 그러나 알고보니 이 장관은 부동산투기자였고 전 국민이 지탄하는 저질이었다. 마각이 드러나자 부랴부랴 장관자리에서 물러나 버렸다.

둘째 아들 홍업은 압구정동에 사무실을 차려놓고 이권청탁 중계를 공개적으로 벌였다.

대기업의 하청업체로 등록하는 일, 국세청 세무조사의 경감을 청탁하는 일, 검찰피소를 무마시키는 일 등 갖가지 민원성 청탁을 받아 해결해 주는 해결사 노릇을 전문적으로 그리고 공개적으로 했다. 이에따라 상당한 뇌물을 받아 챙겨냈다.

셋째 아들 홍걸은 강남역 인근에 사무실을 차렸다.

엉터리 벤처기업을 차려놓고 김대중 대통령 영부인 이휘호 여사를 졸라댔다.

"포스코 회장에게 부탁해서 출자를 해주도록 도와주십시오."

김대중은 전부인에게서 장남 홍일, 차남 홍업을 낳았다. 국회의원 출마를 했다가 몇 차례 낙선하면서 사채가 쌓였다. 그 거대한 빚을 갚을 수 없게되자 음독자살 했다. 그후 독신으로 지내다가 정일형, 이태영 부부가 중매에 나서 재혼했다. 그들 두 사람 사이에서 태어난 아들이 막내 홍걸이다. 늦둥이로 태어난 탓에 부모로부터 각별한 사랑을 한 몸에 받았다.

바로 이 점을 노렸던 부실 벤처인들이 홍걸을 영입했다. 포스코는 세계적인 기업이여서 그 기업의 투자는 공신력이 있었고 기업상장도 보증이 되어있었다. 이렇게 기업공개와 자본금투자를 받고서 손을 털어버리는 벤처기업이 수두룩했다. 이 기업도 그런 벤처였다.

소위 먹튀였다.

이것은 범죄였다. 기업을 경영해서 일확천금을 해낸 애플의 스티브 잡스, 마이크로 소프트의 빌게이츠, 스페이스북의 저커버그가 아니라 원초적으로 투자자 포스코를 속이고 선량한 일반 투자자를 속여서 돈을 챙기는 일이야말로 공공의 적이다. 여기에 김대중 대통령의 영부인까지 동원했던 것이다.

폭발성이 강한 사건이었다.

대통령 영부인이 조연으로 역할했고, 기업주체가 대통령의 아들이었으니 어찌 조용할 수 있겠는가?

항상 불행은 불행의 꼬리를 잇는 법이다. 여의도에서 장남 홍일, 압구정동에서 차남 홍업, 강남역에서 막내 홍걸 3형제가 모두 구속되거나 기소되는 건국이후 초유의 사건이 되고 말았다.

이미 김대중 대통령은 공천장사, 부실 기업장사, 이권장사로 소문이 파다했었던 참이었다.

「공천장사와 아들 3형제 구속기소」

이 말은 모두 업보같은 것이었다. 아버지가 만인지상(萬人之

上)의 자리에 오르고 무소불위(無所不爲)의 권력을 손에 쥐게 되면 모두 함께 썩고 부패하게 되어지는 것일가?

「권력을 손에 쥐고 있을 때, 한탕하자. 때놓치면 닭쫓던 개꼴이 될것 아닌가. 지금이 한탕 챙길 때다!」

아마도 이런 생각이었을 것이다. 3형제 모두 범죄에 가까운 한탕에 모두 한 몸처럼 올코트푸레싱했던 것이다. 아들은 아버지의 발가락을 닮기마련이다. 피내림이 그래서 무서운 것이다.

여기서 한가지 궁금한 것이 있다. 김영삼, 김대중, 노무현 3인의 재임 기간보다 훨씬 많은 19년여 집권했던 박정희 대통령은 전혀 친인척 비리가 없었다.

박정희는 경상북도 구미시 상모동에서 5남2녀 막내로 태어났고, 육영수는 충청북도 옥천읍 교동리에서 1남3녀중 둘째 딸로 태어났다. 두 집안의 가족상황으로 보면 친인척이 무척 많은 집안이었음을 알수 있다.

집권하여 최고 권력자가 되자, 사람들은 친인척을 찾아 두리번거렸다. 박정희 고향 구미시 상모동은 외딴 마을로 90여 호가 살았다. 그곳에는 전기가 들어오지 않은 시골이었다.

어느날 박정희 형 박동희 노인이 길을 나섰다가 이상한 광경을 보게됐다. 낯선 젊은이들이 제복차림으로 군데군데 구덩이를 파고 있었다. 마을 사람외에는 찾아오는 사람도 없는 오지였다.

"이거 뭐하는 일인가?"

이상하다는 생각이 들었다. 그래서 다가가서 물어봤다.

"여기서 뭐하고 있는거요?"

"아, 우린 한국전력에서 나왔습니다. 이곳에 전선주를 세우고 전선을 깔면 전기가 들어오게 되지요. 이곳에 사시오?"

"그렇소만……."

"참 좋으시겠습니다. 여기가 박정희 대통령 생가가 있는 마을
이죠?"

박동희는 깜짝 놀랐다. 동생 정희가 대통령이 됐다고 해서 마
을에 전기를 들어오게 만드는 것이라 생각했다. 갑자기 두려운
마음이 들었다.

"전기가 부족해 여기저기서 아우성치고 있는 판인데 대통령
고향이라고 해서 전기를 놓아주면 안될 일 아닌가?"

생각이 여기에 미치게 되자 당장 중단시켜야 된다는 생각이
들었다. 마을 주민들이나 이장의 말을 들어보나마나 이런 특혜
는 거절해야 한다고 생각했다. 그래 당장 공사중단부터 요청했
다.

"보시오. 청년들, 공사를 그만두시오. 내가 동생에게 얘기해서
못하게 하겠소. 그렇게 아시구려."

"노인 어른, 그걸 말이라고 하시고 있소? 전기가 들어오면 당
장 생활이 달라지고 땅값이 올라 부자가 되는건데 말입니다."

"당장 중단하시오. 정희는 상모동의 대통령이 아니오. 대한민
국 대통령이오. 국가를 위해서 일해야지 고향을 생각해 일하면
안됩니다."

당장 면사무소로 뛰어가서 청와대로 전화를 걸었다. 전기 필
요 없으니 전기공사를 중단시켜 달라고 요청을 했다. 그렇게 해
서   상모동에는 7년후, 농어촌 전력화사업을 할때 제일 늦게 전
기가 들어왔다.

이 얘기가 여기저기 알려지자 사람들이 찾아오기 시작했다. 이름도 모르고 얼굴도 모르는 사람에서부터 아주 오래전 마을을 떠났던 사람에게 이르기까지 줄줄이 찾아왔다. 찾아온 사람들은 쉽게 자리에서 일어나지도 않고 미주알고주알 용비어천가를 읊어댔다. 또 찾아올 때는 그냥 빈손이 아니었다. 빵, 돼지고기, 빨래비누, 엿가락까지 이것저것 한 봉지씩 이었다. 그때마다 그냥 주어서 돌려보내기가 쉽지 않았다. 말끝에는 취직부탁, 사돈네 팔촌 인사청탁이었다. 하나하나 거절하는 일이 무척 고통스러웠다. 어쩔 수 없이 청와대에 전화했다.

"우리 집에 경찰관 한 명을 보내주라. 그래야 살겠다."

그 말의 뜻을 알고 경찰관 1명을 파견했다. 이권청탁, 인사청탁을 하려던 사람들이 보초를 서 있는 경찰관을 대하고서 혼비백산해 가버렸다. 이 소문이 나면서 개미새끼 한 마리 얼씬거리지 않았다. 그러자 박정희 형 박동희는 혼자 말로 이렇게 되뇌었다.

"내 그럴 줄 알았지. 이제야 살겠구먼 내가 대통령인가, 동생 정희가 대통령이지. 동생, 참 고생많다. 그 많은 청탁꾼들 모두 어떻게 막아내고 있는가?'

박정희가 부산 항만사령관으로 부임해 재직하고 있을 때였다. 구미에서 조카가 찾아왔다.

"웬일이신가?"

"부탁이 있어서 왔습니다."

"부탁? 무슨 부탁이신가?"

"집에서 할 일이 없습니다. 요세 농촌은 무척 어렵습니다. 어디 일할 수 있는 자리 하나 마련해 주십시오."

"나는 군인이야. 군인에게 무슨 일할 자리가 있겠는가? 나는 그런 부탁을 들어줄 수 없고, 또 그런 부탁은 나에게 하지 않도록 명심해 주었으면 하네. 그만 돌아가시게."

냉정하게 선을 그었다. 찬 바람이 불었다. 매정했다. 농촌 사정은 어느 정도 알고 있었다. 얼마나 괴롭고 어려웠으면 멀리 이곳까지 찾아왔겠는가. 그 사정과 심정은 십분 이해가 되었지만 군인으로서 그 문제를 해결해 줄 능력이 없다고 생각이 됐었다.

또하나 그의 생각에 마뜩찮은 사유가 있었다. 팔 다리 성성한 젊은이로서 자기의 문제는 자기가 처리할 일이지 왜 친인척에게 기대는 것인가. 그 정신과 자세가 싫었다. 항만 사령부는 육군이 소비하는 각종 물자를 수송하고 비축하며 조달하는 곳이다. 유수한 납품업체들은 재벌급 기업체들이다. 그들에게 청탁하게 되면 조카의 취직 자리 하나는 해결할수 있는 문제였다.

그럼에도 왜 매정하게 거절했던 것일까?

조카 한 사람 취직시켜주면 즉시 집안 전체에 알려지게 된다.

"박정희 부산항만 사령관이 취직을 시켜줬다. 대단한 파워가 있다."

친인척들은 너도나도 모두 찾아올 것이다. 문제는 여기서 끝나지 않는다. 마을 사람들도 연줄을 찾아 나설 것이다. 마을에는 윗 노인들도 있고, 초등학교 동창생, 선배, 후배도 있다. 아버지, 어머니, 형, 누나 친구와 친지들도 있다. 이들 모두가 찾아올 것이다. 취직은 먹고 사는 문제다. 먹고사는 일은 생존의 문제다.

생존은 죽느냐, 사느냐하는 일이다.

살아 남기 위해서는 혼신의 힘을 쏟는다. 사람의 힘으로서는 상상조차 할 수 없는 능력이 발휘된다. 조카의 취직 청탁은 이런 것이다.

스스로 살아남는 수단과 방법을 터득하는 것이 하늘의 뜻이다. 누구에게 의지하고 도움을 받는 일은 스스로 죽음의 굴을 파는 셈이다. 국가 일을 하면서 친척과 이웃에게 도움이 되지않는 일을 할 필요가 없었다.

봉공영사(奉公營私)를 철저하게 했다. 소위 인사청탁이나 부탁이 들어올 틈을 주지않았다.

박정희 대통령이 집권 19년여 친인척 비리가 단 한건 없었던 것은 본인의 처신이 바르고 청렴했던 것도 이유가 되지만 친인척들이 스스로 깨달아 부담이 되지 않도록 자숙했던 것도 큰 힘이 되었을 것이다.

중국 국무원총리 주은레는 30년 근속했다. 그가 폐암으로 사망하자 온 국민이 애도를 표했다. 그에게 남아있는 것은 인민모, 하나 인민복 한 벌이 전부였다. 30년 동안 정부로부터 받은 급료는 받는대로 유망 청년의 학자금으로 주어졌고 그래도 남는 돈이 있으면 불우한 이웃에게 주어졌다. 그가 친인척에게 남겼던 말은 두고두고 중국인민들의 가슴에 남아 있다.

"나와 형제자매가 되는 친인척 여러분, 그리고 나와 동향이며 저를 알고지내는 친지분들이시여, 어렵고 힘들때 내가 도움이 됐으면 하고 바라시는 분들이 분명 있을 것입니다. 이미 저는 여러분의 사람이 아니라 국가의 사람입니다. 저에게 도움을 받는 것보다 저와 친인척이고 동향친지라는 사실에 긍지와 자부심을 가지십시오. 저는 그 이상 더해드릴 것이 없습니다."

주은래 친인척, 친지, 동향사람들이 모두 주은래 총리와 같은 생각을 가졌더라면 교도소에 갈 위험도 없었을 것이고 대통령을 욕되게 하는 원흉이 되는 일도 없었을 것이다. 그러나서 노무현 대통령은 대통령에 당선되고 청와대에 입성한 다음날 일가친척 전부를 청와대 영빈관으로 초대, 식사를 하면서 이렇게 말했다.

"일가친척 여러분, 제가 이 나라 최정상에 있는 대통령이 되었습니다. 저에게 하실 말씀이 많으실 것입니다. 여러분께서 꼭 원하시는 것 가운데 딱 하나씩은 해드리겠습니다. 저는 무엇이든지 할 수 있는 힘이 있습니다. 그래서 드리는 말씀입니다."

이렇게 하는 말을 듣고 처조카가 당장 사고를 저질러 세상을 떠들썩하게 만들었다. 어느 지방의과대학을 나왔던 그는 의사로 버젓한 종합병원에 취업하기도 어렵고 자기가 투자하여 병원개업하기도 힘들게 되자, 지방(수도권)에 대형 병원을 지어놓고 코스닥에 상장시켜 놓겠다고 투자자를 모집했다. 그러나 상장이 되지않자 투자자들의 투자금을 몽당 떼어먹고 부도를 내버렸다.

이것이 하나의 사건이 되어 사회문제가 되자 어떤 결론이 나오게 됐던 것일까? 대통령 친인척 비리의 사건으로 커지고 말았다. 결국 대형 사기사건의 주범은 대통령 자신이었다는 사실을 명심할 필요가 있다.

역사를 연구하는 사학자들, 대통령학을 공부하고 있는 학자들, 정치학을 다루고 있는 정치학자들 모두 박정희 18년에 대해서 고개를 숙인다.

학자들이 공통적으로 박정희 성공요인으로 공정함과 강직함을 꼽고있다.

박정희는 종교가 없다. 아내 육영수가 불교에 심취해 있었던 것과는 달리 종교에 대해 관심을 두지않았다. 다만 부친 박성빈이 무관 지망생으로 효력부위라는 벼슬이었는데 직급으로 따져보면 정9품으로 공자, 맹자 사상을 추종하는 유생이었다. 그 영향을 받았는지 청빈함과 봉공영사(奉公營私)와 정명(正名)을 신념으로 지니고 있었다.

사람은 이기적인 동물이다.

공산주의가 지구상에서 사라지고 자본주의가 영속하고 있는 것은 바로 인간의 본성 때문이다. 남보다 잘 살아볼려는 이기심이 경쟁을 유발하고 경쟁이 번영과 발전, 창조를 가져와 사회와 국가가 발전한다는 것이다.

그러나 이러한 본성을 초월하여 나라와 국민을 발전시키고서 성취감을 느끼는 봉공영사, 멸사봉공 정신이 기적을 가져오고 나라가 발전하게 되는데 그것이 박정희의 성공모델이었다고 평가하고 있다. 박정희 유신체제가 싫어서 호주로 이민을 갔던호주국립대학 교수 김형아 박사는 이렇게 회고한다.

"역사에서 만약이라는 가정은 허용되지 않지만 박정희 18년이 없었다면 어느 누가 오늘날의 대한민국이 존재할 수 있었다고 말할 수 있겠는가?"

이 물음에 대해서 중국 등소평, 후진타오, 북한 김일성 ,김정일, 김정은 어느누구도 아니라고 부정하지 못할 것이다.

"대한민국의 역사를 바꿔놓은 새마을 운동을 유신체제하의 국민통제 수단으로, 유신독재는 장기집권의 방편이라고 생각했었다. 그러나 더 깊이 연구하여 보니 새마을운동으로 국민의식이 개조됐고 유신독재로 국가발전의 기초였던 효율성 극대화로 경제대국의 기반을 만들어 냈음이 밝혀졌다. 어느 누가 이를 반박할 수 있으며 이의를 제기할 수 있겠는가?"

박정희 연구로 학위를 받고 국가발전의 유형을 찾아낸 세계적인 석학 김형아 박사의 논리에 우리는 다시 한번 박정희를 되돌아보게 만든다. 하바드대학 명예교수이면서 한국학 대가 포겔박사는 한국의 반세기만에 유럽선진국의 수 세기에 걸쳐 성취했던 산업혁명과 민주화를 압축성공시켜낸 것은 박정희의 동양적인 가치사상이 가져온 성공이라고 평가했다.

"내 무덤에 침을 뱉어라."

경공업구조를 중화학공업구조로 대전환을 시도하면서 반대저항자를 향해서 자신있게 신념에 찬 목소리를 냈었다. 역사의 키를 잡고서 어렵고 험했던 70년대 고비에서 주마가편(走馬加鞭)채찍질을 하던 박정희의 고독함이 읽혀진다.

박정희 이후, 대통령으로서 나라를 이끌었던 전두환, 노태우, 김영삼, 김대중, 노무현, 이명박……6분은 모두 본인과 친인척의 부정, 부패, 비리로 모두 교도소엘 갔다. 아들이, 동생이, 형이 본인이 줄줄이 철장에 갇혔다. 국민에 대한 죄불명예스러움, 또 국민에 대한 면구스러움을 어찌할까?

문제는 범죄행위자의 잘못일까? 아니면 부나비처럼 달려드는 악마들이 유죄일까?

모두 아니다. 대통령 자신에게 잘못이 있다. 박정희의 사례를 보면, 그 자신이 봉공멸사(奉公滅私)의 정신으로 오직 국가와 국민을 생각했던 사람은 친인척 비리가 발생하지 않았다.

이순신 성웅이 어떻게 23전 23승 했던 것일까?

전라좌도수군절도사로 부임하면서 밤도 없고 낮도없이 밤낮으로 일했다. 전쟁이 없는 평화시절에 수병들의 훈련, 거북선 제작, 각종 함포 천자포, 지자포, 현자포 등 신무기를 개발했다.

유비무환(有備無患).

전쟁이 없는 평화시에 전쟁에 대비하면 백전백승할 수 있다는 신념이었다. 공정한 인사, 공평한 업부집행을 하면 부하들로부터 존경을 받으며 그것이 바로 권력이라고 생각했다. 그러한 신념과 정신으로 일했으니 백전백승을 했던 것이다.

박정희는 이순신을 초등학교 4학년 때 알게됐고 마음으로 사숙(私淑)을 했다. 동아일보 김천지국장을 지냈던 형이 보내준 책 「성웅 이순신」을 읽고서 「나도 장래 커서 군인이 되어 나라를 위해 목숨을 바치는 장군이 되어야 겠다.」

이때 마음을 굳혀 문경초등학교 선생을 그만두고 만주군관학교에 입학했던 것이다. 이순신의 정신 「멸사봉공」은 박정희의 정신이 됐고 신념이 됐다. 조선 600년은 선비정신이 국가를 존속시켜냈다. 선비정신은 유교사상이었고 그 중심에 멸사봉공이 자리했고 위국충정(爲國衷情)이 살아있었다.

박정희 18년에 친인척의 만사형통(萬事亨通)도 없었고 멘토(곽상훈 전국회의장, 박순천 전 신민당 당수, 구상 시인, 선우휘 소설가)들의 일탈과 구속도 없었다. 그에게는 봉화대군도 없었

308

고, 추악한 이권청탁이나 인사로비 추문도 없었다. 모든 부정,
부패, 무법의 무소불위, 만사형통(萬事亨通)은 친인척의 범죄가
아니라 대통령 자신이었다.

성웅 이순신은 500년이 지났으면서 도 왜 국민들이 마음속에
담아두고 존경하고 있는가?

왜 박정희는 땅에 묻힌지 30년이 지났음에도 국민들이 좋아
하고 그 때, 그 시절을 그리워하고 있는 것일까?

그 해답은 그의 충정, 신념, 멸사봉공에 있었던 것이리라.

20. 마지막 한마디

장충동 국가재건 최고회의 의장공관.

벌써 3일째 두문불출 머리를 싸잡고 생각하고 또한다. 평생 군에 있으면서 앞으로 전진, 아니면 뒤로 후퇴가 결단의 전부였다. 그러나 지금 이 순간, 진퇴를 결정내려야만 하는 때가 닥쳐와있는 것이다.

5.16 새벽 한강 다리를 건너면서 국민들과 약속했다.

「혁명과업을 완수하고 군은 본연의 업무로 복귀한다.」

혁명 2년이 지났다. 부패, 무능한 정치는 2년여 일체 금지됐다. 정치는 국민들로 하여금 꿈과 소망을 가지고 살아가게 만들어야 하는데 정치인들의 권력탐욕과 권력투쟁 그리고 희망을 주는 일에 소홀하다보니 정치염증이 극에 달했었다. 정치중단은 은근하게 속시원해 했다. 그러나 2년 사이에 정치부활을 은근하게 바라는 것이었다.

박정희의 고뇌가 시작됐다.

정치판 구 정치인들은 자기가 국민에게 했던 말을 아주 손쉽게 뒤집었다. 그래서 거짓말을 정치적 발언으로 인식했다. 정치는 술수(속임수)를 밥먹듯하고 거짓말은 일상사가 했다. 그러나 박정희는 그것이 정치가 아니고 정치꾼의 고질적인 병폐로 여겼다. 유교적인 도덕율의 가정교육과 학교교육을 받았으며 명령복종을 생명으로 하는 군대에서 평생을 보냈던 것이 제2 천성이됐다. 약속은 지켜져야하고 이행하는 것이 하늘의 뜻으로 생각했다.

1961년 8월11일 국가재건최고회의 의장이 되면서 밝혔던 민정이양 스케쥴은 어김없이 진행이 됐다.

① 1963년부터 정치활동을 허용.

② 1963년 3월 신헌법제정하고

③ 1963년 5월 총선거실시

④ 1963년 여름 민정복귀한다

국민과 약속했던 1963년이 밝아오자 정치인들이 꿈틀댔다. 그들은 혁명정부가 불철주야 땀 흘렸던 경제개발5개년계획, 보리고개 퇴치, 수출진흥, 공업단지개발, 청년고용 촉진과 같은 경제개혁에는 관심이 없고 정당설립하여 당수되는 일과 대통령 후보자 되는 일에만 혈안이 됐다.

정치재개 1개월만에 70여 정당이 창당되고 당수와 대통령 후보를 놓고 머리가 깨지도록 다투었다. 심지어 5.16혁명 주체세력이 주동이 되어 창당된 민주공화당도 주도자 김종필에 반대하는 반김(反金)세력 사이에 피를 튀기는 싸움을 벌리더니 급기야 반혁명쿠테타 음모가 생겨났다. 김동하, 박임항등 장군들이 주동이 되어 혁명을 계획했다.

박정희는 국민과의 약속 「혁명공약」 대로 군의 민정불참을 선언하고 그 선언식을 세종로 시민회관에서 1963년 2월27일 개최했다.

시민회관 대강당을 가득 메운 정치인을 보면서 박정희는 큰 충격을 받았다. 이 자리에 모였던 정치인들의 면모는 이랬다. 민주당 노진설, 민정당 김병로, 신흥당 장이석, 자민당 이종윤, 민주공화당 정구영, 조민당 오영진, 한독당 조각산, 자유당 이규갑, 자유 국민당 오창욱, 31당 정인해, 신정당 허정, 기독농민당 박태섭, 4월혁명동지총연맹 김득용, 국민주권수호연맹 신현중, 청년한국연맹 현원주, 승공회 박시승, 전국사회단체연합회 김영민, 31정신선양회 남상철.

「1인 정당도 수두룩합니다.」

「1인 정당이라니?」

「정당은 뜻을 같이하는 사람들이 모여서 결성하는 법인데 당수 한 사람이 만든 정당입니다.」

박정희는 충격을 받았다. 이들에게 정권이 넘어가면 혁명 2년에 쏟았던 노고가 허투루 돌아갈 것이 뻔해 보였다. 가슴이 무거워왔다.

「조선 600년 역사는 당쟁의 역사가 아닌가? 동인, 서인으로 나뉘더니 노론, 소론으로 다시 분열되어 죽자사자 싸우기만 했었지. 임진왜란은 얼마든지 막을 수 있는 전쟁이었는데 동인 김성일은 서인 황윤길의 보고를 반대하는 바람에 전쟁준비를 못했었다.

「전하, 일본은 반드시 조선침략을 할것입니다. 방비를 서둘러야합니다.」

312

「전하, 아닙니다. 일본은 조선을 침략하지 아니할 것입니다. 염려하지 마십시오.」

두 사람이 함께 일본정탐을 하러 갔었다. 서인 황윤길은 정사, 동인 김성일은 부사였다. 1년여 두 사람은 일본 구석구석 돌아 봤다. 거리마다 군인들이 몰려다녔고 빈터에서는 군함을 만들고 있었다.

사정이 이러한데도 서인이 전쟁위험으로 말하면 동인은 전쟁위험이 아니라고 반대했다. 이렇게 국민과 나라를 외면하고 당파싸움만했던 600년의 역사가 한일합병의 비극을 낳았던 것이다. 역사에 정통했던 박정희는 인산인해를 이루고 있는 70여 개 정당의 정치인들을 보고서 장탄식을 했다.

「저 많은 사람들 머릿속에 무엇이 있을 것인가?」

「각하, 저것이 많은 것이 아닙니다. 1945년 8월15일 해방직후에는 700여 개 정당이 있었습니다.」

「뭐라구? 700개 정당?」

충격적이었다. 늑대 처럼 야성이 강한 정치꾼들에게 나라를 맡겨 놓으면 또 다시 자유당, 민주당 무능 정치가 나라를 망하게 만들어 놓을 것이 뻔했다. 즐겨 읽었던 「조선 당쟁 600년사」, 「월남 패망사」, 「로마흥망사」가 세종로 시민회관을 가득 메운 군소 정당의 정치인들과 겹쳐졌다.

어떻게 할것인가?

박정희의 마음을 성난 파도에 춤을 추는 일엽편주(一葉片舟)와 같아졌다. 평생의 가치관은 약속을 지키라 하고, 후진된 국가의 앞날은 약속을 파기하라고 했다.

「민족중흥과 조국근대화」

1961년 5월16일 새벽, 한강다리를 건너면서 꿈꾸었던 민족의 대드라마가 중요한가, 아니면 국민과의 약속이 중요한가, 갈라진 십자로에서 고민하다가 결국 후자의 길을 선택했다. 그러나 저 똥파리떼들은 무언가?

저들의 눈에는 국민의 굶주림과 헐벗음은 단군 이래 5,000년의 숙명쯤으로 팽개처버리고 당쟁에만 몰두할 것이 아니던가. 2년 동안 피땀 흘려 경제개발5개년계획 경제부흥 청사진이 휴지조각이 되면 어찌되는가. 지하 단칸방에 큼지막한 정당간판 달아놓고 사사건건 반대만 일삼는 저들에게 정권을 맡겨놓으면 매년 40만 명 쏟아지는 대학졸업생은 고스라니 실업자 건달패가 될것 아닌가.

단상에서 내려다본 정치꾼들의 탐욕스런 눈빛에 그만 눈을 감아버리고 말았다.

또하나, 어깨를 짓눌러대는 원죄(原罪)가 두려워졌다. 5월16일 밤 11시, 신당동 자택에서 아내 육영수와 나누었던 딱 한마디가 자꾸만 떠올려졌다.

「여보, 애들을 부탁하오.」

「알겠습니다.」

허리춤에 찬 권총을 만지작거리며 이것이 마지막이 될지도 모른다는 생각을 했었다. 기존의 질서를 뒤엎고 새질서를 만들어낸 다는 것은 건곤일척(乾坤一擲)의 결심이 있어야 한다. 어깨에 국가가 달아준 별 두 개를 팽개치고 국가의 가슴팍에 총구를 겨누는 일은 아무나 할 일이 아니다.

미친 개처럼 날뛰는 저들 정상배들은 필연코 해코지를 해댈 것이다. 수 많은 혁명동지들이 당하게 되는 곤혹을 그냥 흘려보낼 일이 아니다.

박정희의 번뇌는 차츰 눈앞의 현실로 나타났다. 야당은 내분 분열과 당권싸움으로 곳곳에서 파열음이 터져나왔다. 당권파 싸움, 대권파 싸움이 분쟁을 넘어 분당으로 번져갔다. 여당 역시 마찬가지였다. 유일한 대통령 후보로 생각했던 박정희가 원대복귀 선언을 하자 구심점을 잃고 김종필파와 반 김종필파로 분열, 역시 건곤일척의 권력투쟁을 벌리고 있었다.

3월7일 원주 1군사령부에서 전방 주요지휘관회의가 열렸다. 이 자리에서 훈시를 하던 박정희는 폭탄선언을 하고야 말았다.

「지금 새로운 국가, 새로운 정치를 하자는 마당에 불행한 일들이 연일 벌어지고 있습니다. 문제는 구정치인들입니다. 이들은 국가와 국민은 안중에 없고, 오직 자기의 개인적인 영달에만 집착하고 있습니다. 또 이들은 마음속 음흉한 속셈을 내비치기도 하고 있습니다. 바로 정치보복입니다. 나는 이들 구정치인들의 해악을 그냥 좌시하지 않겠습니다.」이 한마디는 일파만파 파장을 일으켰다. 정쟁에 정신을 잃고있던 정상배들에게 KO펀치가 됐다. 정쟁과 당권투쟁이 멈춰지고 박정희의 원주발언 진의파악에 나섰다. 불행은 불행의 꼬리를 잇는 법이다. 박정희가 5.16 군사혁명을 하면서 가장 우려했던 것이 남미와 아프리카에서 벌어지고 있는 혁명의 악순환이었다. 총을 가진자 쿠테타를 일으켜 권력을 향하고, 권력을 가진자 부패하면 다시 쿠테타가 일어나는 것이 혁명의 악순환이다. 이렇게되면 남북이 대치하고 있는 나라에서 자멸하게 된다. 나라를 지켜내기 위해 전우의 시체를 넘으며 쓰러져갔던 선열들에게 가장 못난 후손들의 짓이다. 박정희는 혁명 악순환을 막아내기 위해 중앙정보부를 창설, 군내부를 거울처럼 구석구석 살펴보고 있었다.

3월11일, 드디어 김동하, 박임항이 주동이 되어 쿠테타를 모의했던 것이 탄로났다. 즉시 김종필을 해외로 내보내고 긴급조치를 취했다.

3월15일 수도방위사령부 소속 군인 80여명이 무장한체 최고회의앞 광장에서 「군정연장시위」를 했다. 이것은 충격이었다. 건국이래 처음 벌어진 일이었다.

박정희의 원주발언은 당초 약속대로 군인은 정치에서 손을 떼고 군본연의 임무로 돌아가는 것은 틀림없는데 그동안의 정치의 틀은 안되고 정치개혁을 하겠다는 뜻이었다. 그러자 다시 국론이 분열되었다. 소위 분열의 악순환이었다. 이를 막아내기 위해서 단안을 내렸다.

3월16일 군정을 4년 더 연장하는 것을 국민투표에 올리겠다는 것이다. 그러자 야당에서 일제히 군정연장 반대 시위가 전국 방방곡곡에서 벌어졌다. 그런가하면 반대로 군정연장을 찬성하는 시위가 벌어졌다.

이래저래 혼란은 가중되고 정국은 혼란스러웠다. 이 혼란을 잠재우고 5.16군사혁명의 좌표였던 「산업근대화와 민족중흥」을 이루어내기 위해서 박정희는 마음을 바꾸었다.

「군을 떠나자!」

평생을 몸담았던 군(軍)을 떠나기로 결심하기까지 참으로 길고긴 고뇌의 시간을 보내야 했다.

1963년 8월30일 5군단 기지.

만주군관학교 입학해서 이날까지 23년을 군대에서 근무했었다. 문경초등학교 교사를 팽개치고 신경군관학교에 입학하면서 시작된 군생활 23년은 인생의 전부였다고 해도 진배없다. 한때 남로당 당원이었다는 죄목으로 사형을 선고받기도 했고 천재일우(千載一遇)로 사면받아 목숨을 부지했고 6.25한국전쟁으로 군으로 복직되어 3년 전쟁을 치루었다. 낙동강 전투에서 승리, 38선 돌파 북진에서 다시 38선으로 후퇴하는 동안 수많은 전투에 참전, 전승해 국가와 국민이 인정하는 장군이 됐다. 어느날 그에게 불어닥친 「민족중흥과 조국근대화」의 꿈이 그의 보금자리였던 군을 떠나야하는 운명이 됐다.

사열대에 올라서 자기를 향해 올려지는 경례는 남달랐다. 그래서 눈물을 흘렸다. 그러면서 마이크를 잡았다.

「다시는 이 나라에 본인과 같은 불행한 군인이 없도록 합시다.」

작은 체구, 가냘픈 몸, 양어깨에 질머진 짐은 5,000년 역사의 무게만큼이나 무겁고 버거운 것이었다. 몽고 초원의 부족장 징기스칸이 1,000년 비원이었던 중국을 공격하기 위해 케르렌강 가에서 전 몽고인이 그에게 무운을 빌었다. 몽고인의 비원을 가슴에 안고서 고독하게 첫발을 떼었던 심정과 육군 대장 박정희의 마음은 어쩌면 똑같았을지도 모른다. 오직 「조국근대화와 산업근대화」의 꿈을 이루기 위해서 정들었던 군의 진취를 떠나야만 했던 마음은 감격이 아니었다. 망설임도 아니었다. 지난

23년의 세월 동안 켜켜이 쌓여있는 정(情)때문이었을 것이다.

분명 역사는 기록하고 있다.

이날의 떠남(전역식)이 한국역사를 바꿔놓는 첫걸음이었다. 그리고 마지막 한마디가 오래오래 메아리가 되었고 역사가 되었다. 그렇게 중요한 의미가 있었던 한마디였기에 여기에 그 전문을 게재하고자 한다.

「친애하는 60만 전우 장병 여러분! 그리고 이 자리에 모이신 내외 귀빈, 애국시민 여러분!

지난날 수 십만 전우들의 붉은 피로서 겨레를 지켜온 조국의 전선, 포연은 사라지고 오늘은 초목에 싸인체 원한의 넋이 잠들어 있는 산야, 이 전선에 본인은 군을 떠나는 마지막 고별의 인사를 드리러 찾아왔습니다.

여기 저 능선과 이 계곡에서 미쳐피기도 전에 사라져간 전우들의 영전에 삼가 머리를 숙이고, 20여년 동안 포연의 전지에서 조국방어를 위하여 젊은 청춘을 바쳤던 그날을 회상하면서, 오늘 본인은 나의 무상한 반생을 함께 지녀온 이 군복을 벗을까 합니다.

우리의 숙원이며, 이나라 군인의 최상의 영예가 될, 빼앗긴 강토를 다시 찾기 위한 통일의 전열에 서지 못한체 군인의 길로서는 진정 불우한 중절을 맞는 오늘, 본인의 심경은 무한한 감회를 금할 길 없습니다.

한편 군을 떠나면서 본인은 장구한 군인생활 과정에서 인류의 양심과 정의가 뜻하는 바에 따라 자유우방의 전우들과 함께 유엔의 깃발 아래서 자유를 수호하기 위한 반공전선에서 싸운 것

318

을 내 생애의 큰 자랑으로 간직할 것입니다.

본인은 여러분과 마찬가지로 가난한 한 촌가에서 태어나 군인이 된 후, 겨레가 지어준 군복을 입으면서, 그날부터 나의 신명을 나의 것이라고는 생각하지 않았으며, 오로지 군인으로서 그 본분을 다하고, 또 군인생활 속에서만 삶의 철리를 추구하려 하였습니다. 그러나 오늘 본인은 군인으로서 그 초지를 다하지 못하고, 더구나 혁명이라는 기구한 운명의 역정속에서 이제 군복을 벗어야 할 시점에 도달하였습니다.

본인은 오늘 이마당에서, 전시, 평시를 막론하고 나의 군대생활을 통하여 가장 괴로웠던 시간, 지난 2년의 혁명, 그 혁명을 회고하면서 나의 소회와 포부를 밝힐까 합니다.

본인은 평소, 한 용감한 무명의 병사가 적탄에 맞아 신음하며, 그의 충성과 청춘의 꿈을 안은채 애처롭게 숨을 거두는 죽음에 관해 생각해 보았습니다.

인간의 운명은 신성하고 고귀한 것이며, 태어나면서부터 스스로 보람있고 행복한 삶을 누릴 권리가 부여되는 것입니다. 그러나 이러한 생존의 권리는 그것이 국가라는 생활권 속에서 보장되기 위하여는 또다른 생명의 성스러운 희생이 요청되는 것입니다.

군인의 길은 바로 여기에 귀일된다고 할수 있겠습니다.

생과 사의 극한에서 감히 사를 초극하는 군인의 죽음을 정의와 진리를 위해 소아를 초개같이 버리는 희생정신의 극치로서 군인만이 가지는 영광되고 신성한 길인 것입니다.

이 거룩한 죽음위에 존립할 수 있는 국가란, 오직 정의와 진리속에서 인간의 제권리가 보장될 때에만 가치로서 긍정되는 것입니다.

군이란 이와같은 가치를 구현하기에 요구되는 하나의 방편으로서 그 존재의 의의가 있는 것이며, 결코 자기 목적적인 것이거나 권력화 될 수 없음은 재언할 필요조차 없을 것입니다.

정통적 의미의 민주주의 국가에서 군의 혁명이 그 얼마나 불행한 것이며, 또 그 혁명의 악순환이 종국적으로 국가를 쇠망으로 이끌 것이라는 것은 본인이 누구보다 뼈져리게 느껴왔습니다. 그러나 국가가 가치구현이라는 문제이전으로 돌아가, 그 자체가 파멸에 직면했을 경우를 생각할 때, 거기에 혁명의 불가피성을 부정할 수는 없을 것입니다. 5.16 군사혁명의 불가피성은 바로 우리가 직면했던 혁명직전의 국가위기에서 인정되어야 할 것입니다.

그날, 국정은 문란을 거듭하였고, 우리가 부르짖던 자유민주주의는 한낱 장식에만 그쳤고, 도의의 타락과 사회혼란은 극심한 위에 부정, 부패, 독재는 민주주의 껍질이나마 그 존립을 위태롭게 했습니다. 청년학도들에 의해 민족정기를 바로 잡고자 했던 4.19의 숭고한 뜻과 국민의 기대는 무참하게 배신되고, 공산간접침략 앞에 국운은 존망의 위기에 함입되었던 것입니다. 사멸에 가까운 생명이 회생되기 위하여 가혹한 수술이 불가피하였기에, 내 평생과 이 민족에게 영원히 잊혀지지 못할 1961년 5월16일, 비분과 눈물을 머금고 겨레가 피로에 지친 새벽의 수도에 혁명의 총부리를 돌려야 했던 것입니다. 이것이 바로 5.16군사혁명이었던 것이며, 오늘 본인이 군복을 벗어야할 연유 또한

320

여기에 깃들었던 것입니다.

친애하는 전우여러분!

다행히 우리는 하나님의 가호아래 혁명의 초기적 목적을 달성하고, 조국은 이제 걸음마 단계에서 건설의 과정으로 옮겨가고 있으며, 이제 국민앞에 공약한바 군정의 실질적 종식과 진정한 자유 민주주의적 헌정의 탄생이란 역사적 전환점에 서고 있으며, 5월의 구국혁명은 바야흐로 범국민혁명으로 대열을 전개해야할 때가 왔습니다. 5월 혁명은 정치제도의 단순한 변혁도, 외형적 질서 정비도 새로운 계층형성도 아닙니다. 상극과 파쟁, 낭비와 혼란, 무위와 부실의 유산을 조상과 선대로부터 물려받은 우리들 불운의 세대가 이 오염된 민족사에 종지부를 찍고, 자주와 자립으로 번영된 내일의 조국을 건설하려는 것이 우리 혁명의 궁극적인 지표인 것입니다.

14개월 간에 네차례의 정권교체를 보아야했던 우리 한민족의 번뇌와 진통은 무엇을 의미하는 것이겠습니까?

양심적 순리를 지키는 도의의 대가는 천시와 빈곤이고, 권모에 능한 불의의 응보가 치부와 영달이었던 그 사회, 비굴한 사대근성, 이 모든 봉건잔재의 전근대성을 송두리째 분해, 청산하고 새로운 민주광장에서 민족적 주체세력을 형성해야할 것입니다. 이것이 4.19와 5.16이 제기한 민족적 과제요, 역사가 교시하는 필연의 진로입니다.

이와같이 막중한 과업을 수행함에 있어서 우리는 각자가 자주적 주체의식을 함양하며, 신분의 운명을 스스로 개척하는 자립정신을 확립해야 하겠습니다. 정치적 자주와 경제적 자립을 성취하고야 말 우리의 목표를 향하여 범국민적인 혁명을 전개시켜야 할 것입니다. 빈곤의 악순환속에 시달려온 민족이 새로운 정치풍토를 조성하여 경제적 자립을 이룩할 비약의 단계로 이행코저 하는 이 대업은 군사혁명과정에만 주어진 과제가 아닐진데, 다음 민정에도 기필코 계승되어야 할 것입니다.

　친애하는 국민여러분!

　우리는 오늘 중대한 전기에 처해 있습니다. 그것은 이미 지적한 바 두 차례의 혁명이 제시한 과제가 범국민적인 노력으로 성취되어 자주, 자립, 민주, 번영의 새 공화국을 건립할 것인가, 아니면 모든 것을 없던 일로 돌리고 다시 부패와 혼란과 빈곤의 구질서로 환원할 것인가의 지로에 서있는 것입니다. 이는 오로지 이 군사혁명을 어떻게해서 국민혁명으로 계승 발전시킬 수 있을 것인가의 국민역량과 판단에 달린 문제인것입니다.

　본인은 군사혁명을 일으킨 한 책임자로서 이 중대한 시기에 처하여 일으킨 혁명의 결말을 맺어야 할 역사적 책임을 통감하면서 2년에 걸친 군사혁명에 진정 종지부를 찍고 혁명의 악순환이 없는 조국재건을 위하여 항구적인 국민혁명의 대오, 제3공화국의 민정에 참여할 것을 결심하였습니다.

　찬연히 우리민족의 앞날에 새역사를 창조할 제3공화국의 여명에 서서, 4.19와 5.16의 이념을 계승하여 민족주체세력을 이룩할 것을 다짐하고, 민주공화의 기치아래, 새나라의 힘으로 뭉친 동지들과 더불어 영원히 이 땅에서 굴욕과 빈곤이 없는 번영된 조국 재건을 위하여 군복을 벗고 나의 남은 반평생을 바칠까 합니다.

국가와 민족을 위한 일이라면 흔연히 생명을 바치겠다는 나의 생사관과 국가관은 군복을 입은 오늘이나 또 군복을 벗은 내일에도 변함이 없을 것입니다.

친애하는 장병 여러분!

우리 세대의 고귀한 희생으로 민족중흥의 혁명과업을 기어코 완수하고, 내일의 영광된 조국을 재건할 이 국민혁명의 대열은 여러분들에게 다시는 혁명이라는 고된 시련을 되풀이하지 않게 할것을 확신해 맞이 않습니다.

끝으로 국군장병 여러분의 건강과 행복 있기를 빌며, 이 나라를 돕기 위해 와있는 우방 전우들의 무운을 빌어 맞이 않습니다.

오늘 병영을 물러가는 이 군인을 키워주신 선배, 전우 여러분, 그리고 군사혁명의 2년 동안 혁명하라는 불편속에서도 참고 편달, 협조해주신 국민여러분에게 뜨거운 감사를 드리며, 다음의 한 구절로서 전역의 인사로 대할까 합니다.

「다시는 이 나라에 본인과 같은 불운한 군인이 없도록 합시다.」

21. 에필로그

이 책을 쓰고 있던 중에 북한이 연평도에 포격하는 사건이 벌어졌다.

한국인의 맨얼굴이 드러났다.

마치 동학의란 때 성난 민초들의 얼굴이었다. 친북좌파 시대 벌떼 같았던 친북 좌파들의 모습은 그림자가 되어 있었다.

"확전은 안 되게 공격하라."

이명박 대통령 이 한 마디에 G-20 서울개최로 쌓아올린 신뢰감이 하루 아침 와르르 무너져 버렸다. 세기 전 영국 수상 챔벌린이 영·독 평화조약 조인으로 공항에서 수상관저까지 카퍼레이드를 벌리면서 고무풍선을 탔다가 달포 후 히틀러 전차대가 폴란드 국경을 침략, 급기야 런던 거리에 V2탄이 작열하자 추락 당했던 모습과 엔벨럽(덧씌워져 보이는 현상)이 되어졌다.

박정희 서거 30주년을 맞아 한국학 세계적 권위 있는 학자들이 한국을 방문했다. 그들 가운데 박정희의 유신에 저항했다가 한국을 떠나 줄기차게 박정희를 비판했던 호주국립대 교수는 이렇게 회고했다.

'박정희는 난세의 영웅임에 틀림없습니다. 그는 한국 근대화의 아버지입니다. 호시탐탐 남침을 노리는 김일성의 야망을 물리치고 새로운 한국을 만들어 낸 역사는 제대로 평가해 주어야 합니다."

오늘과 같은 난국에 생각나는 사람이 바로 박정희였다. 그가 생각했던 것은 모두 한국의 미래였다.

"1/100mm 정밀도는 가능한가?"

소총, 기관총, 박격포, 105mm 자동포는 모두 1/100mm 정밀도가 필수다. 당시 그런 정밀도 부품과 기계를 만들어낼 수 있는 정밀기능사를 고용하고 있는 기업은 겨우 한, 둘 정도였다. 그러한 현실을 직시하고 있던 박정희가 전혀 새로운 공업고등학교를 설립하도록 지시했다.

'금호공고.'

그 학교가 바로 정밀기능사를 양성하는 학교였다. 일단 이 학교는 군인 장군 출신을 교장으로 발령, 스파르타식으로 교육을 시켜냈다. 전액 장학금, 전원 기숙사 입사, 졸업후 전원 취업, 병역혜택 등 파격적인 조건이었다. 당장 효과가 있었다. 국제기능올림픽에서 금메달이 쏟아졌다.

"전국 시도에 기계 공고를 설립하라."

전광석화처럼 쏟아낸 열정이 K-9방사포를 만들어 냈다.

이미 승(勝)과 패(敗)가 판정이 나 있는 상황에서 무엇이 두려워 바보처럼 우왕좌왕하는 것인지 국민 모두가 분노하고 있음이 틀림없다.

지금 이 나라에서 활보하고 있는 군사(軍事) 훼방꾼 친북 좌파 세력은 모두 불행했던 빨치산, 남로당, 보도연맹에 싹을 두고 있음을 기억할 필요가 있다. 지구상에 하나 밖에 없는 북한 공산주의를 추종할 사람은 없다. 그들의 종말이 어떻게 될 것이라는 것쯤은 손바닥 들여다 보듯 뻔하다.

"김일성에 대해 나보다 더 잘 아는 사람은 없어. 그는 테러나 게릴라 근성이 있어. 반드시 침략전쟁을 벌리고야 말 것이야."

그가 예견했던 것은 언제나 정확했다. 그의 말을 좀더 심사숙고했었더라면 친북좌파 대통령들은 김일성에게 돈을 바치지 않았을 것이다. 거의 죽어가고 있던 김정일에게 햇볕정책이라는 비현실적인 정책으로 국민을 속여가면서 돈을 바치지는 안했을 것이다.

또 한 사람.

현대그룹 정몽헌은 김정일에게 헌금하고 양심의 가책을 받아 12층에서 투신자살해 버렸다.

모두가 박정희의 한 마디 말을 기억했더라면 그런 불행은 없었을 것이다. 이렇게 한 줄 한 줄 박정희 프리즘을 통해 오늘과 내일을 들여다 보니 모두가 한국의 현실이요 한국의 미래였다.

나는 이 프리즘을 통해서 새마을 노래처럼 우리들의 가슴을 뛰게 만들고 싶었다. 박정희는 눈을 감고서 동작동 국립묘지에 잠들어 있지만 가짜들이 무대에 올라서 이리저리 뛰면서 헛소리하고 있는 모습을 보면 뭐라고 할 것인가?

"바보들아, 남북통일은 멀지 않았어."

목청껏 큰 소리로 외치고 있는 소리가 귓가에 들려오고 있다. 이 음성이 오늘을 살아가고 있는 우리에게 하나의 몽금척(夢金尺)이 아니겠는가.

조선을 건국했던 이성계가 꿈에 하늘로부터 내려 받았다는 몽금척은 한국인 누구나 하나씩 가지고 있는 이성의 가늠자다. 그 가늠자를 제대로 잘 보고 있으면 김정일의 흉계에 속아 넘어가지 않게 될 것이고 그 가늠자를 잘 못보고 있으면 우리의 앞날은 캄캄할 수밖에 없다.

정신 나간 한상열 친북 좌파가 판문점을 통해 남한으로 넘어 올 때 연행에 나섰던 경찰이 한 마디 했다.

"북한이 그렇게 좋습니까?"

"그렇소."

"그럼 북한에서 사시지."

"난 남한에서 살래요."

지독한 친북주의자 한상열 마저 살고 싶지 않다는 북한 김정일, 김정은 부자는 그들의 나라가 천국이라 믿고 있을 것이다.

우리는 이 땅에 천국을 만들기 위해서 자기의 모든 것을 쏟아 냈던 영웅에게 머리 숙일 때가 온 것 같다.